普通高等教育"十四五"规划教材·课程思政系列

WAIMAOKUAIJI

外贸会计
（第二版）

何畔　邹灵涵　高慧／主编

何素静／副主编

立信会计出版社
LIXIN ACCOUNTING PUBLISHING HOUSE

图书在版编目(CIP)数据

外贸会计 / 何畔，邹灵涵，高慧主编. —2版. —上海：立信会计出版社，2024.1(2025.2重印)
　　ISBN 978-7-5429-7540-9

Ⅰ. ①外… Ⅱ. ①何… ②邹… ③高… Ⅲ. ①外贸企业会计 Ⅳ. ①F740.45

中国国家版本馆CIP数据核字(2024)第008708号

策划编辑　　王斯龙
责任编辑　　王斯龙
美术编辑　　吴博闻

外贸会计(第二版)
WAIMAO KUAIJI

出版发行	立信会计出版社
地　　址	上海市中山西路2230号　邮政编码　200235
电　　话	(021)64411389　传　真　(021)64411325
网　　址	www.lixinaph.com　电子邮箱　lixinaph2019@126.com
网上书店	http://lixin.jd.com　http://lxkjcbs.tmall.com
经　　销	各地新华书店
印　　刷	上海万卷印刷股份有限公司
开　　本	787毫米×1092毫米　1/16
印　　张	13.75
字　　数	326千字
版　　次	2024年1月第2版
印　　次	2025年2月第2次
书　　号	ISBN 978-7-5429-7540-9/F
定　　价	42.00元

如有印订差错，请与本社联系调换

第二版前言 Foreword

党的十八大以来,我国对外贸易取得历史性成就,货物贸易、服务贸易分别跃居全球第一位和第二位,货物与服务贸易总额连续两年位居全球第一位,贸易大国地位进一步巩固,贸易结构不断优化,贸易效益显著提升,正在向贸易强国迈进。过去我国经济腾飞离不开贸易的带动,未来贸易仍将是我国经济高质量发展的重要动力。习近平总书记在党的二十大报告中指出:"推动货物贸易优化升级,创新服务贸易发展机制,发展数字贸易,加快建设贸易强国。合理缩减外资准入负面清单,依法保护外商投资权益,营造市场化、法治化、国际化一流营商环境。推动共建'一带一路'高质量发展。"

由于外贸业务具有较强的特殊性及专业性,与工业企业会计有很大区别,使得外贸业务相关人才,特别是外贸会计、税收人才显得日趋重要和紧缺。未经专业学习的财会人员难以胜任外贸行业会计工作。外贸会计人才队伍的紧缺使得外贸企业业务风险上升,并直接影响我国外贸行业的健康发展。

"外贸会计"课程作为经管类专业的一门重要专业课程,以培养高素质、高技能的应用型人才为根本任务,以适应外贸企业人才需求为目标,以应用能力为主线。为此,本教材着重强调素质教育与专业教育相结合,外贸理论与实践并举,以突出"外贸会计"的教学特色。

本教材以会计的基本概念和方法为基础,依据最新的《企业会计准则——基本准则》《企业会计准则——应用指南》及相关的税收法规,紧随我国财务会计改革现状,精选外贸企业经济活动常规业务,将外贸业务、财务及账务三者融为一体,注重会计理论与方法的实用性和适用性,避免与"财务会计"重复,重点突出外贸会计中复币式记账、汇兑损益核算及出口退税等核心业务。在改版时,本教材增加了思政内容,并增加了《INCOTERMS 2020》的相关知识,丰富了二维码资源。

本教材共8章,全面地、系统地阐述了外贸企业会计的会计基础、会计要素和会计科目,外贸会计的含义、对象及特点,国际贸易术语及财务报价,外汇业务,国际贸易结算方式及核算,进出口贸易业务,加工贸易业务,出口退(免)税业务,精选外贸企业经营活动的常规业务,突出外贸会计核算特点,案例丰富、由浅入深,简单易懂。本教材最后所附附录,截取了外贸企业部分日常业务,以原始单据形式,将理论与实践相结合,帮助学习者将理论转化为解决问题的实际能力。

本教材由福州外语外贸学院的何畔、邹灵涵、高慧共同担任主编。其中,第二、第

四、第七章由何畔执笔,第三、第六章由邹灵涵执笔,第一、第五章由高慧执笔,第八章由何素静执笔。书中所附单据图片由厦门诚智睿会计师事务所侯婷婷老师协助提供。何畔负责全书大纲安排和组织编写工作,完稿后负责全书修改和统稿。

  本教材在编写过程中,得到了社会各界人士的大力支持,在此表示感谢。

  由于编者水平有限,时间仓促,加之财务会计、税收法规仍在不断改革,书中存在的疏漏和错误,敬请读者批评指正。如遇问题可发送至邮箱 wangsilongjy@qq.com。

编　　者

2024 年 1 月

目录 Contents

第一章 外贸会计总论 ... 1

第一节　外贸会计概述 ... 2
第二节　会计基本假设和会计核算基础 ... 11
第三节　会计要素及计量属性 ... 13
第四节　会计信息质量要求 ... 17
课后练习题 ... 19

第二章 国际贸易术语 ... 21

第一节　国际贸易术语概述 ... 22
第二节　国际贸易术语的主要内容 ... 25
第三节　《INCOTERMS 2010》的主要变化 ... 36
第四节　《INCOTERMS 2020》的主要变化 ... 38
第五节　国际贸易术语的财务报价 ... 42
课后练习题 ... 49

第三章 外汇业务核算 ... 53

第一节　外汇与外汇管理 ... 55
第二节　外汇业务的核算 ... 59
第三节　汇率风险及其防范 ... 73
课后练习题 ... 77

第四章

国际贸易结算 …………………………………………………………………… 81

第一节　国际贸易结算概述 ……………………………………………………… 83
第二节　汇付 ……………………………………………………………………… 84
第三节　托收 ……………………………………………………………………… 89
第四节　信用证 …………………………………………………………………… 94
课后练习题 ………………………………………………………………………… 101

第五章

出口业务核算 …………………………………………………………………… 103

第一节　出口业务概述 …………………………………………………………… 105
第二节　出口商品收购业务 ……………………………………………………… 105
第三节　出口商品存储及加工业务 ……………………………………………… 115
第四节　自营出口销售业务 ……………………………………………………… 118
第五节　代理出口销售业务 ……………………………………………………… 128
课后练习题 ………………………………………………………………………… 139

第六章

出口货物退(免)税业务 ………………………………………………………… 143

第一节　出口货物退(免)税概述 ………………………………………………… 144
第二节　增值税退(免)税的核算 ………………………………………………… 149
第三节　消费税退(免)税的核算 ………………………………………………… 157
课后练习题 ………………………………………………………………………… 159

第七章

进口业务核算 …………………………………………………………………… 163

第一节　进口业务概述 …………………………………………………………… 164
第二节　自营进口业务 …………………………………………………………… 170
第三节　代理进口贸易业务 ……………………………………………………… 182
课后练习题 ………………………………………………………………………… 189

第八章

加工贸易业务核算 ································ 193

第一节　加工贸易业务概述 ···························· 194
第二节　进料加工的会计核算 ·························· 196
第三节　来料加工的会计核算 ·························· 202
课后练习题 ·· 207

第一章 外贸会计总论

学习目标

1. 了解外贸会计的含义及职能;
2. 掌握外贸会计的对象、核算特点及会计科目设置;
3. 掌握会计假设及会计核算基础;
4. 掌握会计要素定义、特征及确认条件;
5. 掌握会计要素计量属性及应用原则;
6. 掌握会计信息质量要求;
7. 能够运用会计准则、会计制度指导外贸会计工作,使外贸会计工作合理、合法、规范。

思政课堂

"中国现代会计之父"潘序伦的会计诚信思想

诚信是中华民族的传统美德,也是社会主义核心价值观的重要内容之一。会计诚信是会计人员的立身之本,是会计行业高质量发展的必然要求。推进会计诚信建设是重大现实课题,对于更好地发挥会计在经济建设中的作用及助力经济高质量发展具有重要意义。潘序伦是会计诚信文化的首倡者,不仅将诚信融入三位一体的立信会计事业,更对会计诚信文化的传播产生了深远的影响。

党的二十大报告提出,弘扬诚信文化,健全诚信建设长效机制。2021年财政部发布《会计改革与发展"十四五"规划纲要》中13次提及诚信,不仅探索将诚信纳入人才综合评价体系,而且从开展会计诚信教育、加强会计诚信机制建设、加大会计诚信宣传力度等方面持续推进会计诚信建设。诚信既是会计师的"执业生命线",也是会计人员的"操守底线"。从现实环境来看,一方面,会计诚信缺失问题日益凸显,会计造假现象层出不穷;另一方面,会计诚信建设受到了众多会计人士的高度重视,引发了社会各界的广泛关注。

正如潘序伦所言:"立信,乃会计之本。没有信用,也就没有会计。"诚信是会计工作的根本,是市场经济发展的必然要求。作为会计诚信文化的首倡者,潘序伦将会计诚信思想融入办刊、写作、执业、教育、学术等实践活动中,开创了会计诚信文化建设的先河。

诚信的重要性在会计职业中尤为突出。这是因为,会计人员的失信行为不仅会影响会计信息使用者的决策行为,进而导致投资者利益受损,而且会严重扰乱市场经济秩序。1927年潘序伦创建潘序伦会计师事务所。正是在执行会计师业务中越来越认识到诚信的重要性,所以潘序伦于1928年将事务所更名为立信会计师事务所。而在会计职业中,潘序伦的诚信思想体现为以下五个方面:第一,诚信是会计人员的生存底线。潘序伦认为,会计师要取得社会的信任,除了学识、经验及才能,更重要的是守住道德底线。第二,不做假账是会计诚信的基石。第三,合理且可行的法规章程是保障会计诚信的有效途径。会计师法规及会计师公会章程的制定为规范会计师的职业操守提供了可靠依据。第四,以会计公开助力会计诚信建设。潘序伦是较早在国内提倡会计公开的学者之一。第五,会计师是社会信用制度的保障者。

资料来源:《潘序伦会计诚信思想的内涵、特征及当代意义》(财会通讯),作者赵新民、彭秋龙。

思考与讨论:
1. 如何理解潘序伦先生首倡的会计职业道德的核心思想"诚信"?
2. 在财务工作中如何做到"诚信"?

案例导入

小李20×0年毕业于某高校财会专业,已在某商贸有限公司从事财务工作3年,该公司的主营业务是家用电器批发及零售。现公司拟进行业务拓展,增加家用电器进出口业务。公司拓展了进出口业务后,必然会涉及有关进出口业务的核算,同时也会涉及外币收支等业务的核算,这与原来的一般企业会计有所不同。小李在校期间并没有学过外贸会计这门课程,毕业工作后也未接触过关于外贸业务的核算,因此他有些担忧自己能否适应并胜任接下来的工作。

思考与讨论:
1. 外贸会计与一般企业会计有何区别?
2. 外贸会计的对象是什么?具有什么核算特点?
3. 对于企业新增的进出口业务小李应怎样进行会计科目设置?

第一节 外贸会计概述

对外贸易(foreign trade)是指一个国家或地区与其他国家或地区进行商品和劳务交换的活动。我国正式成为世界贸易组织(WTO)成员已经十多年,随着经济改革与对外开放的不断深入,越来越多的外资和对外投资活动大规模地发展起来。对外贸易对促进资源的有效配置,降低生产成本,实现规模经济效益,提高国民的多样化消费水平等方面发挥着越来越重要的作用。从外贸企业角度看,企业越来越需要高素质的财会人员,需要熟知国际惯例和国内金融规章的专业人才。因此,培养既有国际贸易理论知识和实务经验,又有外贸会计专业知识的复合型人才具有重要的现实意义。

一、外贸会计的含义和职能

外贸企业(foreign trade enterprise)是指从事对外贸易业务的行业,它是联结国内市场与国际市场的纽带,是国民经济的一个重要单位。

外贸会计(foreign trade accounting)是指以货币为主要计量单位,通过对外贸企业的经济活动事项进行收集、加工,以提供会计为主的经济信息,并为企业取得最佳经济效益,对经济活动进行控制、分析、预测和决策的一种经济管理活动。外贸会计业务的特殊性要求会计人员在具备会计知识的基础上,还需要具备外汇业务核算、出口商品收购核算、出口业务会计、出口货物退(免)税核算、进口业务会计、加工贸易会计、样品、展品、包装物、物料用品和低值易耗品核算、工业企业成本会计、进出口企业会计报表编制等业务能力。

会计在经济管理工作所具有的功能或能够发挥的作用,即会计的职能,包括核算、预测、参与决策、实行监督等。随着经济的发展和管理要求的提高,会计职能是不断变化并且彼此联系的。会计的基本职能是进行核算,实行监督。外贸会计的职能亦是如此。

二、外贸会计的意义

外贸会计的意义具体表现在以下几个方面。

(1) 全面、正确、及时地反映和监督外贸企业的经营成果,为外贸企业加强管理、进一步参与国际竞争提供可靠的信息。外贸会计通过运用会计的各种专门方法,全面、正确地反映外贸企业的资产状况、经营成果和现金流量。利用日常的会计核算资料与定额预算资料进行分析对比,揭露矛盾,找出差距,及时向会计信息使用者提供会计信息,以利于会计信息使用者作出科学的决策,不断提高外贸企业的经营管理水平和参与国际竞争的能力,不断降低出口商品的成本和费用,为提高外贸企业出口创汇能力服务。

(2) 反映和监督外贸企业对财经政策、法令和制度的执行情况,促使外贸企业严格执行有关政策、法令和制度,遵守财经纪律,贯彻执行国家有关政策、法令和制度,是一切单位进行经济活动的原则。因此,外贸企业在反映经济活动、提供会计信息的同时,必须严格按照有关政策、法令和制度,对发生的经济业务进行合法性、合规性的审查,检查企业在经济活动中是否符合有关规定,是否存在违反财经纪律的行为。对于在经济活动中的违法乱纪行为,应及时予以制止和披露。同时在办理经济业务的活动中,还要积极做好有关政策、法令和制度以及遵守财经纪律的宣传工作,从而促使外贸企业认真贯彻执行财经政策和制度,严格遵守财经纪律,不断提高外贸企业的政策管理水平。

(3) 反映和监督外贸企业各项财产物资的保管和使用情况,保护外贸企业财产物资的安全和完整。外贸企业的各项财产物资是组织外贸企业经济活动的物资基础,会计人员必须正确反映和监督外贸企业财产的增减变动情况,建立健全各种财产物资的管理制度,对于一切货币资金的收支业务、财产物资的增减情况、债权和债务的发生和清算情况,都必须及时反映和监督,做到账实相符、账账相符。要建立健全岗位责任制,防止财产物资积压、浪费、损坏、丢失及贪污盗窃等现象发生,从而保证企业财产物资的安全和完整。

(4) 反映和监督外贸企业外汇收支情况，做到迅速收汇，合理付汇，维护国家和企业的利益。外贸企业面临国际和国内两个市场，需要使用不同货币进行结算。根据外贸企业资金运动的特点，外贸会计还必须及时、正确地反映和监督外贸企业在进出口贸易活动中的外汇收支情况，在进出口业务中做到合理付汇，确保安全迅速地收汇。因此，对有关单证必须严格审查，对符合有关规定的款项应及时、合理地付汇；对于不符合有关规定的支付款项，不能盲目付汇，防止给企业造成损失，从而维护国家和企业的利益。

三、外贸会计的对象和核算特点

(一) 外贸会计的对象

会计的对象是会计反映和监督的客体，即能以货币为单位来衡量的经济活动。在财会中，货币衡量的物质财富称为资金。所以，会计的对象就是资金在社会再生产过程中的运动。

外贸会计的对象，就是外贸企业会计所要反映和监督的对象，即外贸企业的资金运动。外贸企业资金运动的主要内容是组织国家间的进出口商品流通，其主要经营活动包括出口业务与进口业务。

(二) 外贸会计的核算特点

外贸企业在组织商品流通过程中，要面对国内外两个市场，采用国内、国际两种价格，使用人民币与外汇两种货币，在进出口业务资金周转过程中都要使用两种价格、两种货币进行计价核算，因而表现出外贸资金运动和经济业务与一般商业企业的不同特点。这些不同特点则决定外贸会计具有不同于商业会计的特点。

复币式记账凭证

(1) 外汇收支的核算占有重要地位。在外贸会计核算中，应以复币记账，既有记账本位币——人民币的核算，又有外币的核算。凡是以外币计价、结算的有关明细账也都要采用复币式的账簿，或在摘要栏内作外币记录。同时，还应设置反映汇率变动的损益账户。

(2) 汇兑损益的确定，直接影响企业经营成果的会计表现。按照《企业会计准则》规定，汇兑损益应作为财务费用核算。但是由于外贸企业主营业务收入计价的特点，外贸会计一般将汇兑损益作为一级科目核算，这也符合会计的重要性原则要求。

(3) 核算出口退税，体现国家政策。这是内贸企业几乎不存在的业务。

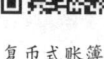
复币式账簿

(4) 同时考核人民币与外币的经济效益。如考核出口创汇额和每美元换汇成本等。

(5) 复式记账中的"同借同贷"现象。

(6) 不同价格条件下的账务处理也不同。相同的经济业务内容，如分别采用FOB价、CIF价或CFR价进行结算，则账务处理的内容和方法会有所不同。

(7) 对外贸易既要按照国际法规和国际惯例，又要按照我国的对外贸易政策与法规进行。因此，在会计处理上要与国际接轨，表现出与商业会计的不同。

四、外贸会计的会计科目设置

会计科目是按照经济业务的内容和经济管理的要求,对会计要素的具体内容进行分类核算的科目。根据我国现行《企业会计准则——应用指南》对企业设置会计科目的规定,外贸企业可以根据自身实际情况,增加或减少必要的会计科目,形成一套符合外贸企业特点的会计科目体系,以满足各方对外贸会计信息的需求。外贸企业常用会计科目见表1-1。

表1-1　　　　　　　　　　外贸企业常用会计科目表

类别	科目编号	总账科目	二级科目编号	二级科目名称	三级科目名称	明细总科目编号
资产类	1001	库存现金	01	本币现金	货币名称	100101
			02	外币现金	货币名称	100102
	1002	银行存款	01	本币存款	货币名称	100201
			02	外币存款	货币名称	100202
	1012	其他货币资金	04	信用卡	货币名称	101204
			05	信用证保证金存款	货币名称	101205
			06	外汇待核销账户	货币名称	101206
	1121	应收票据	01	应收外汇票据	货币名称	112101
	1122	应收账款	01	应收国内账款	客户名称	112201
			02	应收外汇账款	客户名称	112202
	1123	预付账款	01	预付国内账款	客户名称	112301
			02	预付外汇账款	客户名称	112302
	1131	应收股利				
	1132	应收利息				
	1133	应收出口退税款	01	增值税		113301
			02	消费税		113302
	1221	其他应收款				
	1231	坏账准备				
	1321	受托代销商品/代理业务资产	01	代理出口	客户名称、商品名称	
	1402	在途物资	01	在途进口物资	商品名称	140201
			02	在途出口物资	商品名称	140202
	1403	原材料	01	进口原材料	材料名称	140301
			02	出口原材料	材料名称	140302

(续表)

类别	科目编号	总账科目	二级科目编号	二级科目名称	三级科目名称	明细总科目编号
资产类	1405	库存商品	01	库存进口商品	商品名称	140501
			02	库存出口商品	商品名称	140502
			03	库存内销商品	商品名称	140503
	1406	发出商品	01	发出出口商品	商品名称	140601
	1408	委托加工物资	01	委托加工出口物资	物资名称	140801
			02	委托进料加工物资	物资名称	140802
			03	委托来料加工物资	物资名称	140803
	1411	周转材料	01	包装物	库存包装物	14110101
					出租包装物	14110102
			02	物料用品		141102
			03	低值易耗品		141103
	1471	存货跌价准备				
	1531	长期应收款				
	1532	未实现融资收益				
	1541	存出资本保证金				
	1601	固定资产				
	1602	累计折旧				
	1603	固定资产减值准备				
	1604	在建工程				
	1605	工程物资				
	1606	固定资产清理				
	1701	无形资产				
	1702	累计摊销				
	1703	无形资产减值准备				
	1711	商誉				
	1801	长期待摊费用				
	1811	递延所得税资产				
	1901	待处理财产损溢	01	待处理流动资产损溢		190101
			02	待处理固定资产损溢		190102

(续表)

类别	科目编号	总账科目	二级科目编号	二级科目名称	三级科目名称	明细总科目编号
负债类	2001	短期借款	01	短期人民币借款		200101
			02	短期外汇借款	货币名称	200102
			03	L/C借款	货币名称	200103
	2201	应付票据	01	应付外汇票据	货币名称	220101
	2202	应付账款	01	应付国内账款	客户名称	220201
			02	应付外汇账款	客户名称	220202
	2203	预收账款	01	预收国内账款	客户名称	220301
			02	预收外汇账款	客户名称	220302
	2211	应付职工薪酬	01	工资		221101
			02	福利费		221102
	2221	应交税费	01	应交增值税	进项税额	22210101
					已交税金	22210102
					减免税款	22210103
					出口抵减内销产品应纳税额	22210104
					转出未交增值税	22210105
					销项税额	22210106
					出口退税	22210107
					进项税额转出	22210108
					转出多交增值税	22210109
			02	未交增值税		222102
			03	多交增值税		222103
			04	应交消费税		222104
			05	应交资源税		222105
			06	应交所得税		222106
			07	应交土地增值税		222107
			08	应交城市维护建设税		222108
			09	应交房产税		222109
			10	应交城镇土地使用税		222110
			11	应交车船税		222111
			12	应交个人所得税		222112

(续表)

类别	科目编号	总账科目	二级科目编号	二级科目名称	三级科目名称	明细总科目编号
负债类			13	应交教育费附加		222113
	2231	应付利息				
	2223	应付股利				
	2241	其他应付款				
	2314	受托代销商品	01	代理出口账款		231401
			02	代理进口账款		231402
	2401	递延收益				
	2501	长期借款				
	2502	应付债券				
	2701	长期应付款				
	2702	未确认融资费用				
	2711	专项应付款				
	2801	预计负债				
	2901	递延所得税负债				
所有者权益类	4001	实收资本				
	4002	资本公积	01	资本溢价		400201
			02	接受捐赠非现金资产准备		400202
			03	外币资本折算差额		400203
			04	其他资本公积		400204
	4101	盈余公积	01	法定盈余公积		410101
			02	任意盈余公积		410102
	4103	本年利润				
	4104	利润分配	01	未分配利润		410401
			02	提取法定盈余公积		410402
			03	提取任意盈余公积		410403
			05	应付利润		410405
			06	转作资本的利润		410406
			07	其他转入		410407
	4201	库存股				

(续表)

类别	科目编号	总账科目	二级科目编号	二级科目名称	三级科目名称	明细总科目编号
成本类	5001	生产成本				
	5101	制造费用				
	5201	劳务成本				
	5301	研发支出				
损益类	6001	主营业务收入	01	自营进口销售收入	商品名称	600101
			02	代理进口销售收入	商品名称	600102
			03	自营出口销售收入	商品名称	600103
			04	代理出口销售收入	商品名称	600104
	6051	其他业务收入	01	代理		605101
			99	其他		605199
	6101	公允价值变动损益				
	6111	投资收益				
	6301	营业外收入	01	固定资产盘盈		630101
			02	处置固定资产净收入		630102
			03	出售无形资产净收入		630103
			04	罚款收入		630104
			05	财政补贴		630105
			99	其他		630199
	6401	主营业务成本	01	自营进口销售成本	商品名称	640101
			02	代理进口销售成本	商品名称	640102
			03	自营出口销售成本	商品名称	640103
			04	代理出口销售成本	商品名称	640104
	6402	其他业务成本	01	代理支出		640201
			99	其他		640299
	6403	税金及附加	01	城市维护建设税		640301
			02	教育费附加及地方教育附加		640302
			03	出口关税等		640303
	6601	销售费用	01	运杂费		660101
			02	仓储费		660102
			03	检验费		660103

(续表)

类别	科目编号	总账科目	二级科目编号	二级科目名称	三级科目名称	明细总科目编号
损益类			04	涉外费		660104
			05	工资		660105
			06	福利费		660106
			07	展览费(摊位费)		660107
			08	样品费		660108
			09	通信费		660109
			99	其他		660199
	6602	管理费用	01	办公费		660201
			02	差旅费		660202
			03	业务接待费		660203
			04	开办费等		660204
			05	社会保险费		660205
			06	车辆使用费		660206
			07	水电物业费		660207
			08	租赁费		660208
			09	劳保费		660209
			10	会务费		660210
			11	工资		660211
			12	福利费		660212
			13	职工教育费		660213
			14	折旧费		660214
			99	其他		660299
	6603	财务费用	01	利息	利息收入	66030101
					利息支出	66030102
			02	银行手续费		660302
			03	汇兑损益		660303
			99	其他		660399
	6701	资产减值损失				
	6711	营业外支出	01	固定资产盘亏		670101
			02	处置固定资产净损失		670102

(续表)

类别	科目编号	总账科目	二级科目编号	二级科目名称	三级科目名称	明细总科目编号
损益类			03	出售无形资产净损失		670103
			04	罚款支出		670104
			05	公益救济性捐赠		670105
			06	非常损失		670106
			99	其他		670199
	6801	所得税费用				
	6901	以前年度损益调整				

第二节 会计基本假设和会计核算基础

一、会计基本假设

会计基本假设是企业会计确认、计量和报告的前提，是为了保证会计工作的正常进行和会计信息的质量，对会计核算所处时间范围、空间范围等所作的合理设定。会计基本假设包括会计主体、持续经营、会计分期和货币计量。

1. 会计主体

会计主体是指会计信息所反映的特定单位，是企业会计确认、计量和报告的空间范围。只有明确规定会计核算的对象，将会计所要反映的对象与其他经济实体区别开来，才能保证会计核算工作的正常开展，实现会计的目标。

会计主体作为会计工作的基本前提之一，为日常的会计处理提供了空间依据。会计主体不同于法律主体。一般来说，法律主体往往是一个会计主体。例如，一个企业作为一个法律主体，应当建立会计核算体系，独立反映其财务状况、经营成果和现金流量。但是，会计主体不一定是法律主体。比如，在企业集团里，一个母公司拥有若干个子公司，在企业集团母公司的统一领导下开展经营活动。为了全面反映这个企业集团的财务状况、经营成果和现金流量，就有必要将这个企业集团的财务状况、经营成果和现金流量予以综合反映。有时，为了内部管理需要，也对企业内部的部门单独加以核算，并编制出内部财务报表，企业内部划出的核算单位也可以视为一个会计主体，但它不是一个法律主体。

2. 持续经营

持续经营是指在可以预见的将来，企业将会按当前的规模和状态继续经营下去，不会停业，也不会大规模削减业务。企业是否持续经营对会计政策的选择，正确确定和计量财产计价、收益影响很大。但是，如果企业在生产经营过程中出现缩减经营规模乃至停业的可能性,就应当改变会计核算的方法。

3. 会计分期

会计分期是指将一个企业持续经营的生产经营活动划分为一个个连续的、长短相同的期间。据以结算盈亏,按期编报财务报告,从而及时向财务报告使用者提供有关企业财务状况、经营成果和现金流量的信息。由于会计分期,产生了当期与其他期间的差别,从而出现权责发生制和收付实现制的区别,进而出现了应收、应付、递延、预提、待摊这样的会计方法。会计期间一般可以按照日历时间划分,分为年、季、月。最常见的会计期间是1年,按年度编制的财务报表也称为年报。在我国,《企业会计准则》明确规定,会计期间采用公历年度,自每年1月1日至12月31日止。此外,国际上会计期间可以按实际的经济活动周期来划分,其周期或长、或短于公历年度。

4. 货币计量

货币计量是指会计主体在财务会计确认、计量和报告时以货币计量,反映会计主体的生产经营活动。会计是对企业财务状况和经营成果全面系统的反映,为此,需要货币这样一个统一的量度。企业经济活动中凡是能够用货币这一尺度计量的,就可以进行会计反映,凡是不能用这一尺度计量的,则不必进行会计反映。

在我国,一般要求采用人民币作为记账本位币,是对货币计量这一会计前提的具体化。考虑到一些企业的经营活动更多地涉及外币,因此规定业务收支以人民币以外的货币为主的单位,可以选定其中一种货币为记账本位币。但是,提供给境内的财务报表使用者的应当折算为人民币。

二、会计核算基础

1. 权责发生制原则

这是指收入和费用是否计入某一会计期间,不是以是否在该期间内收到或付出现金为标志,而是依据收入是否归属该期间的成果,费用是否由该期负担来确定。具体来说,凡在当期取得的收入或者应当负担的费用,不论款项是否已经收付,都应当作为当期的收入或费用;凡不属于当期的收入或费用,即使款项已经在当期收到或应在当期支付,都不能作为当期的收入或费用。因此,权责发生制原则也称为应收应付原则。例如,在此原则下,销售行为是在12月发生,即使没有收到款项,也属于12月份的收入。而11月或1月即使收到款项,由于没有发生销售行为,也不能作为当月收入确认。

2. 收付实现制原则

与权责发生制相对应的是收付实现制。收付实现制也称现收现付制,是以实际收到或付出款项作为确认收入或费用的依据。例如,在此原则下,只要是在1月份收到的货款,无论是不是由本月业务实际产生的,都作为1月份的收入。

权责发生制与收付实现制都是会计核算的记账基础。会计分期前提产生了本期与非本期的区别,因此在确认收入或费用时,就产生了上述两种不同的记账基础,而采用不同的记账基础会影响各期的损益。建立在权责发生制基础之上的会计处理可以正确地将收入与费用相配合,正确计算损益。因此,企业等营利组织一般采用这种记账基础,而预算单位等常采用收付实现制。

第三节　会计要素及计量属性

一、会计要素

会计要素是对会计对象的基本分类，是财务确认和计量的基础，是财务报表的主要组成部分。会计要素按照其性质分为资产、负债、所有者权益、收入、费用和利润。

(一) 资产

1. 资产的定义

资产是指由企业过去的交易或事项形成的、由企业拥有或控制、预期能给企业带来未来经济利益的资源。

一个企业的生产经营活动，离不开一定的物质资源。这些物质资源表现为企业的货币资金、厂房场地、机器设备、原料、材料等，统称为资产。除以上的货币资金以及具有物质形态的资产以外，资产还包括那些不具备物质形态，但有助于生产经营活动的专利、商标等无形资产，也包括对其他单位的投资。

2. 资产的特征

(1) 资产是由企业拥有或控制的。有些资产所有权归企业，企业就能够从资源中获得经济利益；而有些资源虽然不为企业所拥有，但在某些条件下，能够被企业所控制，而且同样能够从该资源中获取经济利益，也可以作为企业资产，如融资租入固定资产。

(2) 资产是企业过去的交易或事项形成的。作为企业资产，必须是现时的，它是企业过去已经发生的交易或事项所产生的结果，包括购置、生产、建造等行为或其他交易或事项。预期在未来发生的交易或事项不形成资产，如计划购入的机器设备等。

(3) 资产预期能给企业带来经济利益。未来经济利益流入企业是资产最基本的特征，如机器设备、材料，以及商品、专利权等。不具备可以给企业带来未来经济利益流入的资源，不能确认为企业的资产，而应作为费用或损失处理，如企业无法出售的存货、待处理财产损失等。

3. 资产的确认条件

将一项资源确认为资产，除了符合资产的定义外，还应同时满足以下两个条件：

(1) 与该资源有关的经济利益很可能流入企业。

(2) 该资源的成本或者价值能够可靠地计量。

对资产按其流动性分类，可以分为流动资产和非流动资产。

流动资产是指可以在1年或超过1年的一个营业周期内变现或耗用的资产，包括库存现金、银行存款、应收账款、存货等。非流动资产是指超过1年的期限变现或耗用的资产，包括长期投资、固定资产、无形资产等。

(二) 负债

1. 负债的定义

负债是指企业过去的交易或者事项形成的，预期会导致经济利益流出企业的现时义务。

2. 负债的特征

根据负债的定义，负债具有以下特征：

(1) 负债是企业承担的现时义务。负债必须是企业承担的现时义务，它是负债的一个基本特征。未来发生的交易或事项形成的义务，不属于现时义务，不应当确认为负债。

(2) 负债是由企业过去的交易或者事项形成的。只有过去的交易或事项才能形成负债，企业将在未来发生的承诺、签订的合同等交易或者事项不形成负债。

(3) 负债预期会导致经济利益流出企业。预期会导致经济利益流出企业也是负债的一个本质特征，只有企业在履行义务时会导致经济利益流出企业的，才是企业的负债。一般来说，企业履行偿还义务时，可以现金偿还或者以实物资产形式偿还，可以提供劳务形式偿还，还可以负债转为资本形式偿还等。

3. 负债的确认条件

将一项现时义务确认为负债，需要符合负债的定义，还应当同时满足以下两个条件：

(1) 与该义务有关的经济利益很可能流出企业。

(2) 未来流出的经济利益的金额能够可靠地计量。

按偿还期限的长短，一般将负债分为流动负债和非流动负债。预期在1年或超过1年的一个经营周期内到期清偿的债务属于流动负债。以上情形以外的债务，即为非流动负债，一般包括长期借款、应付债券、长期应付款等。

(三) 所有者权益

1. 所有者权益的定义

所有者权益是指企业资产扣除负债后，由所有者享有的剩余权益。公司的所有者权益又称为股东权益。其金额为资产减去负债后的余额，又称为净资产。

2. 所有者权益的来源构成

所有者权益的来源包括所有者投入的资本、直接计入所有者权益的利得和损失、留存收益等，通常由实收资本(或股本)、资本公积(含资本溢价或股本溢价、其他资本公积)、盈余公积和未分配利润构成，其中，前两项属于投资者的初始投入资本，后两项属于企业留存收益。

3. 所有者权益的确认条件

所有者权益体现的是所有者在企业中的剩余权益，因此，所有者权益的确认主要依赖于其他会计要素，尤其是资产和负债的确认；所有者权益金额的确定也主要取决于资产和负债的计量。

4. 所有者权益的特点

(1) 除非发生减值、清算，企业不需要偿还所有者权益。

(2) 企业清算时，负债往往优先清偿，而所有者权益只有在清偿所有的负债之后才返还给所有者。

(3) 所有者权益能够分享利润，而负债则不能参与利润分配。

(四) 收入

1. 收入的定义

收入是指企业在日常活动中形成的、会导致所有者权益增加的、与所有者投入资本无关的经济利益的总流入。

2. 收入的特征

(1) 收入是企业在日常活动中形成的。日常活动是指企业为完成其经营目标所从事的经常性活动以及与之相关的活动。企业非日常活动所形成的经济利益的流入不能确认为收入,应计入利得。

(2) 收入会导致所有者权益的增加。与收入相关的经济利益的流入应当会导致所有者权益的增加,不会导致所有者权益增加的经济利益的流入不符合收入的定义,不应确认为收入。

(3) 收入是与所有者投入资本无关的经济利益的总流入。收入的产生会导致所有者权益的增加,但是,所有者投入资本的增加也会导致企业经济利益的流入,此时则不应确认为收入,而应当确认为所有者权益。

3. 收入的确认条件

企业应当在履行了合同中的履约义务,即在客户取得相关商品控制权时确认收入。取得相关商品控制权,是指能够主导该商品的使用并从中获得几乎全部的经济利益。

(五) 费用

1. 费用的定义

费用是指企业在日常活动中发生的、会导致所有者权益减少的、与向所有者分配利润无关的经济利益的总流出。

2. 费用的特征

(1) 费用是企业在日常活动中形成的。与收入中对日常活动的理解一致,费用必须是企业日常活动产生的,非日常活动产生的经济利益的流出不能确认为费用,而应当计为损失。

(2) 费用会导致所有者权益的减少。与费用相关的经济利益的流出会导致所有者权益的减少,不会导致所有者权益减少的经济利益的流出不符合费用的定义,不应确认为费用。

(3) 费用是与向所有者分配利润无关的经济利益的总流出。费用的发生会导致经济利益的流出,其表现形式为现金或现金等价物的流出,存货、固定资产和无形资产等的流出或消耗等。而企业向投资者分配利润也会导致经济利益的流出,而该经济利益的流出属于所有者权益的抵减项目,不应确认为费用。

3. 费用的确认条件

费用的确认除了应当符合定义外,也应当满足严格的条件,即费用只有在经济利益很可能流出从而导致企业资产减少或者负债增加,且经济利益的流出额能够可靠计量时才能予以确认。因此,费用的确认至少应当符合以下条件:一是与费用相关的经济利益很可能流出企业;二是经济利益流出企业的结果会导致资产的减少或者负债的增加;三是经济利益的流出额能够可靠计量。

(六) 利润

1. 利润的定义

利润是指企业在一定会计期间的经营成果。通常情况下,如果企业实现了利润,表明企业的所有者权益将增加,业绩得到了提升;反之,如果企业发生了亏损(即利润为负数),表明企业的所有者权益将减少,业绩下滑。

2. 利润的来源构成

利润包括收入减去费用后的净额、直接计入当期利润的利得和损失等。其中收入减去费用后的净额反映的是企业日常活动的经营业绩,计为营业利润。直接计入当期利润的利得和损失反映的是企业非日常活动的业绩,计为营业外收支。

营业利润是企业在销售商品、提供劳务等日常活动中产生的利润;营业外收支是与企业的日常经营活动没有直接关系的各项收入和支出。其中,营业外收入项目主要有捐赠收入、固定资产盘盈、处置固定资产净收益、罚款收入等,营业外支出项目主要有固定资产盘亏、处置固定资产净损失等。

3. 利润的确认条件

利润反映的是收入减去费用,利得减去损失后的净额的概念,因此,利润的确认主要依赖于收入和费用以及利得和损失的确认,其金额的确定也主要取决于收入、费用、利得、损失的计量。

二、会计要素计量属性及其应用原则

会计计量是为了将符合确认条件的会计要素登记入账并列报于财务报表而确定其金额的过程。计量属性反映的是会计要素金额的确定基础,主要包括历史成本、重置成本、可变现净值、现值和公允价值等。

(1) 历史成本又称为实际成本,就是取得或制造某项财产物资时所实际支付的现金或其他等价物。在历史成本计量下,资产按照购置时支付的现金或者现金等价物的金额,或者按照购置资产时所付出的对价的公允价值计量;负债按照因承担现时义务而实际收到的款项或者资产的金额,或者承担现时义务的合同金额,或者按照日常活动中为偿还负债预期需要支付的现金或者现金等价物的金额计量。

(2) 重置成本又称现行成本,是指按照当前市场条件,重新取得同样一项资产所需支付的现金或现金等价物金额。在重置成本计量下,资产按照现在购买相同或者相似资产所需支付的现金或者现金等价物的金额计量;负债按照现在偿付该项债务所需支付的现金或者现金等价物的金额计量。

(3) 可变现净值是指在正常生产经营过程中,以预计售价减去进一步加工成本和预计销售费用,以及相关税费后的净值。在可变现净值计量下,资产按照其正常对外销售所能收到现金或者现金等价物的金额,扣减该资产至完工时估计将要发生的成本、估计的销售费用,以及相关税费后的金额计量。

(4) 现值是指对未来现金流量以恰当的折现率进行折现后的价值,是考虑货币时间价值的一种计量属性。在现值计量下,资产按照预计从其持续使用和最终处置中所产生的未来净现金流入量的折现金额计量;负债按照预计期限内需要偿还的未来净现金流出量的折现金额计量。

（5）公允价值是指在公平交易中，熟悉情况的交易双方自愿进行资产交换或者债务清偿的金额。在公允价值计量下，资产和负债按照在公平交易中，熟悉情况的交易双方自愿进行资产交换或者债务清偿的金额计量。

在各种会计要素计量属性中，历史成本通常反映的是资产或者负债过去的价值，而重置成本、可变现净值、现值以及公允价值通常反映的是资产或者负债的现时成本或者现时价值，是与历史成本相对应的计量属性。当然这种关系也并不是绝对的。

基本准则规定，企业在对会计要素进行计量时，一般应当采用历史成本，采用重置成本、可变现净值、现值、公允价值计量的，应当保证所确定的会计要素金额能够取得并可靠地计量。在企业会计准则体系建设中适度、谨慎地引入公允价值这一计量属性，是因为随着我国资本市场的发展，股权分置改革的基本完成，越来越多的股票、债券、基金等金融产品在交易所挂牌上市，使得这类金融资产的交易已经形成了较为活跃的市场。因此，我国已经具备了引入公允价值的条件。

第四节　会计信息质量要求

会计信息质量要求是对企业财务报告中所提供会计信息质量的基本要求，其目的是使财务报告所提供的会计信息对投资者等财务报告使用者的决策有用。根据基本准则规定，会计信息质量要求包括可靠性、相关性、可理解性、可比性、实质重于形式、重要性、谨慎性和及时性等。

（1）可靠性。企业应当以实际发生的交易或者事项为依据进行确认、计量和报告，如实反映符合确认和计量要求的各项会计要素及其他相关信息，保证会计信息真实可靠、内容完整。

（2）相关性。企业提供的会计信息应当与投资者等财务报告使用者的经济决策需要相关，有助于投资者等财务报告使用者对企业过去、现在或者未来的情况作出评价或者预测。

（3）可理解性。企业提供的会计信息应当清晰明了，便于投资者等财务报告使用者理解和使用。

（4）可比性。企业提供的会计信息应当相互可比。同一企业不同时期发生的相同或者相似的交易或者事项，应当采用一致的会计政策，不得随意变更。确需变更的，应当在附注中说明。不同企业发生的相同或者相似的交易或者事项，应当采用规定的会计政策，确保会计信息口径一致、相互可比。

（5）实质重于形式。企业应当按照交易或者事项的经济实质进行会计确认、计量和报告，不仅仅以交易或者事项的法律形式为依据。这里的"实质"强调经济业务的经济实质，"形式"强调经济业务的法律形式，即经济实质要重于法律形式。

（6）重要性。企业提供的会计信息应当反映与企业财务状况、经营成果和现金流量有关的所有重要交易或者事项。

财务报告中提供的会计信息的省略或者错报会影响投资者等财务报告使用者据此作出决策的,该信息就具有重要性。重要性的应用需要依赖职业判断,企业应当根据其所处环境和实际情况,从项目的性质和金额大小两方面加以判断。例如,企业发生的某些支出,金额较小的,从支出受益期来看,可能需要若干会计期间进行分摊,但根据重要性要求,可以一次计入当期损益。

(7) 谨慎性。企业对交易或者事项进行会计确认、计量和报告时保持应有的谨慎,不应高估资产或者收益、低估负债或者费用。谨慎性的应用并不允许企业设置秘密准备。

(8) 及时性。企业对于已经发生的交易或者事项,应当及时进行确认、计量和报告,不得提前或者延后。会计信息具有时效性,才能满足经济决策的及时需要,信息才有价值,所以为了实现会计目标,就必须遵循会计信息有效性。

根据及时性原则,要求及时收集会计数据,在经济业务发生后,应及时取得有关凭证;对会计数据及时进行处理,及时编制财务报告;将会计信息及时传递,按规定的时限提供给有关方面。

•课后练习题•

班级：_____ 姓名：_____ 学号：_____

一、单项选择题

1. 外贸企业为了反映汇兑损益对外贸企业经营成果的影响，根据（　　）会计信息质量要求，需要单独设置"汇兑损益"账户进行核算。
   A. 可比性　　　　B. 重要性　　　　C. 相关性　　　　D. 可靠性

2. 企业在对会计要素进行计量时，一般应采用（　　）计价。
   A. 重置成本　　　B. 可变现净值　　C. 历史成本　　　D. 公允价值

3. 对会计核算工作和会计信息的最基本质量要求是（　　）。
   A. 可比性　　　　B. 相关性　　　　C. 重要性　　　　D. 可靠性

4. 资产是指企业过去的交易或者事项形成的，预期能给企业带来经济利益的，企业拥有或（　　）的资源。
   A. 使用　　　　　B. 控制　　　　　C. 购入　　　　　D. 占用

5. 从时效上要求会计信息质量的是（　　）。
   A. 谨慎性　　　　B. 可比性　　　　C. 及时性　　　　D. 可靠性

6. 我国企业会计核算应采用（　　）会计基础进行核算。
   A. 权责发生制
   B. 收付实现制
   C. 权责发生制与收付实现制相结合
   D. 现金收付制

7. 确定会计核算空间范围所依据的会计基本假设是（　　）。
   A. 会计主体假设
   B. 会计分期假设
   C. 持续经营假设
   D. 货币计量假设

8. （　　）是指在当前市场条件下，重新购置一项资产所需要支付的现金或现金等价物金额的计量属性。
   A. 历史成本　　　B. 重置成本　　　C. 可变现净值　　D. 现值

二、多项选择题

1. 外贸企业会计具有（　　）的基本职能。
   A. 会计预测　　　B. 会计核算　　　C. 会计监督　　　D. 会计分析

2. 外贸企业会计的特点有（　　）。
   A. 采用复币记账　　　　　　　B. 需要反映购汇和结汇
   C. 需要反映汇兑损益　　　　　D. 核算出口退税

3. 会计基本假设包括会计主体、（　　）等内容。
   A. 会计分期　　　B. 货币计量　　　C. 自主经营　　　D. 持续经营

4. 外贸企业的会计科目可分为资产类、负债类、所有者权益类及（　　）。
   A. 损益类　　　　B. 成本类　　　　C. 收入类　　　　D. 费用类

5. 计量属性是针对资产、负债所进行的计量,通常包括(　　)。
   A. 货币计量　　　　　　　　　　B. 历史成本计量
   C. 重置成本计量　　　　　　　　D. 可变现净值计量
6. 下列项目中,属于企业资产特点的有(　　)。
   A. 企业具有所有权的资源
   B. 企业拥有或控制的资源
   C. 由企业过去的交易或者事项形成的资源
   D. 预期会给企业带来经济利益的资源
7. 下列各项中,属于会计信息质量要求的项目有(　　)。
   A. 相关性　　　B. 一贯性　　　C. 可理解性　　　D. 实质重于形式
8. 下列项目中,属于企业负债特点的有(　　)。
   A. 由企业过去的交易或事项形成,并已承担的现时义务
   B. 预期会导致经济利益流出企业的现时义务
   C. 能够用货币可靠地计量的现时义务
   D. 有确切的偿付日期的未来义务
9. 会计要素中的收入含义是(　　)。
   A. 企业在日常经营活动中形成的
   B. 企业在所有经济活动中形成的
   C. 与所有者投入资本相关的经济利益的总流入
   D. 最终能导致所有者权益的增加

三、判断题

1. 对外贸易(foreign trade)是指一个国家(地区)同别的国家(地区)所进行的商品和劳务交换活动的总称。　　　　　　　　　　　　　　　　　　(　　)
2. 会计主体假设从空间上规定了会计工作的服务范围。　　　　　　(　　)
3. 货币计量假设是假定会计主体所发生的所有经济活动都能用统一的货币为唯一计量单位进行记账、算账和报账。　　　　　　　　　　　　　　(　　)
4. 可靠性是对会计核算工作和会计信息的最基本质量要求。　　　　(　　)
5. 可比性要求企业提供的会计信息应当相互可比,即同一企业不同会计期间信息可比。　　　　　　　　　　　　　　　　　　　　　　　　　　(　　)
6. 谨慎性也称稳健性,要求企业对交易或者事项进行会计确认、计量和报告时保持应有的谨慎,不应高估资产或者收益,但对负债或者费用的估计不作要求。(　　)
7. 负债是指预期会导致企业经济利益流出的未来义务。　　　　　　(　　)
8. 所有者权益以及利润的确认可以通过会计等式间接地得到确认。　(　　)
9. 历史成本是指取得或制造某项财产物资所实际支付的现金或其他现金等价物。　　　　　　　　　　　　　　　　　　　　　　　　　　　　(　　)
10. 会计基础是指对收入和费用进行会计确认、计量和报告的权责发生制。(　　)

第二章 国际贸易术语

学习目标

1. 了解国际贸易术语的含义、实质及作用；
2. 了解常用的国际贸易惯例；
3. 了解财务报价的原则、应考虑的因素及报价方法；
4. 熟悉《INCOTERMS 2000》中各贸易术语的含义及应用；
5. 熟悉《INCOTERMS 2010》的主要变化；
6. 熟悉《INCOTERMS 2020》的主要变化；
7. 掌握商品价格的构成及主要贸易术语之间的换算；
8. 掌握佣金的含义、种类、表示方法及计算；
9. 能够灵活运用常用国际贸易术语进行财务报价。

 思政课堂

国际贸易中的正确义利观

2013年，习近平总书记访问非洲时提出正确义利观，强调"中非从来都是命运共同体"。2017年，习近平总书记在联合国日内瓦总部的演讲中指出："中国将继续坚持正确义利观，深化同发展中国家务实合作，实现同呼吸、共命运、齐发展。""义"作为中国古代的重要道德概念，从原有威仪、美善、适宜之意，后来逐渐成为道德准则与规范的总称。而"利"见于甲骨文及钟鼎文中，从词源上讲，"利"字从禾从刀，以刀割禾表示收获谷物，又有锋利、锐利之意。因而"利"本义为使用农具从事农业生产，以采集自然果实或收割成熟的庄稼，引申为满足人们基本物质和精神生活所需要的财富、功利、好处。"利"包括公利和私利，公利如国家和人民的整体利益、全社会的共同利益乃至地球村中所有"村民"的利益；私利则是指公民的个人利益，在世界的范围内，也指某一个国家的利益。"见利思义，义然后取""先义后利，义利两得"等都是以儒家思想为代表的中华文明传统义利观所包含的重要内容。即是说，当人们面临着义与利的矛盾时，首先要思考这种利的获得是否符合义的要求。正是立足于这样的认识，孔子认为，"君子义以为上"，"君子义以为质"。董仲舒在《春秋繁露》中也说："天之生人也，使人生义与利。利以养其体，义以养其心。心不得义不能乐，体不得利不能安。"因此，既不能片面求利害义，又不应过分重义轻利，而是要把义与利有机统一起来。

中华人民共和国成立特别是改革开放以来,中国共产党始终坚持独立自主的和平外交政策,为我国的发展营造了良好的外部环境,为人类进步事业作出重大贡献。但需要看到的是,当前,世界百年未有之大变局加速演进,世界进入新的动荡变革期,国际贸易中的保护主义、单边主义、霸权主义盛行,不仅损害了国际贸易秩序,也使得贸易双方的利益无法得到实现。《中共中央关于党的百年奋斗重大成就和历史经验的决议》指出,我们在外交工作上,"秉持正确义利观和真实亲诚理念加强同广大发展中国家团结合作,整体合作机制实现全覆盖"。正确的义利观有助于加强国际交流合作,使国际贸易沿着公平正义的轨道运行。

资料来源:节选自《国际贸易中的正确义利观》(《光明日报》2023年04月13日06版),作者乔咏波。

思考与讨论:

1. 什么是正确的义利观?
2. 国际贸易术语在国际贸易中有什么重要的作用?

 案例导入

印度孟买一家电视机进口商与我国G电器制造商洽谈买卖电视机交易。从我国H市(内陆城市)至孟买,有集装箱多式运输服务,H市当地货运商以订约承运人的身份可签发多式运输单据。货物在H市距制造商10千米的集装箱堆场装入集装箱后,由货运商用卡车经公路运至L港口,然后再装上船运至孟买。G电器制造商不愿承担公路和海洋运输的风险;孟买进口商则不愿承担货物交运前的风险。

思考与讨论:

1. 这种情况下G电器制造商是否可以向孟买进口商按FOB、CFR、CIF术语报价?
2. G电器制造商是否应提供已装船运输单据?
3. 按以上情况,你认为G电器制造商应该采用何种贸易术语?

第一节　国际贸易术语概述

一、国际贸易术语的实质和作用

(一) 含义

国际贸易与国内贸易在性质上并无不同,它是在不同国家或地区间进行的,在国际货物贸易中,交易双方分处两国,相距遥远,所交易的商品在流转过程中往往需要经过储存、装卸、长途运输,可能遭受自然灾害、意外事故和其他各种外来风险,还需要办理进出口清关手续。因此,交易双方除了在成交时卖方要交货,买方要付款,并各自承担自己控制货物时的风险外,还会涉及许多问题,有许多应该分别承担的责任、费用和风险。

国际贸易中外贸企业承担的责任主要有办理出口、进口许可证手续,办理出口、进口报关手续,装卸运输出口、进口货物,办理货物运输保险手续等。承担的费用主要有:办理进出口许可证须支付手续费,办理进出口报关须交纳关税,装卸运输货物须支付装卸费和运输费,办理保险须支付保险费等。承担的风险主要有:进出口贸易货物在装、运、卸、贮的整个流转过程中都存在着风险。

有关上述手续由谁办理、费用由谁承担、风险如何划分,就成为国际贸易实际业务中交易双方在洽谈交易、订立合同时必须考虑并加以明确的问题。这些问题可以概括为以下几个:

(1) 卖方在何时何地交货?采用何种运输方式?
(2) 货物损坏的风险何时转移?
(3) 谁办理货物的运输、保险及通关手续?
(4) 谁承担相关费用?
(5) 应提交哪些单据?

针对这些问题,如果每次交易中,都要求买卖双方通过反复磋商加以明确,不仅会耗费大量的时间和费用,而且还会影响到交易的达成,阻碍国际贸易的发展。

在长期的国际贸易实践中,为了解决上述问题,简化国际贸易中的交易手续,缩短交易过程,节省磋商的时间和费用,便于达成交易,买卖双方便采用英文缩写字母来表明商品的价格构成;说明在货物交接过程中有关的责任、费用及风险划分问题,通过使用这些专门的术语,可以较方便地明确买卖双方承担以上责任的划分,促进交易的达成和交易的开展。这些英文缩写字母即被称为贸易条件或价格术语(trade terms/price terms)。

例如,某种商品的价格为 US$1 000/MT CIF Copenhagen,CIF Copenhagen 就是贸易术语,CIF 是 cost insurance and freight 的缩写,中文译为成本、保险费加运费价,其含义主要是指卖方承担从装运港到目的港的运费、运输保险费,目的港是哥本哈根。卖方负责办理出口报关,提供出口许可证。买方负责办理进口报关。货物在运输途中的风险则自货物在出口地装船后即由卖方转移给买方。此贸易术语只适用于海运。这样,买卖双方的权利、义务和费用划分清楚的情况下,就便于双方履行合同。

(二) 实质

国际贸易术语所表示的贸易条件,实质主要分两个方面:

一方面,表示商品成交价格的构成。不同的贸易术语,表明买卖双方各自承担不同的责任、费用和风险,而责任、费用和风险的大小,又影响商品的成交价格。所以有些人又称其为"价格术语"(price terms)。

另一方面,表示交货条件。每种贸易术语都有其特定的内容,采用某种专门的贸易术语,主要是为了确定交货条件,即说明买卖双方在交接货物方面彼此承担责任、费用和风险的划分。

(三) 作用

国际贸易术语在国际贸易中起着积极的作用,主要表现在下列几个方面。

第一,在交易磋商中,使用贸易术语可以简化交易手续和内容,缩短交易的过程和时间,节省双方磋商的时间和费用的支出。

第二,有利于双方进行比价和加强成本核算,便于达成交易、便于履约,有利于妥善解决贸易争端。

第三,贸易术语是在国际贸易的长期实践中产生的,反过来又推动了整个国际贸易的发展。

国际贸易惯例是指在国际贸易的长期实践中逐渐形成的、人们普遍承认与接受的习惯做法与规则或先例解释。一方面,国际贸易惯例不是法律,作为交易的双方不一定完全受惯例的制约,使用惯例有自愿性。另一方面,国际贸易惯例对贸易实践具有重要意义。如果某一国际惯例被订立在合同中成为合同中的一项条款,则该惯例对双方就有了约束力,就具有了强制性。此外,在解决争议时,国际惯例常常被援引作为仲裁的依据。

二、常用的国际贸易惯例

国际贸易术语在长期的贸易实践中,无论在数量、名称及其含义方面,都经历了很大的变化。随着贸易发展的需要,新的术语应运而生,过时的术语则逐渐被淘汰。为了避免各国在对贸易术语解释上出现分歧和争议,一些国际组织和商业团体分别就某些贸易术语作出了解释和规定,其中影响较大的主要有以下几个。

1.《1932年华沙—牛津规则》

国际法协会于1928年在华沙举行会议,制定了专门为解释CIF有关买卖合同的统一规则,称为《1928年华沙规则》。后经1930年纽约会议、1931年巴黎会议和1932年牛津会议进行了修订,定名为《1932年华沙—牛津规则》(Warsaw-Oxford Rules 1932),并成为国际贸易中颇有影响的国际贸易惯例。它主要说明CIF买卖合同的性质和特点,规定了CIF条件下有关买卖双方所承担的风险、责任和费用的划分,解释的内容具体详尽。

2.《美国对外贸易定义修订本》

早在1919年,美国几个商业团体共同制定了有关对外贸易定义的统一解释,供从事对外贸易人员参考使用,后鉴于贸易方式的演变,1940年,美国第27届全国对外贸易会议上进行了修订,并于1941年7月31日经美国商会、美国进出口协会和美国全国对外贸易协会所组成的联合委员会通过,称为《1941年美国对外贸易定义修订本》(Revised American Foreign Trade Definition 1941)。后又经1990年再次修订,称为《1990年美国对外贸易定义修订本》(Revised American Foreign Trade Definition 1990)。

《1941年美国对外贸易定义修订本》对六种贸易术语作了解释,分别是 Ex(point of origin)(产地交货)、FOB(free on board)(在运输工具上交货)、FAS(free along side)(在运输工具旁边交货)、C&F(cost and freight)(成本加运费)、CIF(cost, insurance and freight)(成本加保险费、运费)和 Ex Dock(named port of importation)(目的港码头交货)。

《1990年美国对外贸易定义修订本》(Revised American Foreign Trade Definitions 1990)共包括 EXW、FOB、FAS、CFR、CIF、DEQ 六种贸易术语,其中将 FOB 细分为六种解释。《美国对外贸易定义修订本》主要在美洲国家有较大影响。相比起来《INCOTERMS 2010》更通用一些。因为两个规则对某些术语买卖双方权责范围的定义不完全一样,所以买卖双方必须在合同中列明本合同适用哪一款惯例解释。

3.《国际贸易术语解释通则》

《国际贸易术语解释通则》(《International Rules for the Interpretation of Trade Terms》,《INCOTERMS》),是由国际商会(International Chamber of Commerce, ICC)制定的国际贸易基础性国际通行规则。国际商会(ICC)是国际民间经济组织。它是由世界上一百多个国家参加的经济联合会,包括商会、工业、商业、银行、交通、运输等行业协会。它也是联合国经社理事会的一级咨询机构。

自 20 世纪 20 年代初,国际商会开始对重要的贸易术语作统一解释的研究,于 1936 年首次公布一套解释贸易术语的具有国际性的统一规则,即《国际贸易术语解释通则》。其后,为适应国际贸易实践发展的需要,国际商会先后于 1953、1967、1976、1980、1990、2000、2010、2020 年对其进行了八次修订。最新版的《国际贸易术语解释通则 2020》(《INCOTERMS 2020》)经过 3 年的修订,由国际商会于 2019 年 9 月 10 日发布,并于 2020 年 1 月 1 日起正式实施。《国际贸易术语解释通则》中的术语被大量应用于全球实务操作中,是当今世界对国际贸易影响最大、使用范围最广、包括内容最多的有关贸易术语国际惯例。现行常用版本有《国际贸易术语解释通则 2000》(《INCOTERMS 2000》)、《国际贸易术语解释通则 2010》(《INCOTERMS 2010》)及最新版本《国际贸易术语解释通则 2020》(《INCOTERMS 2020》)。

第二节　国际贸易术语的主要内容

在外贸会计中,企业的权利、义务的确认和计量均会受到国际贸易条款的影响。例如,一笔进口业务或一笔出口业务应在什么时间确认入账,取决于货物所有权是否转移(即交货点);进口商进口货物的购货成本应当包括哪些费用;出口商出口货物收入以什么为标准确认计量等。国际贸易条款几乎影响着每笔业务的账务处理。接下来以《2000 年国际贸易术语解释通则》(《INCOTERMS 2000》)为例介绍其内容,包括 E、F、C、D 四组共十三种定型条款。

一、E组:起运术语

EXW EX Works(… named place of delivery)工厂交货(…指名地)。

1. 含义

EXW(… named place of delivery)是指当卖方按照合同的规定时间或期限,在其所在地或其他指定的地点(如工场、工厂或仓库)将货物备妥,并交给买方处置时,即完成交货,因此又称发货地交货术语。

2. 关键点

关键点即交货点,是风险、费用和工作责任三方面的共同分界点。

3. 关于买卖双方的风险、费用和责任

卖方承担货物在交由买方处置之前的一切风险、费用及工作责任。卖方不负责办理出口清关手续或将货物装上任何运输工具。

买方须自己安排运输工具到交货地点接收货物,负责将货物运到目的地,并承担自接货装车起的全部风险、费用和工作责任,办理货物出入境的所有手续,支付相应的费用。

因此,该术语是卖方承担责任最小,开支最低的术语。买方必须承担在卖方所在地受领货物的全部费用和风险。若双方希望在起运时卖方负责装载货物并承担装载货物的全部费用和风险,则须在销售合同中明确写明。《国际贸易条款》认为清关最好要由住在有待清关的国家内的一方来办理。如果买方不能直接或间接地办理出口手续,且卖方同意装载货物并承担费用和风险的话,不应使用该术语,而应使用 FCA。

4. 适用情况

EXW 适用于一切运输方式。

二、F组:装运术语(主要运费未付)

(一) FOB Free on Board(... named port of shipment)装运港船上交货(... 指名装运港)

1. 含义

FOB(... named port of shipment)指卖方在合同规定的装运期内,在指定的装运港负责将货物装运到买方指定的船上,并承担货物在装运港口装运上船为止的一切风险、费用和工作责任,当货物在指定的装运港越过船舷,卖方即完成交货。

例如,买卖双方按 FOB 条件订立一份货物买卖合同。合同中的价格条款为:US $10per kilo FOB Yantai。FOB 之后所加注的烟台为装运港。

2. 关键点

在《INCOTERMS 2000》以及以前的《通则》中都规定,FOB 以起运港船舷为划分风险的界限。如果货物在起重机吊装过程中绳索断裂,货物落海,则意味着卖方未完成交货,损失应由卖方承担;相反,若货物掉落在甲板上毁损,则损失由买方承担。若待装运船只因太大,而不能靠近港内码头使用起重机吊装货物,则需使用驳船将货物运至大船船边,在这种情况下,关键点依然是"越过船舷"。

考虑到现在的装运作业中,货物由起重机吊装上船的比例逐渐减少,所以《INCOTERMS 2010》中不再规定以"船舷为界"。而规定以货物装到船上,风险才由卖方转移给买方。

3. 关于买卖双方的风险、费用和责任

关键点以前为出口方承担,关键点以后为进口方承担。

(1) 卖方的风险、费用和责任:①承担货物在指定装运港越过船舷之前的一切风险;②必须在合同规定的装运期内,把符合合同规定的货物运到指定装运港,并按港口惯常方式装上买方指定的船舶;③将货物装上买方指定的船只后,必须及时向买方发出已装船通知;④负责取得出口许可证等出口报关所需的各种证件,并负责办理出口清关手续;⑤负责提供商业发票和通常的单证(或电子数据交换信息),证明已经完成交货装船的义务;⑥根据买方请求,向买方提供投保所需的信息;⑦承担货物装船以前的一切费用和出口报关的税费。

(2) 买方的风险、费用和责任:①承担货物在指定装运港越过船舷之后的一切风险;②负责取得进口许可证或其他官方批准文件,办理进口报关手续;③负责订立从指定的装运港运输货物的合同,支付运费,并给予卖方有关船名、航次、装货地点、装船时间等充分通知;④负责办理货物运输保险,并支付保险费;⑤收取卖方按合同规定交付的货物,接受交货单据,并支付货款;⑥承担货物装船以后的一切费用和进口报关的税费。

关于租船订舱问题,买方若委托卖方代为租船订舱,卖方可酌情接受,但属于代办性质,其风险与费用(运费和手续费)仍由买方承担。

4. FOB 变形

在实践中,为了解决装船费用由谁负担的问题,FOB 术语产生了以下几种变形:

(1) FOB 班轮条件(FOB liner terms),这一变形是指装船的有关费用按照班轮的做法处理。在班轮运输条件下,装船费用包括在班轮运费之中,与装船有关的费用均由负责办理运输事宜的买方承担,卖方不负担装船的有关费用。

(2) FOB 吊钩下交货(FOB under tackle),这一变形是指卖方仅负责将货物交到买方指定船只的吊钩所及之处的费用,而吊装入舱以及其他各项费用概由买方负担。

(3) FOB 理舱费在内(FOB stowed),这一变形是指卖方要负责把货物装入船舱,并承担包括理舱费在内的装船费用。理舱费是指货物入舱后进行安置和整理的费用。

(4) FOB 平舱费在内(FOB trimmed),这一变形是指卖方要负责把货物装入船舱,并承担包括平舱费在内的装船费用。平舱费是指对装入船舱的散装货物进行平整所需的费用。

(5) FOB 理舱并平舱(FOB stowed and trimmed),这一变形表明由卖方承担包括理舱费和平舱费在内的各项装船费用。

5. 适用情况

FOB 仅适用于海运或内河运输。

6. 使用 FOB 应该注意的问题

(1) FOB 船货衔接问题。在 FOB 条件下,卖方的一项基本义务就是按照规定的时间和地点完成装运,由买方负责租船订舱,这就存在一个船货衔接问题。如果处理不当,就会影响合同的顺利执行。所以买方必须提前发送装运通知,告知船名、装货地点及交货时间以便卖方有足够的准备时间,若买方不派船只,卖方有权撤销合同并要求赔偿损失;若买方过早派船,卖方不承担由此可能造成的空舱费或滞期费。另外,卖方也应告知买方备货的进展情况,从而避免船等货或货等船的情况。

(2) 卖方应及时发出装船通知。按 FOB 条件成交时,由买方负责安排运输并办理货运保险,这就要求卖方在装船后应及时发出装运通知,如卖方不能及时发出装船通知,则买方就无法及时办理货运保险,甚至有可能出现漏保货运险的情况。因此,卖方装船后务必及时向买方发出装船通知,内容包括船名、航班、启航日期、货物装船日期等。否则,卖方应承担货物在运输途中的风险和损失。也就是说,如果货物在运输途中遭受损失或灭失,由于卖方未发出通知而使买方漏保,那么卖方就不能以风险在船上转移为由免除责任。

（3）个别国家对FOB的不同理解。北美洲国家通常采用的是《1941年美国对外贸易定义修订本》。它将FOB概括为六种,其中前三种是出口国内陆指定地点的内陆运输工具上交货,第四种是在出口地点的内陆运输工具上交货,第五种是在装运港船上交货,第六种是在进口国指定内陆地点交货。上述第四种和第五种在使用时应特别注意。因为这两种术语在交货地点上有可能相同,如都是在旧金山交货,如果买方要求在装运港的船上交货,则应在FOB和港口名称之间加上"Vessel"字样,否则卖方有可能按第四种情况在旧金山的内陆运输工具上交货。所以,在同北美国家进行国际贸易的时候,如果采用FOB条件,应该就有关问题在合同中具体写明,以避免双方在理解上的不一致而引起争议。

（二）FAS　Free Alongside Ship(… named port of shipment)装运港船边交货(…指名装运港)

1. 含义

FAS(… named port of shipment)是指卖方在合同规定的交货期内将货物运至指定装运港的船边或驳船内交货,即完成交货。买方必须承担自装运港船边(或驳船)交货时起货物灭失或损坏的一切风险。

2. 关键点

买卖双方负担的风险、费用和工作责任都以指定装运港船边(或驳船内)为界。

3. 关于买卖双方的风险、费用和责任

FAS与FOB有许多共同之处,两者的区别仅仅在于风险划分关键点不同而已,FAS的风险划分关键点是指定装运港的船边(或驳船内),而FOB则是在指定装运港越过船舷。

4. 适用情况

FAS仅适用于海运或内河运输。

5. 使用FAS应该注意的问题

使用FOB应注意的问题同样也适用于FAS。按照《1990年美国对外贸易定义修订本》的解释,FAS交货地点并不一定是在装运港的船边。因此,在同北美国家的交易中使用FAS术语时,应在FAS后面加上"Vessel"字样,以明确表示"船边交货"。

（三）FCA　Free Carrier(… named place)货交承运人(…指定地点)

1. 含义

FCA(… named place)是指卖方只要将货物在指定的地点交给买方指定的承运人,并办理了出口清关手续,即完成交货。卖方负担货物交由承运人监管前的一切费用和货物灭失或损坏的风险。需要说明的是,交货地点的选择对于在该地点装货和卸货的义务会产生影响。若卖方在其所在地交货,则卖方应负责装货,若卖方在任何其他地点交货,卖方不负责装货。若在指定地点没有约定具体交货点,或有几个具体交货点可供选择时,则卖方可在指定地点中选择对其最适合的那一交货点。

货交承运人中的"承运人"是指任何在运输合同中承担履行铁路、公路、海洋、内河运输或多式联运任务的人或是委托他人履行的人。在多式联运中先后有多个承运人,当卖方将货物交由第一承运人监管,即完成交货。若买方指定承运人以外的人领取货物,则当卖方将货物交给此人时,即视为已履行了交货义务。

2. 关键点

货交承运人在指定地点将已清关的货物交给买方指定的承运人监管,该指定地点即关键点(交货点),这一点可以是卖方与港口之间的任何一个可能的地点,近至与EXW(工厂交货)的位置相同(卖方应负责装货),远至和FAS(装运港船边交货)位置相同(卖方不负责卸货)。因此关键点以货交承运人(若采用多式联运为第一承运人)为界。

3. 关于买卖双方的风险、费用和责任

关键点以前为出口方承担,关键点以后为进口方承担。

(1) 卖方的风险、费用和责任:①在指定的交货地点,在约定的交货日期或期限内,将符合合同规定的已清关的货物交付给由买方指定的承运人,并给予买方及时充分的通知;②承担在指定的交货地点将货物交付承运人以前的一切费用和风险;③向买方提供额外投保所需的信息;④提供证明货已交承运人的单据;⑤负责办理货物出口清关手续并承担出口报关的税费。

(2) 买方的风险、费用和责任:①承担在指定交货地点将货物交付承运人之后的风险。②订立从指定地点运输货物的合同,支付运费,并及时将有关承运人的名称、运输方式、交货日期和期限、具体交货地点通知卖方;买方可请求卖方按通常条款代为订立运输合同,但风险和费用由买方负担。③负责取得进口许可证或其他官方批准文件,办理进口报关手续。④负责办理货物运输保险,并支付保险费。⑤收取卖方按合同规定交付的货物,接受交货单据,并支付货款。⑥承担货物交付承运人之后的一切费用和进口报关的税费。

4. 适用情况

FCA适用任何运输方式,包括多式联运。

5. 关于风险转移问题

风险转移以货交承运人为界。一般情况下,在承运人控制货物后,风险由卖方转移给买方,但是如果由于买方的责任,使卖方无法按时完成交货义务,只要该项货物已正式划归合同项下,那么风险转移的时间可以前移。

如果买方未能及时通知卖方,或由于买方的责任,使卖方无法按时完成交货,则自规定的交付货物的约定日期或期限届满之日起,买方要承担货物灭失或损坏的一切风险。

三、C组:装运术语(主要运费已付)

(一) CFR　Cost and Freight(... named port of destination)成本加运费(... 指定目的港)

1. 含义

CFR(... named port of destination)即成本加运费,是指在指定装运港货物越过船舷,卖方即完成交货。卖方不仅负担货物越过船舷之前的一切费用和货物灭失或损坏的风险,卖方还必须负担将货物运送至指定目的港所需的运费。交货后货物灭失或损坏的风险以及由于各种事件造成的任何额外费用,已由卖方转移到买方。

例如,买卖双方按CFR条件订立一份货物买卖合同。合同中的价格条款为:US \$10per kilo CFR San. Francisco。CFR之后所加注的旧金山为目的港。

2. 关键点

CFR与FOB中关键点略有不同,FOB中风险、费用和工作责任三方面的关键点相同,但CFR中风险、费用和工作责任三方面的关键点并不在同一点。

(1) 货物灭失或损坏风险由卖方转移给买方的关键点仍然是"货物越过船舷"。

(2) 运费及相关工作责任关键点为买方指定目的港,即卖方应负担将货物运至目的港所必需的运费,承担此过程中的相关工作责任(如租船订舱等)。

(3) 除运费以外的一切费用及工作责任关键点与风险转移关键点相同,即"货物越过船舷"后由卖方转移给买方。

特别说明:关于货物运抵目的港后,卸货费用(包括驳船和码头费用)应由买方、卖方谁来承担,则根据运输合同来确定。若应由买方支付,则运费及相关工作责任的关键点在目的港待卸货的船上;若应由卖方支付,则运费及相关工作责任的关键点在目的港码头上。

3. 关于买卖双方的风险、费用和责任

(1) 卖方的风险、费用和责任:①负责在合同规定的日期或期限内,把符合合同规定的已办理出口清关手续货物运到指定装运港,并按港口惯常方式装上船舶,然后向买方发出已装船通知;②承担货物装船之前的一切费用和出口报关手续费;③负责取得出口许可证或其他官方批准文件,办理出口报关手续;④负责租船或订舱,并支付运费;⑤负责向买方提供商业发票和其他证明已履行交货义务的通常单据。

(2) 买方的风险、费用和责任:①负责取得进口许可证或其他官方批准文件,办理进口报关手续;②收到卖方发出的已装船通知后,负责办理海运保险,并支付保险费;③收取卖方按合同规定交付的货物,接受交货单据,并支付货款;④货物装船以后的除运费以外的一切费用和进口报关的税费。

因此,可以看出CFR术语在货物装船、风险转移、办理进出口手续和接单付款方面,买卖双方的义务和FOB术语是相同的。唯一不同在于,CFR术语中将货物从装运港运至目的港所必需的运费由卖方负担。

4. 使用CFR术语应注意的问题

卖方应及时向买方发出装船通知,以便买方办理保险手续;如果货物在运输途中遭受损坏或灭失,由于卖方未及时发出装船通知使买方漏保,那么卖方不能以风险划分界限在装运港船上为由免除责任。

5. 适用情况

CFR 仅适用于海洋和内河运输。

(二) CIF　Cost, Insurance and Freight (... named port of destination)成本、保险费加运费(... 指定目的港)

1. 含义

CIF(... named port of destination)是指在指定装运港当货物越过船舷时卖方即完成交货。卖方必须支付将货物运至指定的目的港所需的运费和费用,但交货后货物灭失或损坏的风险及由于各种事件造成的任何额外费用已由卖方转移到买方。但是,在 CIF 条件下,卖方还必须办理买方货物在运输途中灭失或损坏风险的海运保险。与 CFR 成本加运费相似,只是增加了卖方还应订立保险合同并支付保险费(最低范围投保)。

2. 关键点

CIF 与 FOB、CFR 中关键点略有不同,在 FOB 中风险、费用和工作责任三方面的关键点相同,CIF 与 CFR 关键点类似,其风险、费用和工作责任三方面的关键点也不在同一点。

(1) 货物灭失或损坏风险由卖方转移给买方的关键点仍然是"货物越过船舷"。

(2) 运费、保险费(最低险种)及相关工作责任关键点为买方指定目的港,即卖方应负担将货物运至目的港所必需的运费,订立保险合同并支付保险费用,承担此过程中的相关工作责任。

(3) 除运费、保险费以外的一切费用及工作责任关键点与风险转移关键点相同,即"货物越过船舷"后由卖方转移给买方。

3. 关于买卖双方的风险、费用和责任

(1) 卖方的风险、费用和责任:①按合同规定的装运日期或期限,在指定装运港将货物装上船,承担货物在指定装运港越过船舷为止的一切费用和风险;②订立运输合同,支付至目的港的运费,并及时给予买方充分通知;③办理货物运输保险,支付保险费,应买方要求向买方提供额外投保所需的信息;④负责向买方提供保险单据;⑤负责办理出口清关手续。

(2) 买方的风险、费用和责任:①承担货物在指定的装运港装上船为止的除运费、保险费以外的一切费用和风险;②负责取得进口许可证或其他官方批准文件,办理进口报关手续;③收取卖方按合同规定交付的货物,接受交货单据,并支付货款;④货物装船以后的除运费、保险费以外的一切费用和进口报关的税费。

4. 使用 CIF 术语应注意的问题

(1) 保险问题:①属于代办的性质。虽然卖方为了买方利益替买方办理装船后的海运保险,但风险应由买方承担;②险别的选择:一般情况下,卖方为买方投保为最低的险种。如买方需要更高的保险险别,则需要与卖方明确地达成协议,或者自行额外投保;③投保金额:保险金额如无特殊约定,卖方必须按 CIF 发票金额加成 10%投保,采用合同中的货币投保。

(2) 关于卸货费用负担问题。在实践中,为了解决目的港卸货费用由谁负担的问题,CIF产生了以下几种变形:①CIF liner terms(班轮条件)卖方承担;②CIF landed(着陆费在内或卸至岸上)指卖方要负担货物卸到岸上或码头上为止的卸货费用,包括可能发生的驳船费和码头费;③CIF Ex ship's hold(舱底交货)买方承担;④CIF Ex tackle(吊钩下交货)买方承担。

(3) 象征性交货问题。在CIF合同下,卖方是凭单交货,买方是凭单付款。CIF是典型的象征性交货。象征性交货是针对实际交货而言的,是指卖方只要按期在规定的地点把货物装船,完成装运,并向买方提交合同规定的包括物权凭证在内的全套合格的单据,就算完成了交货义务,而无需保证货到。凭单付款是指买方一旦领受了合格的货运单据,就必须按照合同规定的条件支付货款,即使在交单时,货物已经灭失或受损,也不得例外,只能付款后,凭单据向有关的责任方提出索赔。

5. 适用情况

CIF仅适用于海运和内河运输。

(三) CPT Carriage Paid To(... named place of destination)运费付至(... 指定目的地)

1. 含义

CPT(... named place of destination)指卖方向其指定的承运人交货,而且卖方还必须支付将货物运至目的地的运费,即买方承担卖方交货之后发生的除运输费以外的一切风险和费用。"运费付至目的地"是"成本加运费"的对应条款,两者区别在于发运阶段与目的地阶段不同。

承运人是指任何人,在运输合同中,承诺通过铁路、公路、空运、海运、内河运输或上述运输的联合方式履行运输或由他人履行运输。如果还使用接运的承运人将货物运至约定目的地,则风险自货物交给第一承运人时转移。

2. 关键点

(1) 风险、责任及除运费以外费用的关键点以卖方将货物交到其所指定的承运人(多式联运中为第一承运人)为界划分。

(2) 运费关键点。卖方必须支付到达指定目的场所为止的运费。

3. 关于买卖双方的风险、费用和责任

(1) 卖方的风险、费用和责任:①承担货物交给其指定的承运人之前的一切风险;②负责在合同规定的日期或期限内,把符合合同规定的货物交给其指定的承运人,及时向买方发出已交承运人通知;③负责取得出口许可证或其他官方批准文件,办理出口报关手续,并支付出口报关的税费;④负责安排运输,并支付将货物运至目的地的运费;⑤负责提供商业发票和其他证明已履行交货义务的通常单据。

(2) 买方的风险、费用和责任:①承担货物交给卖方指定的承运人之后的一切风险;②负责取得进口许可证或其他官方批准文件,办理进口报关手续并支付进口报关的税费;③负责办理运输保险,并支付保险费用;④收取卖方按合同规定交付的货物,接受交货单据,并支付货款;⑤承担货物交承运人之后除运费以外的一切费用。

4. 使用 CPT 术语应注意的问题

关于风险划分的界限问题,货物自交货地点运至目的地的运输途中的风险由买方承担。卖方有义务按照通常条件订立运输合同,将货物从交货地点运送到约定的目的地,但卖方对买方没有订立保险合同的义务。

5. 适用情况

CPT 适用于包括多式联运在内的任何运输方式。

(四) CIP　Carriage Insurance Paid To(... named place of destination)运费、保险费付至(... 指定目的地)

1. 含义

CIP(... named place of destination)指卖方向其指定的承运人交货,但卖方还必须支付将货物运至目的地的运费,并取得保险以防护运输途中货物灭失或毁损的风险。即买方承担卖方交货之后的一切风险和除运费、保险费以外的费用。"运保费付至目的地"是"成本加运保费"的对应条款,两者的区别同样在于发运阶段与目的地阶段的不同。

2. 关键点

(1) 风险、责任及除运费、保险费以外费用的关键点以卖方将货物交到其所指定的承运人(多式联运中为第一承运人)为界划分。

(2) 运费、保险费关键点。卖方必须支付到达指定目的场所为止的运费,卖方还应订立保险合同并支付保险费。

3. 关于买卖双方的风险、费用和责任

(1) 卖方的风险、费用和责任:①承担货物交给其指定的承运人之前的一切风险;②负责在合同规定的日期或期限内,把符合合同规定的货物交给其指定的承运人,并按惯常方式装上运输工具,及时向买方发出已交承运人通知;③负责取得出口许可证或其他官方批准文件,办理出口报关手续,并支付出口报关的税费;④负责安排运输,并支付将货物运至目的地的运费;⑤负责办理货物运输保险并支付保险费;⑥负责提供商业发票和其他证明已履行交货义务的通常单据。

(2) 买方的风险、费用和责任:①承担货物交给卖方指定的承运人之后的一切风险;②负责取得进口许可证或其他官方批准文件,办理进口报关手续并支付进口报关的税费;③收取卖方按合同规定交付的货物,接受交货单据,并支付货款;④承担货物交承运人之后除运费、保险费以外的一切费用。

4. 使用 CIP 术语应注意的问题

(1) 应正确理解风险和保险问题。

(2) 卖方的投保应按惯例投保最低险别,采用合同中的货币投保。

5. 适用情况

CIP 适用于包括多式联运在内的任何运输方式。

(五) FCA、CPT、CIP 与 FOB、CFR、CIF 知识点小结

FCA、CPT、CIP 三种术语是分别从 FOB、CFR、CIF 三种传统术语发展而来的,前者与后者在责任划分上的基本原则是相同的,但也有区别。

1. 适用的运输方式不同

FOB、CFR、CIF 仅适用于海运和内河运输,其承运人一般只限于船公司。而 FCA、CPT、CIP 则不仅适用于海运和内河运输,也适用于路运、空运等各种运输方式的单式运输,以及两种或两种以上不同运输方式相结合的多式联运,其承运人可以是船公司、铁路局、航空公司,也可以是安排多式联运的联合运输经营人。

2. 交货和风险转移地点不同

FOB、CFR、CIF 的交货地点均为装运港船舶,风险均以在装运港越过船舷时从卖方转移至买方。而 FCA、CPT、CIP 的交货地点,需视不同的运输方式和不同的约定而定。货物灭失或损坏的风险,则于卖方将货物交由承运人保管时自卖方转移至买方。

3. 装卸费用负担不同

按 FOB、CFR、CIF 术语,卖方承担货物在装运港越过船舷为止的一切费用。但在 FOB 合同中,应明确装船费用由何方负担;在 CFR 和 CIF 合同中,则应明确卸货费用由何方承担。而在 FCA、CPT、CIP 合同中则不存在这些问题。

4. 运输单据不同

在 FOB、CFR、CIF 术语下,卖方一般应向买方提交海运提单。而在 FCA、CPT、CIP 术语下,卖方提交的运输单据视不同运输方式而定。

案例导入解析

(1) G 电器制造商不可以向孟买进口商按 FOB、CFR、CIF 术语报价。因为这三个术语只适合水运,交货点都在装运港船舷,即本案例中的 L 港船舷。但本案中 G 电器制造商不愿承担 H 市至 L 港这段公路运输的风险,因此交货点应该在 H 市,适用多式联运。所以不能按 FOB、CFR、CIF 术语报价。

(2) G 电器制造商不需提供已装船运输单据。因为多式联运方式下不需要提供已装船提单。

(3) 按以上情况,G 电器制造商应该采用交货点在货交承运人处,适用各种运输方式的贸易术语如 FCA H 市、CPT 孟买、CIP 孟买。因为这三种术语的交货点都在 H 市货交承运人处,一旦在 H 市完成交货,G 电器制造商就不用承担之后发生的风险,符合 G 电器制造商的要求;同时,印度进口商也无需承担交货前的风险,符合其要求。不过这三个术语中 CIP 术语为首选,因为 CIP 术语中包含保险,H 市至孟买的风险可由保险公司承保,如果发生承保范围内的风险,印度进口商可向保险公司索赔。

四、D 组:到达术语

(一) DAF　Delivered at Frontier(... named place)边境交货(... 指定地点)

DAF(... named place)是指当卖方在边境的指定地点和具体交货点,在毗邻国家海关边界前,将仍处于交货的运输工具上尚未卸下的货物交给买方处置,办妥货物出口清关手续但尚未办理进口清关手续时,即完成交货。"边境"一词可用于任何边境,包括出口国边境。因而,用指定地点和具体交货点准确界定所指边境,这是极为重要的。

但是,如当事各方希望卖方负责从交货运输工具上卸货并承担卸货的风险和费用,则应在销售合同中明确写明。

该术语可用于陆地边界交货的各种运输方式,当在目的港船上或码头交货时,则应使用 DES 或 DEQ 术语。

(二) DES　Delivered EX Ship(... named port of destination)目的港船上交货(... 指定目的港)

DES(... named port of destination)是指在指定的目的港,货物在船上交给买方处置,但不办理货物进口清关手续,卖方即完成交货。卖方必须承担货物运至指定的目的港卸货前的一切风险和费用。如果当事各方希望卖方负担卸货的风险和费用,则应使用 DEQ 术语。

只有当货物经由海运或内河运输或多式联运在目的港船上交货时,才能使用该术语。

(三) DEQ　Delivered EX Quay(... named port of destination)目的港码头交货(... 指定目的港)

DEQ(... named port of destination)是指卖方在指定的目的港码头将货物交给买方处置,不办理进口清关手续,即完成交货。卖方应承担将货物运至指定的目的港并卸至码头的一切风险和费用。

DEQ 术语要求买方办理进口清关手续并在进口时支付一切办理海关手续的费用、关税、税款和其他费用。如果当事方希望卖方负担全部或部分进口时交纳的费用,则应在销售合同中明确写明。

只有当货物经由海运、内河运输或多式联运且在目的港码头卸货时,才能使用该术语。但是,如果当事方希望卖方负担将货物从码头运至港口以内或以外的其他地点(仓库、终点站、运输站等)的义务时,则应使用 DDU 或 DDP 术语。

(四) DDU　Delivered Duty Unpaid(... named place of destination)目的地未完税交货(... 指定目的地)

DDU(... named place of destination)是指卖方在指定的目的地将货物交给买方处置,不办理进口手续,也不从交货的运输工具上将货物卸下,即完成交货。卖方应承担将货物运至指定的目的地的一切风险和费用,不包括在需要办理海关手续时在目的地国进口应交纳的任何"税费"(包括办理海关手续的责任和风险,以及交纳手续费、关税、税款和其他费用)。买方必须承担此项"税费"和因其未能及时办理货物进口清关手续而引起的费用和风险。

但是,如果双方希望卖方办理海关手续并承担由此发生的费用和风险,以及在货物进口时应支付的一切费用,则应在销售合同中明确写明。

该术语适用于各种运输方式,但当货物在目的港船上或码头交货时,应使用 DES 或 DEQ 术语。

(五) DDP　Delivered Duty Paid(... named place of destination)目的地完税后交货(... 指定目的地)

DDP(... named place of destination)是指卖方在指定的目的地,办理完进口清关手续,将在交货运输工具上尚未卸下的货物交与买方,完成交货。卖方必须承担将货物运至指定的目的地的一切风险和费用,包括在需要办理海关手续时在目的地应交纳的任何"税费"(包括办理海关手续的责任和风险,以及交纳手续费、关税、税款和其他费用)。

EXW 术语下卖方承担最小责任,而 DDP 术语下卖方承担最大责任。

若卖方不能直接或间接地取得进口许可证,则不应使用此术语。

但是,如当事方希望将任何进口时所要支付的一切费用(如增值税)从卖方的义务中排除,则应在销售合同中明确写明。若当事方希望买方承担进口的风险和费用,则应使用 DDU 术语。

该术语适用于任何运输方式,但当货物在目的港船上或码头交货时,应使用 DES 或 DEQ 术语。

《INCOTERMS 2000》术语关键点可总结如图 2-1 所示。

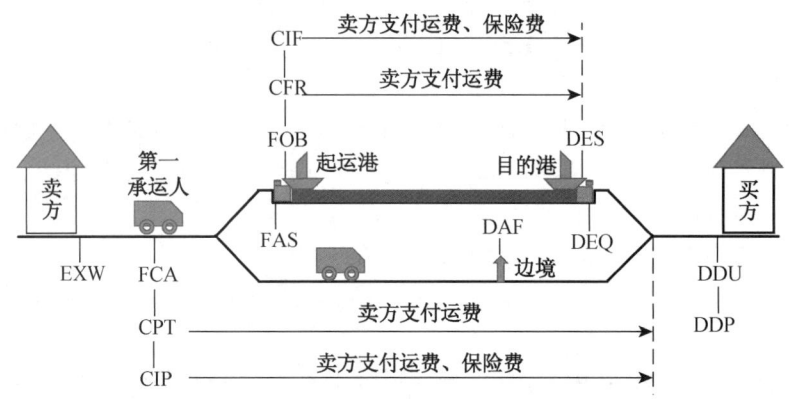

图 2-1 《INCOTERMS 2000》术语关键点总图

第三节 《INCOTERMS 2010》的主要变化

相对于《INCOTERMS 2000》,《INCOTERMS 2010》的主要变化有以下几方面。

一、术语分类调整

由原来的 E、F、C、D 四组调整为两组:

第一组为适用于任何运输方式的术语共七种:EXW、FCA、CPT、CIP、DAT、DAP、DDP。

第二组为适用于水上运输方式的术语共四种:FAS、FOB、CFR、CIF。

二、贸易术语的数量由原来的十三种变为十一种

(一)删去了《INCOTERMS 2000》中的四个术语

《INCOTERMS 2010》删去了《INCOTERMS 2000》中的四个术语,分别是 DAF

(delivered at frontier)边境交货、DES(delivered Ex ship)目的港船上交货、DEQ(delivered Ex quay)目的港码头交货、DDU(delivered duty unpaid)未完税交货。

(二) 新增 DAT、DAP 两个术语

《INCOTERMS 2010》用 DAT 取代了 DEQ(目的港码头交货),用 DAP 取代了 DAF(边境交货)、DES(目的港船上交货)和 DDU(未完税交货)三个术语,且扩展至适用于一切运输方式。

1. DAT Delivered At Terminal(… named terminal at port or place of destination),运输终端交货(… 指定港口或目的地的运输终端)

DAT(… named terminal at port or place of destination)是指卖方在合同中约定的日期或期限内,将货物运到合同规定的港口或目的地的约定运输终端,并将货物从抵达的载货运输工具上卸下,交由买方处置时即完成交货。

DAT 中的 T(terminal)"终点站"包括任何地方,无论合同中是否约定,都包括码头、仓库、集装箱堆场或公路、铁路或空运货站。买卖双方应尽量明确地指定终点站,指定在约定的目的港或目的地的终点站内的一个特定地点。因为货物到达这一地点前的风险是由卖方承担的,建议卖方签订一份与这种选择准确契合的运输合同。

DAT 中卖方应负担将货物运至指定的目的地和卸货所产生的一切风险和费用。卖方负责办理货物出口清关手续,但是卖方没有义务办理货物进口清关手续并支付任何进口税或办理任何进口报关手续。卖方没有为买方签订保险合同的义务。但是卖方在买方的要求下,必须向买方提供买方借以获得保险服务的信息,其中如果存在风险和费用,一概由买方承担。与 DEQ 类似。

此外,若买方希望卖方承担从终点站到另一地点的运输及管理货物所产生的风险和费用,那么此时应使用 DAP(目的地交货)或 DDP(完税后交货)术语。

2. DAP Delivered At Place(… named place of destination)目的地交货(… 指定目的地)

DAP(… named place of destination)是指卖方要在合同中约定的日期或期限内,在指定的交货地点,将仍处于交货的运输工具上尚未卸下的货物交给买方处置即完成交货。卖方须承担货物运至指定目的地的一切风险,与 DAF、DES 和 DDU 类似。

DAP 中卖方对买方没有义务订立保险合同。但是如果买方提出需要保险合同的要求,并且自己承担风险和费用,那么卖方应该提供订立保险合同需要的全部信息。

卖方办理货物的出口清关手续,但卖方没有义务办理货物的进口清关手续,支付任何进口税或者办理任何进口海关手续,如果当事人希望卖方办理货物的进口清关手续,支付任何进口税和办理任何进口海关手续,则应使用 DDP 术语。

该规则的适用不考虑所选用的运输方式的种类,同时在选用的运输方式不止一种的情形下也能适用。

三、取消了船舷作为风险划分界限的表述

在以往的《国际贸易术语解释通则》中,三种常用的贸易术语 FOB、CFR 和 CIF 的风险划分的界限都是"货物在装运港口越过船舷"。修订后的《INCOTERMS 2010》不

再以"越过船舷"为交货标准,而改为"将货物置于船上"为标准。卖方承担将货物装运上船为止的一切风险,买方承担货物自装运港装运上船后的一切风险。这样的规定更符合当今的商业现实,也避免了那种已经过时的风险在一条假想垂直线上摇摆不定的情形出现。另外,在 FAS、FOB、CFR 和 CIF 等术语中加入了货物在运输期间被多次买卖(连环贸易)的责任义务的划分。考虑到对于一些大的区域贸易集团内部贸易的特点,《INCOTERMS 2010》规定不仅适用于国际销售合同,也适用于国内销售合同。《INCOTERMS 2010》相关术语总结如表 2-1 所示。

表 2-1 《INCOTERMS 2010》汇总表

术语性质	国际代码	中英文含义		交货地点	运输方式
		英文	中文		
E组 起运术语	EXW	Ex Works	工厂交货	商品产地、所在地工厂或仓库	所有
F组 装运术语 (主运费未付)	FOB	Free on Board	装运港船上交货	装运港口	水运
	FAS	Free Alongside Ship	装运港船边交货	装运港口	水运
	FCA	Free Carrier	货交承运人	出口国内地、港口	所有
C组 装运术语 (主运费已付)	CFR	Cost and Freight	成本加运费	装运港口	水运
	CIF	Cost, Insurance and Freight	成本加保险费和运费	装运港口	水运
	CPT	Carriage Paid to	运费付至	出口国内地、港口	所有
	CIP	Carriage and Insurance Paid to	运费、保险费付至	出口国内地、港口	所有
D组 到达术语	DAT	Delivered At Terminal	运输终端交货	指定港口或目的地运输终端	所有
	DAP	Delivered At Place	目的地交货	指定目的地	所有
	DDP	Delivered Duty Paid	完税交货	进口国内	所有

第四节 《INCOTERMS 2020》的主要变化

《INCOTERMS 2020》是对 2010 年版本的更新和修订。国际商会(ICC)于 2016 年 9 月正式启动了《INCOTERMS 2020》的起草工作,由分别来自中国、美国、英国、德国、法国、澳大利亚和土耳其的八名国际商会成员组成起草小组,起草组在 2016 年 7 月至 2018 年 9 月期间举行了 12 次会议,对国际商会国家委员会提供的 3 000 多条实质性意见进行了分析、讨论和审议,并在此基础上进行修订,旨在找到一种为世界各国服务的国际贸易惯例折中方案。经过多轮争论和博弈,历经三年多时间,国际商会终于在

2019年9月10日向全球发布《INCOTERMS 2020》,并于2020年1月1日正式实施。其生效后对贸易实务、国际结算和贸易融资实务等方面都将产生重要的影响,为下一个世纪的全球贸易开展做好准备。

一、《INCOTERMS 2020》的基本概况

与《INCOTERMS 2010》相比,《INCOTERMS 2020》在体系上并没有太多变化。依然根据运输方式将所有术语分为"不限运输方式组"与"海运与内河水运组"两组。而"海运与内河水运组"中仍然是FAS、FOB、CFR、CIF四个术语,"不限运输方式组"中有EXW、FCA、CPT、CIP、DAP、DPU、DDP七个术语。

二、《INCOTERMS 2020》的主要变化

(一)新增按条款索引解析章节

《INCOTERMS 2020》首次新增了按条款索引解析章节。将贸易过程中涉及的义务、风险、成本划分为10个方面进行描述,同时分别从卖方/买方角度对每一方面对应的义务进行阐述,并用A1-A10、B1-B10表示。其中A代表卖方义务,B代表买方义务。新增的按条款索引解析章节以A1-B10为索引,列示某一方面卖方/买方在不同贸易术语项下承担的义务。比如用户在贸易中作为买方,比较关注运输环节买方承担的义务,则可直接查找本章节的B4部分(B4代表买方在运输方面承担的义务)。新增的按条款索引解析章节有利于用户通过对比贸易中某一方面卖方/买方承担义务的不同,结合自身需求确认最适合的贸易术语。

(二)以DPU术语替代DAT术语并置于DAP之后

《INCOTERMS 2010》将11种术语按适用的运输方式分为两组,《INCOTERMS 2020》继续沿用这一分类方式,术语数量也无变化,但《INCOTERMS 2020》以DPU(delivered at place unloaded,目的地卸货后交货)术语替代DAT(delivered at terminal,运输终端交货)术语。《INCOTERMS 2010》中,在DAT术语下,当货物到达,运输工具卸载到"运输终端"时,卖方即完成交货义务;在DAP术语下,当卖方在到达的运输工具上,做好卸货准备,将货物交给买方处置时,卖方即完成交货义务。但《INCOTERMS 2010》对"运输终端"的解释和"交货地点"没有实质区别,两个贸易术语的交货地点都是买方所指定的地点,区别仅在于DAT要求卖方卸货,DAP不要求卖方卸货。《INCOTERMS 2020》将DAT的名称改为DPU,不再强调"运输终端",而是强调"目的地",但是如果这个"目的地"不在"运输终端",卖方需要将货卸至指定地点。

同时,由于DAP术语不要求卸货,DPU术语要求卸货,从时间顺序上看,DAP术语在前,DPU术语在后,因此《INCOTERMS 2020》将《INCOTERMS 2010》中的"DAT在先,DAP在后"调整为"DAP在先,DPU在后",这样的调整也符合按交货地点延展、卖方义务增多来排列贸易术语顺序的惯例。

(三)CIP术语下卖方默认投保险别提高

在《Incoterms 2010》规则中,CIF(成本、保险费加运费)和CIP(运费和保险费付至)术语都规定由卖方购买货物运输保险,并支付保险费。即除非另有约定或习惯做法,对

于卖方所买险别则规定至少应当符合《Institute Cargo Clauses》(《协会货物保险条款》)"ICC Clauses C"[ICC 条款(C)]或类似条款的最低险别；对应中国人民保险条款(CIC 条款)的平安险。《协会货物保险条款》ICC(C)险采用"列明风险"的方法,保险人只对列明的风险导致的损失和费用负赔偿责任。该险别承保责任范围较小,保险费率相对其他险种来说是最低的,卖方的保费负担较小。

在《Incoterms 2020》规则中就这一规定也作出了调整：对 CIF 术语维持现状,即默认保险险别为《协会货物保险条款》ICC(C),但当事人可以协商选择更高级别承保范围的险种；对于 CIP 术语,则变更为卖方必须投保符合《协会货物保险条款》ICC(A)承保范围的保险,但当事人可以协商选择更低级别的险种。《协会货物保险条款》ICC(A)的承保责任范围比 ICC(C)要大,在协会保险条款中,ICC(A)的承保责任范围采用的是"一切风险减除外责任"的办法,除了"除外责任"项下所明确列明的风险保险人不予负责外,其他风险均予负责。ICC(A)承保责任范围比 ICC(C)要大,费率也比 ICC(C)高[通常约为 ICC(C)的一倍]。这一改变对于保险的实际受益人买方而言当然是获益的。但 CIP 术语的卖方在投保时会因为这一改变而支付更高保险费。

出口商采用 CIP 术语时一定需要特别注意：一是报价时要注意保险费率的不同,在计算出口报价时应该相应调高报价,并向买方说明调价的理由；二是注意在投保时保险险别一定不能出错,在合同没有另外的特别约定时必须投保 ICC(A)险。尤其是用信用证结算时更加要注意到这个变化,否则很可能因为投保险别不符合新规则的要求而被银行拒付。

(四) 增加 FCA 术语下已装船提单问题的附加选项

针对卖方在 FCA 术语下难以取得海运集装箱货物的已装船提单的问题,《INCOTERMS 2020》对 FCA 的解释中首次增加了一个附加选项,若买卖双方在合同中约定买方指示承运人向卖方出具已装船提单(由买方承担相关风险和费用),则买方必须按此条款执行,以便卖方向买方或银行提交已装船提单,从而为上述问题提供了一个解决方案。

(五) 更明确买卖双方承担的各项费用以及安全清关责任

在以往版本的《通则》中,买卖双方各自承担的费用分散在术语的不同部分,而《INCOTERMS 2020》则把所有费用集中列在 A9/B9 条款中,且规定得更加明确细致,便于查找。此外,《INCOTERMS 2010》首次提及了买卖双方必须向对方提供清关所需的安全相关信息,但该规定相对模糊。而随着安全问题受到的关注日益普遍,《INCOTERMS 2020》进一步明晰了双方在出口、过境、进口安检清关方面的责任,并就相关费用作出明确规定。同时,《INCOTERMS 2020》规则排序进行了调整,更加突出了交货和风险,具体对比如表 2-2 所示。

表 2-2 《INCOTERMS 2020》与《INCOTERMS 2010》义务表述和顺序对比

《INCOTERMS 2020》		《INCOTERMS 2010》	
A1/B1	一般义务	A1/B1	一般义务

(续表)

《INCOTERMS 2020》		《INCOTERMS 2010》	
A2/B2	交货/提货	A2/B2	许可证、批准书、安全通关及其他手续
A3/B3	风险转移	A3/B3	运输合同和保险合同
A4/B4	运输	A4/B4	交货/提货
A5/B5	保险	A5/B5	风险转移
A6/B6	交货/运输的单据	A6/B6	费用划分
A7/B7	出口/进口清关	A7/B7	通知
A8/B8	查验/包装/标记	A8/B8	单据与交货凭证
A9/B9	费用划分	A9/B9	检查/包装/标记
A10/B10	通知	A10/B10	信息帮助和相关费用

（六）FCA、DAP、DPU、DDP 下允许买方/卖方使用自己的运输工具

《INCOTERMS 2010》始终假定卖方/买方雇佣第三方承运人来完成货物的运输，而没有考虑卖方/买方使用自己的运输工具安排运输的情况。《INCOTERMS 2020》则考虑到买卖双方之间的货物运输不涉及第三方承运人的情形，允许 FCA 下买方使用自己的运输工具从指定交货地点收货并运输至买方场所，也允许 D 组术语[DAP（目的地交货）、DPU（卸货地交付）及 DDP（完税后交货）]下卖方自行安排运输将货物运至指定目的地。

（七）更详细的"用户解释性注释"取代"指导说明"，增加了贸易术语的图示

《INCOTERMS 2020》升级了《INCOTERMS 2010》中各术语开始部分的"Guidance Notes"（指导说明）为"Explanatory Notes for Users"（用户解释性注释）。这些注释更为详细地解释了各种术语的适用条件、风险转移、费用划分以及使用注意事项，并配以多个示意图，有助于用户准确地理解新版的国际贸易术语解释通则，以免误解或误用而造成不必要的损失。每个术语的基本原则，例如何时适用、风险何时转移及费用在买卖双方间的划分等都在用户注释中列明，以帮助用户有效和准确地选择适合其特殊交易的术语，同时也为受《INCOTERMS 2020》制约的合同或争议提供部分需要解释问题的指引。为了让用户更好地理解和使用每一个贸易术语，《INCOTERMS 2020》还增加了贸易术语示意图，使每一个贸易术语的买卖双方责任、成本费用和风险的划分一目了然，以便用户准确、高效地使用合适的术语。（图 2-2 为 DAP、DPU、DDP 贸易术语的图示）。

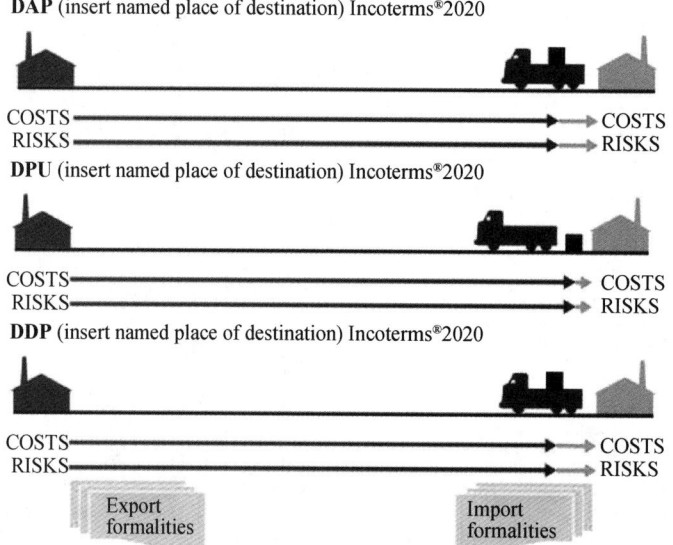

图 2-2　DAP、DPU、DDP 贸易术语的图示

第五节　国际贸易术语的财务报价

一、报价原则及应考虑的因素

（一）报价的原则

1. 按国际市场的价格报价

国际市场价格是由国际价值为基础，由国际供求关系所决定的，是某种商品在国际市场上具有代表性的价格，是确定进出口价格的客观依据。

（1）按照国际上比较有代表性的交易所的销售价报价。

（2）按照大宗商品的产地国的价格水平报价。

（3）按照输往国或地区的当地市场价格报价。

（4）按照博览会价格报价。

2. 结合购销意图作价

对于未打开销路的新产品，可以实行稍低的价格以便打入市场，站稳脚跟，对于竞争特别激烈的商品也可以采取竞争性的价格，对于库存商品也可适当降价销售；而对于有一定艺术价值或能代表一定社会地位的商品，要适当提高价格，以维持商品的形象，对名贵的、独特的土特产品以及竞争力很强的商品，也可适当提高卖价以增加经济效益。

3. 结合国别、地区政策作价

同一商品输往或来自不同的国家和地区时可以有不同的价格。这与一国的外交及与各国或地区的贸易状况有一定的联系。例如，对一些友好的国家出口商品时，可以略微低于正常价格,而对于对我国实行贸易限制甚至报复等不公正待遇的国家进出口商品,可以确立低于或高于正常的价格。

(二)影响价格的各种具体因素

(1)要考虑商品的质量档次。在国际市场上,一般都贯彻按质论价的原则,优质优价、劣质次价。品质的优劣,档次的高低,包装的好坏,商品品牌的知名度,都会影响商品的价格。

(2)要考虑运输距离。运输距离远近,影响运费和保费的开支,从而影响交易的成本,进而影响商品的价格。因此在定价中必须做好运输成本的核算。

(3)要考虑交货地点和交货条件。交货地点和交货条件的不同,买卖双方所承担的责任、费用和风险就会各不相同,因而其价格也应不同。

(4)要考虑季节性需求的变化。季节包括天然季节和人为季节。在国际贸易中,有些商品的季节性需求变化很强,季节前后商品的售价会出现很大差别,因此应充分掌握季节性需求变化的规律,争取以对己方最有利的价格成交。

(5)要考虑成交数量。根据成交量的大小,确定不同的价格,是国际市场上的习惯做法。成交数量大应予以数量折扣,数量过小应适当提高售价,避免不论成交数量多少都是统一价格的作价办法。

(6)要考虑支付条件和汇率变动的风险。支付条件是否有利和汇率变动风险的大小,直接影响买卖双方的成本和预期收益,因而价格也应有所区别。把支付条件是否有利和汇率变动风险的大小考虑到货价中,适当调整售价,也是国际贸易中的通常做法。

此外,还可以考虑其他的一些因素,比如客户的类型、交货期的远近、消费者的习惯等。

二、报价方法

在国际货物买卖中,可以根据交易的不同情况,分别采取下列不同的作价方法。

(一)固定价格

固定价格是国际贸易中较常用的一种作价方法,即交易双方通过协商就计量单位、计价货币、单位价格金额和使用的贸易术语达成一致,在合同中以价格条款的形式规定下来,如"每公吨 300 美元 CIF 纽约",签订合同后,买卖双方按此价格结算货款。合同的价格已经确定,就必须严格执行。除非合同另有规定或经双方的同意,无论市场发生多大变化,都不得变更价格。固定价格具有明确、具体、肯定、便于核算等特点。

(二)非固定价格

在国际货物贸易中,为了降低价格变动的风险、促成交易和提高履约率,在合同价格的规定方面,还可以采取一些灵活变通的做法,即非固定价格,在贸易实务中也称为"活价"。

1. 具体价格待定

例如,"按提单日期的国际市场价格计算""由双方在××××年×月×日协商议定价格"。

2. 暂定价格

例如,"每件 5 000 港币 CIF 香港,备注:上列价格为暂定价,于装运月份前 15 天由买卖双方另行协商确定价格"。

3. 部分固定价格,部分非固定价格

即双方只约定近期交货部分的价格,而对余下远期交货部分的价格,则采用非固定价格的做法。或者,如交货品质与数量有一定机动幅度,为了体现公平,对机动部分的作价可以采用非固定价格,随行就市,其他部分采用固定价格。

三、商品价格的费用构成及主要贸易术语之间的换算

出口商品价格 = 出厂价(自产成本或产地收购价)+国内运杂费+商品包装费+仓储费
　　　　　　　+商品检验费+出口报关费+出口税金+货运保险费+各种单据费用
　　　　　　　+毛利润+中间商佣金

(一) 商品价格的费用构成

$$\text{CIF 价}\begin{cases}\text{CFR 价}\begin{cases}\text{FOB 价}\begin{cases}\text{商品成本:生产成本+加工成本+采购成本}\\ \text{国内总费用:经营、管理、财务费用等}\\ \text{预期利润}\end{cases}\\ \text{国际运费}\end{cases}\\ \text{国际保险费}\end{cases}$$

(二) FOB、CFR、CIF 三种主要贸易术语之间的换算

不同的贸易术语表示的价格构成因素不同,FOB 术语中不包括从装运港直至目的港的运费和保险费,CFR 术语则包括从装运港直至目的港的运费,CIF 术语中既包括上述国际运费,又包括国际保险费。三者之间的换算关系如下:

CIF = FOB+国际运费(F)+国际保险费(I)
　　 = CFR÷[1-保险费率×(1+投保加成率)]
　　 = [FOB+国际运费(F)]÷[1-保险费率×(1+投保加成率)]

CFR = FOB+国际运费(F)
　　 = CIF-国际保险费(I)
　　 = CIF×[1-保险费率×(1+投保加成率)]

FOB = CFR-国际运费(F)
　　 = CIF-国际运费(F)-国际保险费(I)
　　 = CIF×[1-保险费率×(1+投保加成率)]-国际运费(F)

四、出口成本的计算

对外报价必须考虑货物出口的成本,成本的核算是决定成交价格的基础,直接影响贸易的经济效益。特别是在出口方面,要注意对出口总成本、出口销售外汇净收入、出口销售人民币净收入、出口商品盈亏率、出口商品换汇成本和出口创汇率等指标的核算和分析,防止出现不计成本、不计盈亏、单纯追求成交量的现象。

(1) 出口商品盈亏率是指该种商品的出口盈亏额与出口总成本的比率。

出口商品盈亏率 = (商品的出口盈亏额÷出口总成本)×100%

商品的出口盈亏额 = 出口销售人民币净收入(FOB价×外汇牌价)-出口总成本

(2) 出口商品换汇成本是指以某种商品的出口总成本与出口所得的外汇净收入之比,得出用多少人民币换回1美元。

出口商品换汇成本 = 出口成本(人民币) ÷ 出口销售外汇净收入(美元)

出口商品换汇率 = 1 ÷ 换汇成本

出口商品换汇成本如高于银行的外汇牌价,则出口为亏损;反之,则说明出口有盈利。

(3) 外汇增值率又称出口创汇率,是指加工后成品出口外汇增加的净收入与原料外汇成本的比率。其计算公式为:

外汇增值率 = (成品出口外汇净收入 − 原料外汇成本) ÷ 原料外汇成本 × 100%

五、佣金的计算

(一) 佣金的含义及种类

在国际贸易中,有些交易是通过中间代理商进行的。因中间商介绍生意或代买代卖而需收取一定的酬金,此项酬金称为佣金。凡在合同价格条款中,明确规定佣金的百分比,叫做"明佣"。如不标明佣金的百分比,甚至连"佣金"字样也不标示出来,有关佣金的问题由双方当事人另行约定,这种暗中约定佣金的做法,叫做"暗佣"。暗佣通常由出口商向成功完成一笔交易的买方代理支付的,以此作为买方代理提供有关竞争性售价和提供出口商产品进入其委托人市场机会的一种补偿。佣金直接关系到商品的价格,货价中是否包括佣金和佣金比例的大小,都影响商品的价格。显然,含佣价比净价要高。正确运用佣金,有利于调动中间商的积极性和扩大交易。

(二) 佣金的表示方法

在商品价格中包括佣金时,通常应以文字来说明。例如:"每公吨 200 美元 CIF 旧金山,包括 2% 佣金"(US $200 per M/T CIF San Francisco including 2% commission)。也可在贸易术语上加注佣金的缩写英文字母"C"和佣金的百分比来表示。例如:"每公吨 200 美元 CIF C2% 旧金山"(US $200 per M/T CIF San Francisco including 2% commission)。商品价格中所包含的佣金,除用百分比表示外,也可以用绝对数来表示。例如:"每公吨付佣金 25 美元"。佣金的规定应合理,其比率一般掌握在 1%~5%,不宜偏高。

在国际贸易中,计算佣金的方法不一,有的按成交金额约定的百分比计算,也有的按成交商品的数量来计算,即按每一单位数量收取若干佣金计算。在我国进出口业务中,计算方法也不一致,如按成交金额、成交商品的数量等。在按成交金额计算时,有的以发票总金额作为计算佣金的基数,有的则以 FOB 总值为基数来计算佣金。如按 CIF 成交,而以 FOB 值为基数计算佣金时,则应从 CIF 价中减去运费和保险费,求出 FOB 值,然后以 FOB 值乘佣金率,即得出佣金额。

(三) 佣金的计算方法

1. 计算佣金的公式

佣金 = 含佣价 × 佣金率

净价 = 含佣价 − 佣金

上述公式也可写成：

$$净价 = 含佣价 \times (1 - 佣金率)$$

假如已知净价，则含佣价的计算公式应为：

$$含佣价 = 净价 \div (1 - 佣金率)$$

2. 佣金的计算基础

(1) 按成交价格计算，即按发票金额计算，我国目前大多采用此法。因我国出口交易绝大多数按 CIF 或 CFR 价格条款成交，从而运费甚至保险费都进入了佣金计算的基础之内，导致佣金支付偏多。

【例 2-1】 通发进出口公司出口货物一批，报价为每公吨 US＄10 000 CIF 纽约，现客户改报 CIF C3％纽约，则佣金应为多少美元？

$$含佣价 = 净价 \div (1 - 佣金率) = US＄10 000 \div (1 - 3\%) = US＄10 309.28$$

则 CIF C3％纽约报价应为每公吨 US＄10 309.28，其中佣金为每公吨 US＄309.28。

(2) 按 FOB 价格计算。如买卖双方签订合同中使用的是 CIF 或 CFR 术语，而合同约定佣金按 FOB 价计算时，必须从 CIF、CFR 价中扣除运费、保险费，推算出 FOB 价。运费(F)和保险费(I)均无需计算佣金。

【例 2-2】 通发进出口公司出口货物一批，报价为每公吨 US＄10 000 CIF 纽约，现客户改报 CIF C3％纽约，运费率为 20％，保费率为 3％。要求：按 FOB 价格计算佣金。

$$FOB = CIF \times (1 - 运、保费率) = US＄10 000 \times (1 - 20\% - 3\%) = US＄7 700$$
$$含佣价 = FOB \div (1 - 佣金率) = US＄7 700 \div (1 - 3\%) = US＄7 938.14$$
$$佣金 = US＄7 938.14 - US＄7 700 = US＄238.14$$

与［例 2-1］比较，按 FOB 价计算佣金比按成交价计算佣金每公吨少 71.14 美元。

值得注意的是，在洽商交易时，必须在合同中明确佣金的计算基础，以免在结算时发生争执。

3. 佣金的支付方法一般有三种

(1) 票扣，即在发票上减除佣金。在信用证上规定有扣除佣金的字句。明佣采用票扣方式支付。

(2) 汇付，即由卖方在收到全额货款后再向中间商汇付佣金。我国大多数采用汇付，这是目前支付佣金时使用最多的一种方式。一般适用于支付暗佣。

(3) 议扣，即在信用证议付时扣除佣金，信用证开足全部货款金额并规定议付银行在议付单据时扣除佣金，佣金由开证行直接付给中间商。

六、合同中的价格条款

(一) 价格条款的基本内容

(1) 单价(unit price)，例如，US＄200 per M/T CIF San Francisco。

(2) 总价(total amount)，例如，Total Amount：US＄123 478.00。

(二) 价格的组成部分

国际贸易买卖中的单价通常由四个部分组成：①计量单位，如每公吨，每件等；②单位价格金额，如1 000；③计价货币，如美元、欧元等；④贸易术语。

例如：每公吨1 000美元FOB上海(US＄200 per M/T FOB Shanghai)。

(三) 订立价格条款时应注意的问题

(1) 明确计价货币的名称。

(2) 正确填写单价金额。

(3) 计价单位应与数量条款中的计量单位一致。

(4) 贸易术语的表示要准确完整，不能省略港口名称。

课后练习题

班级：_____　姓名：_____　学号：_____

一、单项选择题

1. CFR价格条款下，如果卖方装船后未及时向买方发出装船通知，致使买方未能办理货运保险，则运输途中的风险由（　　）。
   A. 买方承担　　　　　　　　　　B. 卖方承担
   C. 承运人承担　　　　　　　　　D. 买卖双方各承担一半

2. 在CIF中卖方必须自付费用取得货物保险，该保险需至少符合《协会货物保险条款》(Institute Cargo Clauses，LMA/IUA)（　　）或类似条款的最低险别。
   A. 条款A　　　B. 条款B　　　C. 条款C　　　D. 一切险条款

3. CIF条件下交货，（　　）。
   A. 装运时间先于交货时间　　　　B. 装运时间与交货时间一致
   C. 装运时间迟于交货时间　　　　D. 其先后次序视运输方式而定

4. 根据《INCOTERMS 2000》的规定，采用FOB或CIF术语成交，货物在海运途中损坏灭失的风险（　　）。
   A. 由卖方承担
   B. 由买方承担
   C. 前者由卖方承担，后者由买方承担　　D. 前者由买方承担，后者由卖方承担

5. （　　）是有关贸易术语的国际贸易惯例中，包含内容最多，使用范围最广和影响最大的一种。
   A.《1932年华沙—牛津规则》　　　　B.《2000年国际贸易术语解释通则》
   C.《1941年美国对外贸易定义修订本》　D.《跟单信用证统一惯例》

6. 大连某进出口公司对外以CFR报价，如果该公司采用多式联运，应采用（　　）术语为宜。
   A. FCA　　　　B. CIP　　　　C. DDP　　　　D. CPT

7. 由卖方办理投保手续并负担保险费的贸易术语是（　　）。
   A. FOB　　　　B. FCA　　　　C. CPT　　　　D. CIF

8. 在国际贸易中，由买方负责进出口清关手续，并承担其相关费用的贸易术语是（　　）。
   A. FCA　　　　B. FOB　　　　C. FAS　　　　D. EXW

9. 根据《INCOTERMS 2010》的规定，CIF条件下交货，（　　）。
   A. 卖方在船边交货　　　　　　　B. 卖方在装运港船上交货
   C. 卖方在目的港交货　　　　　　D. 卖方在目的地交货

10. 大连某进出口公司对外出口以CFR报价，如果该公司采用多式联运，在买卖双方承担责任义务基本相同的情况下，应采用（　　）术语为宜。

A. FCA B. CIP C. DDP D. CPT

11. 在《INCOTERMS 2010》中,代表卖方最大责任的是( )。
    A. CIF B. EXW C. DAP D. DDP

12. 卖方承担将货物运至目的地的一切风险和费用,并且有义务完成货物出口和进口清关,支付所有出口、进口的关税和办理所有海关手续的国际贸易术语是( )。
    A. FCA B. EXW C. DDP D. DAP

13. 我国甲公司欲与澳大利亚乙公司签订销售合同出口鞋子到澳大利亚,在贸易术语使用中,不正确的是( )。
    A. FOB SHANGHAI B. CIF DALIAN
    C. CFR SYDNEY D. CIP SYDNEY

14. 在《国际贸易术语解释通则2010》术语中,适用于海运及内河水运的术语是( )。
    A. FOB、CIF、CFR、FAS B. CIP、FOB、CFR、FCA
    C. FOB、CIF、DDP、FAS D. FAS、CIF、FOB、EXW

15. ( )是指当卖方在指定的装运港将货物交到买方指定的船边(如置于码头或驳船上)时,即为交货。货物灭失或损坏的风险在货物交到船边时发生转移,同时买方承担自那时起的一切费用。
    A. FCA B. CPT C. FOB D. FAS

16. ( )是指卖方将货物在双方约定地点(如果双方已经约定了地点)交给卖方指定的承运人或其他人。卖方必须签订运输合同并支付将货物运至指定目的地所需费用。
    A. FCA B. CPT C. FOB D. FAS

二、多项选择题

1. CIF与CIP贸易术语的主要区别有( )。
   A. 买卖双方风险划分点不同 B. 卖方交货点不同
   C. 适用的运输方式不同 D. 需要提交的运输单据不同

2. 成交一批由上海出口至英国伦敦的羊毛衫中,不正确的贸易术语有( )。
   A. FOB 上海 B. FOB 伦敦 C. CFR 英国 D. CIF 上海

3. F组贸易术语的共同特点有( )。
   A. 风险划分点与费用划分点相分离
   B. 卖方须按买卖合同规定的时间,在指定的装运地点将货物交至买方指定的承运人或装上买方指定的运输工具
   C. 买方应自负费用订立运输契约
   D. 签订的销售合同都是"装运合同"

4. 下列各项中,只适用于海运的价格术语有( )。
   A. FAS B. FOB C. CPT D. CFR

5. 下列有关我国上海出口到美国某货物的报价中,正确的有( )。
   A. 每公吨1 000美元 CIF SHANGHAI
   B. 每公吨1 000美元 FCA SHANGHAI

C. 每公吨 1 000 美元 FOB NEW YORK

D. 每公吨 1 000 美元 CFR LONG BEACH

6. 在《国际贸易术语解释通则 2010》术语中,适用于任何运输方式或多种运输方式的术语是(　　)。

　　A. EXW　　　　　B. FCA　　　　　C. DAT　　　　　D. CIP

7. 在使用(　　)术语时,当卖方将货物交付给承运人时,而不是当货物到达目的地时,即完成交货。

　　A. CPT　　　　　B. CIF　　　　　C. DAT　　　　　D. CFR

8. 按《2000 年国际贸易术语解释通则》的解释,合同性质为到达合同的术语有(　　)。

　　A. DAF　　　　　B. DDU　　　　　C. EXW　　　　　D. FCA

三、判断题

1. 按 CFR 条件,卖方无需办理保险,也不要支付保险费。而按 CIF 条件,卖方不仅要办理保险,还要支付保险费。因此,对卖方来说,采用 CIF 条件相对于 CFR 条件所承担的风险要大。　　(　　)

2. EXW 术语下卖方承担最大责任,而 DDP 术语下卖方承担最小责任。　　(　　)

3. 我国从汉堡进口货物,如按 FOB 条件成交,需由我方派船到汉堡口岸接运货物;而按 CIF 条件成交,则由出口方洽租船舶将货物运往中国港口,可见,我方按 FOB 进口承担的货物运输风险比按 CIF 进口承担的风险大。　　(　　)

4. 按 CFR 条件,卖方安排装运,但并不承担保险的义务。　　(　　)

5. 按对 CIF 术语的传统解释,CIF 属象征性交货,卖方负有向买主提交约定的装运单据的义务,买方则负有凭装运单据付款的义务。　　(　　)

6. 按 CIF 成交,尽管价格中包括到指定目的港的运费、保险费,但卖方不承担货物必然到达目的港的责任。　　(　　)

7. 在 CIF 条件下由卖方负责办理货物运输保险,在 CFR 条件下是由买方投保,因此,运输途中货物灭失和损失的风险,前者由卖方负责,后者由买方负责。　　(　　)

8. FOB 和 CIP 均由买方订舱。　　(　　)

9. FAS、FOB、DDP 术语中卖方和买方之间风险转移在装船港船上。　　(　　)

10. 在 CIF 条件下,由卖方办理投保,而 CFR 为买方办理投保,因此货物运输途中的风险 CIF 由卖方承担,CFR 则由买方承担。　　(　　)

第三章　外汇业务核算

学习目标

1. 知悉外汇、外币、汇率、记账本位币、汇兑差额的基本概念；
2. 了解外汇的种类、汇率的分类，了解外汇账户开立和管理的规定；
3. 了解外汇风险的分类及管理方法；
4. 掌握汇率的标价方法；
5. 掌握外汇业务核算的内容和基本程序及外币账户的设置；
6. 掌握交易日外币业务的账务处理；
7. 掌握期末或结算日对外币交易余额的账务处理；
8. 明确汇兑差额的逐笔、集中结转法及其区别；
9. 能够申请开立和按规定使用外汇账户，能够设置外币核算账户；
10. 能够进行汇兑差额的确认、结转与账务处理；
11. 能够进行货币兑换业务的账务处理；
12. 能够进行交易日、结算日外币业务的账务处理；
13. 能够在期末进行外币交易余额的调整处理。

思政课堂

有序推进人民币国际化

中国人民银行日前发布的《2022年人民币国际化报告》显示，人民币国际化各项指标总体向好，为实体经济平稳运行提供了有力支撑。党的二十大报告提出，有序推进人民币国际化。从"稳慎推进"到"有序推进"，人民币国际化正步入制度设计与行动的有序发展新阶段。

人民币国际化是我国国力增强和改革开放的历史必然，也反映出国际社会对中国经济发展的信心。该报告显示，2021年银行代客人民币跨境收付金额合计为36.6万亿元，同比增长29.0%，创历史新高。环球银行金融电信协会数据统计显示，人民币全球支付占比2.44%，是全球第五大最活跃货币。人民币国际化之所以取得不错的进展，根本原因在于我国坚定维护多边主义，外商投资负面清单越来越短，开放的大门越开越大，国际社会对人民币投下越来越多的信任票。

不过，尽管人民币国际化有良好开局，但要打破国际支付的路径依赖，发挥人民币的国际货币职能，还有很长的路要走。对此，必须解决贸易计价话语权较低、金融产品较少、离岸市场规模不大等问题。这就要求坚持问题导向,运用系统、辩证的方法论,科学规划路径,把握好节奏,以制度型开放破除瓶颈,为人民币国际化增添新的推动力。

要抓住贸易结算的"牛鼻子",在跨境贸易中倡导本币优先原则。应将大宗商品、跨境电商等领域作为推动人民币贸易结算新的增长点。制定和完善人民币跨境支付结算的法律法规,为国内外市场主体使用人民币支付提供法律保障。鼓励居民在对外经贸往来中,在计价、支付、结算、交易等领域,优先使用本币,逐步降低对单一外币的依赖度。大力发展期货市场,进一步扩大上海原油期货、20号胶等期货市场的国际影响力,增加更多人民币定价的大宗商品期货,在大宗商品人民币计价方面实现新的突破。应完善跨境电商发展支持政策,将与中国经贸关系紧密、人民币接受程度较高的东盟、"一带一路"国家和地区作为重点拓展区域,升级优化双边、多边自由贸易协定,大力发展跨境电商和数字贸易,增加更多跨境电子支付的新渠道、新平台,签署更多的双边本币结算合作协议,充分发挥人民币的货币锚功能,为更多发展中国家提供货币金融领域的公共产品,为区域经济金融发展增加稳定性。适应数字经济、数字贸易发展新趋势,推动数字人民币跨境支付。

应推动金融市场高水平开放,释放资本项下跨境人民币自由使用的潜力。金融是经济全球化的助推器,开放、发达的金融市场是高效配置国内外资源要素、分散化解市场风险的必要前提。加入SDR篮子货币以来,我国实行稳健货币政策,不搞大水漫灌,不断完善人民币汇率市场化机制,人民币兼顾收益性与稳定性,有助于对冲投资组合风险,已成为国际投资者青睐的对象。鉴于债券是国际资本流动的最大载体,应在守住风险底线的前提下,将债券市场作为金融市场高水平开放的重点,尽量消除不同债券市场基础设施、监管和信息之间的差异,加强金融产品、债券评级、基础设施与国际接轨,扩大人民币债券规模,提高人民币债券的国际市场份额,夯实人民币的避风港功能。

完善央行货币互换机制,推动人民币离岸市场建设。在我国资本账户尚未完全可兑换之前,相对自由的人民币离岸市场在满足国际投资者、跨国公司投融资需求方面发挥着重要的作用。应合理布局人民币离岸市场,促进多层次离岸市场发展。我国已与40多家央行或金融管理当局建立了货币互换机制,特别是2022年7月份,将与中国香港金管局之间的货币互换协议改为常备协议形式,为人民币离岸市场健康发展提供制度性保障。应完善央行双边互换机制,根据市场需求调整货币互换规模,灵活安排使用范围、额度与频率,将互换功能从应对危机更多地转向服务双边经贸往来以及金融投资交易,促进离岸人民币市场发展,加快构建人民币使用的国际网络。

资料来源:节选自《有序推进人民币国际化》(《经济日报》2022年12月16日),作者涂永红。

思考与讨论:
1. 人民币国际化对中国经济发展有哪些好处?
2. 人民币国际化对老百姓有哪些好处?

 **案例导入**

我国境内某商贸有限公司20×0年1月成立后,其营业执照上的经营范围是家用

电器批发及零售。现公司拟进行业务拓展,增加家用电器进出口业务。若拓展进出口业务,必然会涉及出口收汇及进口付汇,同时也会涉及外币收支业务的核算,则该公司首先需要在银行申请开立外币资金账户。

思考与讨论:
1. 企业申请开设外汇账户需要符合哪些条件?
2. 企业申请开立外汇账户的审批机构是什么?
3. 不同的外汇账户主要核算内容是什么?

第一节 外汇与外汇管理

一、外汇

外汇是"国际汇兑"的简称,是货币行政当局(中央银行、货币管理机构、外汇平准基金及财政部)以银行存款、财政部库券、长短期政府证券等形式保有的在国际收支逆差时可以使用的债权,即可用作国际支付手段的以外币表示的金融资产。动态的外汇是指把一个国家的货币兑换成另外一个国家的货币,借以清偿国家间债权、债务关系的一种专门性的经营活动,它是国家间汇兑的简称。静态的外汇是指以外国货币表示的可用于国际之间结算的支付手段。

(一) 外汇的内容

根据《中华人民共和国外汇管理条例》第一章第三条规定,外汇包括以下内容:
(1) 外币现钞,包括纸币、铸币。
(2) 外币支付凭证或者支付工具,包括票据、银行存款凭证、银行卡等。
(3) 外币有价证券,包括债券、股票等。
(4) 特别提款权。
(5) 其他外汇资产。

(二) 外汇的种类

1. 按受限程度分为自由外汇和记账外汇

自由外汇是指无需管理当局批准,在国际经济领域可自由兑换、自由流动、自由转让的外币或外币支付手段。

记账外汇又称清算外汇或双边外汇,是指记在双方指定银行账户上的外汇,其不能兑换成其他货币,也不能对第三国进行支付。

2. 按来源用途分为贸易外汇和非贸易外汇

贸易外汇也称实物贸易外汇,是指来源于或用于进出口贸易的外汇,即由于国家间的商品流通所形成的一种国际支付手段。

非贸易外汇是指贸易外汇以外的一切外汇,即一切非来源于或用于进出口贸易的外汇,如劳务外汇、侨汇和捐赠外汇等。

3. 按交割期限分为即期外汇和远期外汇

即期外汇是指成交后双方当即交割的外汇,一般在成交后2个工作日内交割。

远期外汇是指买卖双方根据外汇买卖合同,不需立即进行交割,而是在成交后2个工作日以后的期间交割的外汇,一般是1~6个月。

(三) 常用的货币及简写符号(见表3-1)

表3-1　　　　　　　　　常用货币及简写符号

外币名称	货币符号	简写	单位
英镑	£	GBP	镑
美元	US$	USD	元
日元	¥	JPY	日元
港元	HK$	HKD	元
欧元	EUR €	EUR	欧元
德国马克	DM	DEM	马克
瑞士法郎	SF	CHF	法郎
法国法郎	FF	FRF	法郎
荷兰盾	F	NLG	盾
奥地利先令	ASCH	ATS	先令
比利时法郎	BF	BEF	法郎
意大利里拉	LIT	ITL	里拉
加拿大元	CAN$	CAD	元
澳大利亚元	A$	AUD	元
瑞典克朗	SKR	SEK	克朗
丹麦克朗	DKR	DKK	克朗
挪威克朗	NKR	NOK	克朗
芬兰马克	FMK	F1M	马克
韩国圆	WON	KRW	圆
泰国铢	B	THB	铢
菲律宾比索	P	PHP	比索
印度卢比	RS	INR	卢比
俄罗斯卢布	RBS	SUR	卢布
缅甸元	K	BUK	元
新西兰元	NZ$	NZD	元
新加坡元	S$	SGD	元

二、外汇汇率

外汇汇率简称汇率也称汇价,是指一国的货币兑换成另一国货币的折算比例,或两种不同货币的比价。汇率实质上是以一国货币表示的另一国货币的价格。我国通常采用 100 单位外币作为标准折算为一定数量的人民币。当 100 单位外币可以兑换更多人民币时,则说明外汇升值(与此对应的是人民币贬值),即外汇汇率升高。

(一) 汇率的种类

1. 按银行买卖外汇的汇率,分为买入汇率、卖出汇率和中间汇率

买入汇率即买入价,是指银行向客户买入外汇时所使用的汇率。

卖出汇率即卖出价,是指银行向客户卖出外汇时所使用的汇率。

中间汇率即中间价,是指买入汇率和卖出汇率之间的平均汇率。

2. 按外汇交易的时间,分为即期汇率和远期汇率

即期汇率也叫现汇汇率,是指买卖外汇双方成交当天或 2 天以内进行交割的汇率。

远期汇率是指在未来一定时期进行交割,而事先由买卖双方签订合同、达成协议的汇率。

3. 按汇率发生的时间,分为现行汇率和历史汇率

现行汇率是指企业发生外汇业务时的市场汇率。

历史汇率是指企业以前的外汇业务发生时所使用的汇率。

4. 按企业记账所依据的汇率,分为记账汇率和账面汇率

记账汇率是指企业对发生的外汇业务进行会计核算时所采用的汇率,它可以是现行汇率,也可以是历史汇率。

账面汇率是指企业以前发生的外汇业务登记入账时所采用的汇率,它就是历史汇率。

5. 按国际货币制度的演变,分为固定汇率和浮动汇率

固定汇率是指由政府制定和公布,并只能在一定幅度内波动的汇率。

浮动汇率是指对汇率不加以固定,也不规定上下波动的界限,根据外汇市场对外汇的供求情况,自行决定本国货币对外国货币的汇率。

(二) 汇率的标价方法

确定两种不同货币之间的比价,先要确定用哪个国家的货币作为标准。由于确定的标准不同,于是便产生了几种不同的外汇汇率标价方法。以下介绍两种常见的标价方法,即直接标价法和间接标价法。

1. 直接标价法

直接标价法是以一定单位的外国货币为标准,折算成若干单位的本国货币的标价方法。相当于计算购买一定单位外币应付多少本币,所以又称为应付标价法。目前,世界上除了英国、美国外,都是用直接标价法表示外汇汇率的,我国人民币与外国货币的汇率就是用直接标价法表示的。如人民币兑美元汇率为 6.85,即 1 美元兑 6.85 元人民币。

直接标价法的特点是外汇汇率上涨或下跌的方向和用本国货币标价数额增减方向一致。若一定单位的外币折合的本币数额多于前期,则说明外币币值上升或本币币值

下跌,叫作外汇汇率上升;反之,如果用比原来较少的本币即能兑换到同一数额的外币,说明外币币值下跌或本币币值上升,叫作外汇汇率下跌。

2. 间接标价法

间接标价法是以一定单位的本国货币为标准,来计算应收若干单位的外国货币的标价方法,所以又称为应收标价法。目前,世界上只有英、美两国使用间接标价法。如英镑兑美元汇率为1.63,即1英镑兑1.63美元。

间接标价法的特点是外汇汇率上涨和下跌的方向与用外国货币标价的数量增减方向相反。因为在间接标价法下,本国货币的数额保持不变,外国货币的数额随着本国货币币值的变化而变化。如果一定数额的本币能兑换的外币数额比前期少,表明外币币值上升,本币币值下降,即外汇汇率上升;反之,如果一定数额的本币能兑换的外币数额比前期多,则说明外币币值下降、本币币值上升,即外汇汇率下跌。

因为直接标价法和间接标价法所表示的汇率涨跌的含义正好相反,所以在引用某种货币的汇率和说明其汇率高低涨跌时,必须明确采用哪种标价方法,以免混淆。

三、外汇账户

外汇账户是指境内机构、驻华机构、个人按照有关账户管理规定在经批准经营外汇存款业务的银行和非银行金融机构以可自由兑换货币开立的账户。外汇账户在银行开立,但是开立外汇账户的审批机构是国家外汇管理局。所以所有境内机构要开立外汇账户都必须先到国家外汇管理局办理审批手续,凭外汇局核发的"经常项目(或资本项目)外汇账户开立核准件"到银行办理开户。

(一) 外汇账户的分类

1. 按外汇账户的性质或外汇资金来源划分,可分为经常项目外汇账户和资本项目外汇账户

经常项目外汇账户的收入来源于贸易、服务等经常项目外汇,如外汇结算账户、暂收待付账户、境外捐助账户等。经常项目外汇账户又分为单位经常项目外汇账户与个人外汇结算账户。

资本项目外汇账户的收入来源于资本项目外汇,如外商投资企业资本金账户、外债专户、外币股票专户等。资本项目外汇账户又分为资本金外汇账户、外债账户等。

2. 按账户的功能划分,可分为外汇结算账户和专项账户

外汇结算账户用于经常项目项下频繁的收支结算,如中资企业外汇结算账户、外商投资企业外汇结算账户。

专项账户用于存放特定外汇收入或用于特定外汇支出的账户,如境外捐助账户、还贷专户、临时账户等。

除此之外,如果按账户的资金形式划分,可分为现钞账户和现汇账户;按开户期限划分为临时账户和长期账户;按开户区域划分为异地账户和本地账户;按账户的币别划分为美元账户、港元账户、日元账户等各种可自由兑换的外币币种账户。

(二) 设立外汇账户的条件

符合下列条件之一的境内机构可以向所在地国家外汇管理局及其分支局申请开立

经常项目外汇账户：
(1) 经有权管理部门核准或备案具有涉外经营权或有经常项目外汇收入。
(2) 具有捐赠、援助、国际邮政汇兑等特殊来源和指定用途的外汇收入。

(三) 开立外汇账户的程序
(1) 写出开立外汇账户的申请报告。
(2) 准备必需的有关材料。
(3) 填写《国家外汇管理局开立外汇账户申请书》。
(4) 经外汇管理部门批准后，在开户金融机构开立外汇账户。
(5) 境内机构凭开户回执向外汇管理部门领取"外汇账户使用证"，并按规定填写相关内容。
(6) 经外汇管理部门审核无误、盖章后，发给境内机构，外汇账户即生效。

境内机构因经营需要在注册地以外开立经常项目外汇账户的，应当向注册地外汇管理部门备案，持注册地外汇部门的"异地开户备案件"及规定的材料向开户所在地外汇管理部门申请，凭开户所在地外汇管理部门核发的"账户开立核准件"，到开户金融机构办理开户手续。

(四) 外汇账户的管理
(1) 企业应严格按"外汇账户使用证"中注明的用途、币种、收支范围、使用期限及结汇方式收支外汇。
(2) 不得出租、出借或者串用外汇账户，不得利用外汇账户非法代其他单位或个人收付、保存或者转让外汇。
(3) 除外商投资企业的境外投资者和驻华机构以外，其他单位的外汇账户按规定关闭时，其外汇余额必须全部结汇。
(4) 要正确核算外汇，建立严格的内部外汇收支管理制度，定期与外汇开户银行进行核对。
(5) 企业要自觉接受外汇管理部门的监督检查，包括对外汇账户的年检及不定期检查。

第二节　外汇业务的核算

一、外汇业务核算的内容和基本程序

(一) 外汇业务核算的内容
企业外汇业务的核算内容包括外汇业务发生时交易日的处理、债权债务结算日的处理、期末汇率变动产生汇兑损益的处理。具体包括以下业务：①商品的进出口业务和劳务输入输出业务；②外币借贷业务；③外币债权、债务；④外币金额折算；⑤债权、债务因汇率变动产生的折算差额即汇兑损益的账务处理。

(二) 外币账户的设置
为了进行外汇核算，必须设置外汇货币性项目的核算账户，同时设置复币式账簿进

行日常登记。具体包括：

①外汇货币资金账户，如库存现金、银行存款；②外汇结算债权账户，如应收账款、应收票据、预付账款；③外汇结算债务账户，如长期借款、短期借款、应付账款、应付票据、预收账款。

(三) 外汇核算的基本程序

(1) 日常业务。企业在发生外币业务时，一方面按照外币原币登记有关外币账户；另一方面按照交易发生日的即期汇率将外币金额折算为记账本位币金额。

(2) 期末折算。在会计期末，将各外币账户的期末余额，按照期末即期汇率折算为记账本位币金额，并将其与对应的记账本位币账户的期末余额之间的差额，确认为汇兑损益，计入当期损益。

二、外汇收入业务

(一) 外汇收入的范围

经常性外汇收入包括下列各项：

(1) 出口或先支后收转口货物及其他交易行为收入的外汇。

(2) 境外贷款项下国际招标中标收入的外汇。

(3) 海关监管下境内经营免税商品收入的外汇。

(4) 交通运输(包括各种运输方式)及港口(包括海港、空港)、邮电(不包括国际汇兑款)、旅游、广告、咨询、展览、寄售、维修等行业及各类代理业务提供商品或服务收入的外汇。

(5) 行政、司法机关收入的各项外汇规费、罚没款等。

(6) 土地使用权、著作权、商标权、专利权、非专利技术、商誉等无形资产转让收入的外汇。

(7) 出租房地产及其他资产收入的外汇。

(8) 境外投资企业汇回的外汇利润、对外经援项下收回的外汇和境外资产的外汇收入。

(9) 对外索赔收入的外汇、退回的外汇保证金等。

(10) 保险机构受理外汇保险所得外汇收入。

(11) 取得"经营外汇业务许可证"的金融机构经营外汇业务的收入。

(12) 经营境外承包工程、向境外提供劳务、技术合作及其他服务业务的公司，在上述业务项目进行过程中收到的业务往来外汇。

(13) 经批准经营代理进口业务的外(工)贸公司，从事外轮代理、船务代理、国际货运代理、船舶燃料代理、商标代理、专利代理、版权代理、广告代理、船检、商检代理业务的机构代收代付的外汇。

(14) 境内机构暂收待付或暂收待付项下的外汇，包括境外汇入的投标保证金、履约保证金、先收后支的转口贸易收汇、邮电部门办理国际汇兑业务的外汇汇兑款、一类旅行社收取的国外旅游机构预付的外汇、铁路部门办理境外保价运输业务收取的外汇、海关收取的外汇保证金、抵押金等。

(15) 经交通部批准,从事国际海洋运输业务的远洋运输公司,经商务部批准从事国际货运的外运公司和租船公司在境内外经营业务所收入的外汇。

(16) 捐赠协议规定用于境外支付的捐赠外汇。

(17) 外国驻华使领馆、国际组织及其他境外法人驻华机构的外汇。

(18) 居民个人及来华人员个人的外汇。

(二) 应当结汇的外汇收入

属于上述经常性外汇收入(1)~(11)项以及国外捐赠、资助及援助收入的外汇,还有国家外汇管理局规定的其他应当结汇的外汇(外商投资企业除外),均须按银行持牌汇率全部结售给外汇指定银行。指定银行是指经批准经营外汇业务的银行,包括在中国境内的中资银行、外资银行和中外全资银行。另外,属于上述第(1)项的情况,其中用跟单信用证/保函和跟单托收方式结算的贸易出口外汇可以凭有效商业单据结汇,用汇款方式结算的贸易出口外汇,持出口收汇核销单结汇。

(三) 外汇收入的核算

根据《中华人民共和国外汇管理条例》规定,经常项目外汇收入,可以按照国家有关规定保留或者卖给经营结汇、售汇业务的金融机构。外贸企业收到外汇收入时,如直接保留现汇,应按银行结汇水单记录的外币金额,进行账务处理。外贸企业收到外汇收入时,如向银行结汇,应按银行结汇水单记录的外币金额、当日银行外汇买入价与结汇人民币金额,进行账务处理。

【例3-1】 通发公司记账本位币为人民币,外币交易采用交易日即期汇率折算。4月2日,向国外NH公司出口销售商品一批,根据销售合同,货款共计800 000美元,当日即期汇率为1美元=6.92元人民币。不考虑相关税费,货款尚未收到。

借:应收账款——应收外汇账款——NH公司　　US$800 000　　6.92　　5 536 000
　　贷:主营业务收入——自营出口销售收入　　　　　　　　　　　　　　5 536 000

【例3-2】 承[例3-1],4月12日,通发公司收到NH公司的货款800 000美元,直接保留现汇存入美元银行账户,当日即期汇率为1美元=6.90元人民币。

借:银行存款——美元　　　　　　　　　　　US$800 000　　6.90　　5 520 000
　　财务费用——汇兑损益　　　　　　　　　　　　　　　　　　　　　　16 000
　　贷:应收账款——应收外汇账款——NH公司　US$800 000　　6.92　　5 536 000

(四) 外汇收入的管理

(1) 经常项目外汇收入应当具有真实合法的交易基础。

(2) 经常项目外汇收入,可以根据国家有关规定保留或卖给经营结汇、售汇业务的金融机构。

(3) 企业外汇收入可以根据自身需要,按照国家有关规定,决定调回境内或存放在境外。

(4) 除国家另有规定外,在我国境内禁止企业以外汇计价、结算与流通。

(5) 从2012年8月1日起,我国取消出口收汇核销单,企业不再办理出口收汇核销手续。A类企业出口收汇无须联网核查,银行办理收汇审核手续相应简化;B类企业贸易外汇收入由银行实施电子数据核查;C类企业贸易外汇收入经外汇局逐笔登记后办理。

(6) 为了考核企业出口收汇及净收汇情况,企业在收到结汇收入时,有必要在账外进行登记。

三、外汇支出业务

(一) 外汇支出的方式

根据外汇管理的有关规定,经常项目外汇支出凭有效单证以自有外汇支付或者向经营结汇、售汇业务的金融机构购汇支付。

其中,直接从外汇账户支付的情况有两种:第一,凭有效商业单据和有效凭证即可对外支付的外汇支出;第二,需经外汇管理部门审核后才能对外支付的外汇支出。具体包括以下五种情况:

(1) 进口项下超过合同总金额15%或者超过等值10万美元的预付款。

(2) 进口项下超过合同总金额2%的暗佣和5%的明佣或者超过等值1万美元的佣金。

(3) 转口贸易项下先支后收的对外支付。

(4) 偿还外债的利息。

(5) 超过等值1万美元的现金提取。

(二) 购汇的条件

外贸企业到银行购汇,应具备两个条件:一是必须是按规定可以进行购汇的事项;二是必须提供与支付方式相适应的有效商业单据和有效凭证。外贸企业需要购汇时,必须提供购货合同、正本提单、发票、费用收据、进口许可证、进口登记表等与支付方式相适应的有效商业单据和凭证。如果采用信用证结算方式,还需要提供开证申请书;如果采取进口托收结算方式,还需要提供有关付款通知单;如果采取进口汇款结算方式,还需要提供汇款申请书。

(三) 购汇的程序

购汇程序包括以下四个方面:

(1) 将购汇所需的足够人民币资金存放到企业开设的指定银行账户中。

(2) 提供上述与支付方式相应的商业单据和有效凭证。

(3) 填写"购买外汇申请书",并将填妥无误的"购买外汇申请书"连同有关证明文件交售汇银行。

(4) 售汇银行对企业提供的资料核对无误,即办理售汇,并将"购买外汇申请书"的其中一联退外贸企业,购汇即告完成。

(四) 外汇支出的核算

【例3-3】 在向银行购汇的情况下,通发外贸公司以货到信用证方式向外商支付进口货款200 000美元,银行当天即期汇率中间价1美元=6.87元人民币,卖出价1美元=6.89元人民币。

(1) 外汇开证时:

借:其他货币资金——信用证保证金存款　　US$200 000　　6.87　　1 374 000
　　财务费用——汇兑损益　　　　　　　　　　　　　　　　　　　　　　4 000
　贷:银行存款——人民币(US$200 000×6.89)　　　　　　　　　　1 378 000

(2) 对方银行提示付款时(已知"应付账款——应付外汇账款——××外商"原账面汇率为1美元=6.88元人民币,逐笔结转法核算汇兑损益):

借:应付账款——应付外汇账款——××外商　US$200 000　6.88　1 376 000
　　贷:其他货币资金——信用证保证金存款　　US$200 000　6.87　1 374 000
　　　　财务费用——汇兑损益　　　　　　　　　　　　　　　　　　2 000

【例3-4】 通发公司属于增值税一般纳税人,记账本位币为人民币,其外币交易采用交易日即期汇率折算。4月5日,通发公司从国外BC公司购入某原材料,货款300 000美元,当日的即期汇率为1美元=6.88元人民币,按照规定应交纳的进口关税为206 400元人民币,支付进口增值税为295 152元人民币,货款尚未支付,进口关税及增值税已由银行存款支付。(逐笔结转法核算汇兑损益)

借:在途物资——在途进口物资(US$300 000×6.88+206 400)　　2 270 400
　　应交税费——应交增值税(进项税额)　　　　　　　　　　　　295 152
　　贷:应付账款——应付外汇账款——BC公司　US$300 000　6.88　2 064 000
　　　　银行存款——人民币(206 400+295 152)　　　　　　　　　　501 552

【例3-5】 承[例3-4],4月15日,通发公司向国外BC公司支付原材料款300 000美元,款项直接用其美元银行账户支付,当日即期汇率为1美元=6.89元人民币。

借:应付账款——应付外汇账款——BC公司　　US$300 000　6.88　2 064 000
　　财务费用——汇兑损益　　　　　　　　　　　　　　　　　　　3 000
　　贷:银行存款——美元　　　　　　　　　　US$300 000　6.89　2 067 000

(五) 外汇支出的管理

1. 购汇的管理

(1) 外贸企业的购汇,必须符合规定的条件,并按规定的要求提供合法的资料或凭证,不得伪造资料或凭证,更不得非法套取外汇。

(2) 外贸企业易货项下进口不得购汇,也不能用外汇账户支付。

(3) 外贸企业购入的外汇,期末余额应根据有关规定,按期末外汇价格调整记账本位币金额,产生的差额记入企业的"汇兑损益"账户。

(4) 为避免汇率风险,使用远期支付合同或偿债协议的外贸企业,可按有关规定向指定外汇银行办理人民币与外币的远期买卖及其他保值业务。

2. 付汇的管理

(1) 经常项目外汇支出应当具有真实、合法的交易基础。

(2) 企业对外支付外汇时,有外汇账户,且支付用途符合外汇账户规定的使用范围的,应首先使用其外汇账户余额。

(3) 企业向银行购汇支付和从外汇账户中直接支付,须在有关结算方式或合同规定的日期办理,不得提前。

(4) A类企业进口付汇可凭进口报关单、合同或发票等任何一种能够证明交易真实性的单证在银行直接办理付汇,B类企业贸易外汇支出由银行实施电子数据核查,C

类企业贸易外汇支出须经外汇局逐笔登记后办理。

(5) 企业对外付汇后,应及时对账外外汇备查簿作出调整,以便掌握外汇的结存情况。

四、外汇借款及投资业务

(一) 外汇借款的种类

外汇借款是指银行对境内依法设立的机构发放的外汇贷款以及外国政府、国际金融组织转贷款和进出口信贷。外贸企业向中国银行和其他可以办理外汇借款的金融机构申请外汇贷款的种类目前有外汇现汇贷款、特种外汇贷款、外汇转贷款、外汇质押贷款、外汇打包放款、备用信用证担保贷款、买方信贷、政府贷款、混合贷款和国际银团贷款等,借款的货币目前有美元、日元、英镑、港元、欧元等。

(二) 外汇借款的特点

(1) 借外汇必须还外汇,用外汇支付利息。

(2) 外汇借款主要以美元作为借贷货币。如使用其他国货币,使用借款和还本付息时,都要按当日外汇牌价折成美元计算。

(3) 外汇借款实行浮动利率和支付承担费的办法。

(三) 外汇借款的条件

申请外汇借款的单位必须是有外汇收入或有外汇来源的单位,包括以下几种情况:

(1) 生产出口商品、能增加外汇收入的单位。

(2) 不属于生产出口商品,但能给国家直接或间接创造外汇收入的单位。

(3) 本单位不直接创造外汇,但有外汇来源归还贷款的单位。

(四) 外汇借款的使用范围

(1) 用于引进先进技术、设备(包括进口国内短缺机器设备的材料),由国内加工成机器设备,用来增加生产能力,提高产品质量,增加花色品种,改进包装装潢,增加出口商品在国际市场上的售价和竞争能力。

(2) 进口国内短缺的原料、辅助材料、包装材料等,加工生产出口产品,换取外汇。

(3) 用于能源、交通和旅游事业的发展。

(4) 用于对外加工、补偿贸易等灵活贸易的发展。

(5) 用于直接或间接创造外汇收入项目所需周转外汇,以及有外汇来源单位需要临时周转外汇。

(6) 用于外汇借款项下的出国费用。

(7) 用于支付外汇借款项下的进口运费和保险费。

(8) 国家允许的其他用汇。

(五) 外汇借款的偿还

外贸企业的外汇借款,实行"谁借谁还"的原则。借款单位必须按借款合同在规定的期限内还本付息;借款到期,借款单位无力偿还的,应由担保单位偿还。

外汇借款的偿还方式,主要有以下几种:

(1) 用创汇收入直接偿还。

(2) 按贷款协议规定,用人民币向外汇指定银行购汇偿还。

(3) 用偿债基金偿还。

(六) 外汇借款的核算

【例3-6】 通发公司2月1日借入3个月期限外汇现汇贷款500 000美元，年利率为4%，当日即期汇率为1美元＝6.87元人民币。

借：银行存款——美元　　　　　　　　US$500 000　　6.87　　3 435 000
　　贷：短期借款——美元　　　　　　　　　US$500 000　　6.87　　3 435 000

【例3-7】 承[例3-6]，同日，通发公司使用这笔借款从国外PU公司进口原料，原料款为500 000美元，当日即期汇率为1美元＝6.87元人民币。

借：在途物资——在途进口物资——××原料　　　　　　　　3 435 000
　　贷：银行存款——美元　　　　　　　　US$500 000　　6.87　　3 435 000

【例3-8】 承[例3-7]，4月末，通发公司用美元现汇全部归还借款本息，该笔借款已于3月末按当时汇率6.89重新调整过，4月末即期汇率为1美元＝6.88元人民币。

借：短期借款——美元　　　　　　　　　US$500 000　　6.89　　3 445 000
　　财务费用——利息(US$500 000×6.89×4%÷4)　　　　　　　34 450
　　贷：银行存款——美元　　　　　　　　US$505 000　　6.88　　3 474 400
　　　　财务费用——汇兑损益　　　　　　　　　　　　　　　　　5 050

(七) 接受外汇投资的核算

企业接受国外投资者投入的外汇时，应采用收到外汇款项当天的即期汇率折算。在投资合同中，不论双方是否约定了汇率，实收资本都应以投资款到账日的即期汇率折算入账。

【例3-9】 4月，通发公司接受外商投资980 000美元，投资合同约定的汇率为1美元＝6.90元人民币，投资款到账当天4月9日即期汇率为1美元＝6.91元人民币。

借：银行存款——美元　　　　　　　　US$980 000　　6.91　　6 771 800
　　贷：实收资本　　　　　　　　　　　　　　　　　　　　　　6 771 800

五、外币兑换业务

企业向银行卖出外币，按银行买入价折算后，借记"银行存款——人民币"，按中间价折算后，贷记"银行存款——外币"，差额借记或贷记"财务费用——汇兑损益"。企业向银行买入外币，按银行卖出价折算后，贷记"银行存款——人民币"，按中间价折算后，借记"银行存款——外币"，差额借记或贷记"财务费用——汇兑损益"。

【例3-10】 通发公司的记账本位币为人民币，其外币交易采用交易日即期汇率折算。4月12日，将货款460 000美元兑换成人民币，银行当日的美元买入价为1美元＝6.81元人民币，中间价为1美元＝6.86元人民币。

借：银行存款——人民币(US$460 000×6.81)　　　　　　　3 132 600
　　财务费用——汇兑损益　　　　　　　　　　　　　　　　23 000
　　贷：银行存款——美元　　　　　　　　US$460 000　　6.86　　3 155 600

【例 3-11】 通发公司外币业务采用业务发生时的即期汇率折算。4 月 14 日,因外币支付需要从银行购入 260 000 美元,银行当日的美元卖出价为 1 美元＝6.93 元人民币,中间价为 1 美元＝6.88 元人民币。

借:银行存款——美元	US$ 260 000	6.88	1 788 800
财务费用——汇兑损益			13 000
贷:银行存款——人民币(US$ 260 000×6.93)			1 801 800

【例 3-12】 通发公司外币业务采用业务发生时的即期汇率折算。4 月 16 日,将 70 000 港元兑换成美元。当日港元的市场汇率中间价为 1 港元＝0.88 元人民币,外汇指定银行的买入价为 1 港元＝0.86 元人民币;当日美元的市场汇率中间价为 1 美元＝6.85 元人民币,外汇指定银行的卖出价为 1 美元＝6.89 元人民币。

(1) 考虑先将港元兑换成人民币,再将人民币兑换成美元:

借:银行存款——人民币(HK$ 70 000×0.86)			60 200
财务费用——汇兑损益			1 400
贷:银行存款——港元	HK$ 70 000	0.88	61 600

兑入美元 = 60 200 ÷ 6.89 = US$ 8 737.30

借:银行存款——美元	US$ 8 737.30	6.85	59 850.51
财务费用——汇兑损益			349.49
贷:银行存款——人民币(US$ 8 737.3×6.89)			60 200.00

(2) 如果将上述两个分录合并起来,可记作:

借:银行存款——美元	US$ 8 737.30	6.85	59 850.51
财务费用——汇兑损益			1 749.49
贷:银行存款——港元	HK$ 70 000	0.88	61 600.00

六、汇兑损益的核算

汇兑损益是汇兑损失和收益的简称,它是指进出口企业在进行外币业务核算时,一定数额的外币因汇率的不断变化,在不同的时点上所对应的记账本位币数额的差额。汇兑损益包括外币折算差额和外币兑换差额两个部分。外币折算差额是指企业各外币账户的记账本位币由于折算的时间不同,采用的折算汇率不同而产生的差额。外币兑换差额是指外币与记账本位币之间的兑换和不同外币之间的兑换,由于实际兑换的汇率与记账汇率不同而产生的差额。

(一) 汇兑损益的确认与计量

1. 期末调整汇兑损益的计算思路

(1) 外币账户的期末外币余额＝期初外币余额＋本期增加的外币发生额－本期减少的外币发生额。

(2) 调整后记账本位币余额＝期末外币余额×期末即期汇率。

(3)汇兑损益＝调整后记账本位币余额－调整前记账本位币余额。

2. 汇兑损益应计入的科目

《企业会计准则》对各种情况下汇兑损益的处理作出了明确的规定：

(1)项目筹建期间发生的汇兑损益应计入长期待摊费用，并在投入生产经营的当月起，一次性计入当月损益。

(2)与购建固定资产有关的外币专门借款产生的汇兑损益，按照借款费用的处理原则进行处理，符合资本化条件的，应予以资本化，计入该项目固定资产的购建成本。

(3)企业经营期间因从事生产经营活动而发生的汇兑损益应作为当期损益处理，计入财务费用。

(4)因银行结售汇或者不同币种之间的兑换而产生的银行买入价、卖出价与企业折算汇率之间的差额，应计入当期财务费用。

(二)汇兑损益的结转方法

1. 逐笔结转法

逐笔结转法是指外贸企业平时发生的外币业务按当日的市场汇率或银行的买入价、卖出价进行折算时，如与账面汇率不同，就立即计算并结转该笔业务的汇兑损益的一种方法。采用这种方法，要将所有外币账户的期末外币余额按期末即期汇率折算的金额作为该外币账户的记账本位币余额，该余额与外币账户原记账本位币之间的差额作为汇兑损益予以转销。这种方法能够分别反映各笔结汇业务发生的汇兑损益和期末因汇率变动而发生的汇兑损益，但核算工作量大，适合外汇业务不多但每笔金额较大的业务。

2. 集中结转法

集中结转法是指外贸企业平时发生的外币业务除结汇和购汇外，均按照市场汇率登记原币和折算的记账本位币金额，不确认汇兑损益，月末再将外币账户中的银行存款、债权和债务中的原币按期末即期汇率折算为记账本位币。当该余额与原币账面上对应的记账本位币余额之间存在差额时，即将该差额确认为汇兑损益。

(三)汇兑损益的核算举例

【例3-13】承[例3-1][例3-2][例3-4][例3-5][例3-8][例3-9][例3-10][例3-11][例3-12]，假设通发公司于当年4月继续发生如下业务：

(1)上月香港NG公司所欠货款84 000港元于4月19日收到，存入港元银行账户，当日即期汇率为1港元＝0.87元人民币。

(2)4月23日用美元银行存款支付上月所欠国外BC公司货款230 000美元，当日即期汇率为1美元＝6.87元人民币。

(3)4月26日向国外BC公司进口丁材料50吨，每吨单价1 200美元，当日即期汇率为1美元＝6.87元人民币，材料未入库，货款尚未支付。不考虑相关税费。

(4)4月29日向国外NH公司出口产品一批，货款为150 000美元，当日即期汇率为1美元＝6.86元人民币，货款尚未收到。

(5)4月末美元汇率为1美元＝6.86元人民币，港元汇率为1港元＝0.86元人民币。

（6）通发公司3月末外币账户资料如表3-2所示。

表3-2　　　　　　　　　　　　　3月末外币账户资料

外币账户	期末外币余额	期末汇率	期末人民币余额
银行存款——美元	US$1 540 000	6.89	10 610 600
银行存款——港元	HK$90 000	0.85	76 500
应收账款——应收外汇账款——NH公司	US$620 000	6.89	4 271 800
应收账款——应收外汇账款——NG公司	HK$84 000	0.85	71 400
应付账款——应付外汇账款——BC公司	US$300 000	6.89	2 067 000
短期借款——美元	US$500 000	6.89	3 445 000

假设通发公司4月均采用逐笔结转法确认汇兑损益，则继续发生业务的会计分录如下：

（1）借：银行存款——港元　　　　　　　　　　HK$84 000　　0.87　　73 080
　　　　贷：应收账款——应收外汇账款——NG公司　HK$84 000　　0.85　　71 400
　　　　　　财务费用——汇兑损益　　　　　　　　　　　　　　　　　　 1 680

（2）借：应付账款——应付外汇账款——BC公司
　　　　　　　　　　　　　　　　　　　US$230 000　　6.89　　1 584 700
　　　　贷：银行存款——美元　　　　　US$230 000　　6.87　　1 580 100
　　　　　　财务费用——汇兑损益　　　　　　　　　　　　　　　4 600

（3）借：在途物资——在途进口物资——××商品　　　　　　　　412 200
　　　　贷：应付账款——应付外汇账款——BC公司　US$60 000　6.87　412 200

（4）借：应收账款——应收外汇账款——NH公司
　　　　　　　　　　　　　　　　　　　US$150 000　　6.86　　1 029 000
　　　　贷：主营业务收入——自营出口销售收入——××商品　　　　1 029 000

现将通发公司4月发生的业务全部登记入账后，汇兑损益的计算如表3-3所示。

表3-3　　　　　　　　　　　　　各账户汇兑损益计算

银行存款——美元

期初余额	US$1 540 000.00	6.89	10 610 600.00				
[例3-2]	US$800 000.00	6.90	5 520 000.00	[例3-5]	US$300 000.00	6.89	2 067 000.00
[例3-9]	US$980 000.00	6.91	6 771 800.00	[例3-8]	US$505 000.00	6.88	3 474 400.00
[例3-11]	US$260 000.00	6.88	1 788 800.00	[例3-10]	US$460 000.00	6.86	3 155 600.00
[例3-12]	US$8 737.30	6.85	59 850.51	[例3-13](2)	US$230 000.00	6.87	1 580 100.00
期末余额	US$2 093 737.30		14 473 950.51				

银行存款——港元

期初余额	HK$90 000	0.85	76 500				
[例3-13](1)	HK$84 000	0.87	73 080	[例3-12]	HK$70 000	0.88	61 600
期末余额	HK$104 000		87 980				

应收账款——应收外汇账款——NH 公司

期初余额	US $ 620 000	6.89	4 271 800					
[例 3-1]	US $ 800 000	6.92	5 536 000	[例 3-2]		US $ 800 000	6.92	5 536 000
[例 3-13](4)	US $ 150 000	6.86	1 029 000					
期末余额	US $ 770 000		5 300 800					

应收账款——应收外汇账款——NG 公司

期初余额	HK $ 84 000	0.85	71 400					
				[例 3-13](1)		HK $ 84 000	0.85	71 400
期末余额	HK $ 0		0					

应付账款——应付外汇账款——BC 公司

				期初余额		US $ 300 000	6.89	2 067 000
[例 3-5]	US $ 300 000	6.88	2 064 000	[例 3-4]		US $ 300 000	6.88	2 064 000
[例 3-13](2)	US $ 230 000	6.89	1 584 700	[例 3-13](3)		US $ 60 000	6.87	412 200
				期末余额		US $ 130 000		894 500

短期借款——美元

				期初余额		US $ 500 000	6.89	3 445 000
[例 3-8]	US $ 500 000	6.89	3 445 000					
				期末余额		US $ 0		0

(1) 2 093 737.3×6.86－14 473 950.51＝－110 912.63(元)。(汇兑损失)

借：财务费用——汇兑损益　　　　　　　　　　　　　　　　　110 912.63
　　贷：银行存款——美元　　　　　　　　　　　　　　　　　　110 912.63

(2) 104 000×0.86－87 980＝1 460(元)。(汇兑收益)

借：银行存款——港元　　　　　　　　　　　　　　　　　　　1 460
　　贷：财务费用——汇兑损益　　　　　　　　　　　　　　　　1 460

(3) 770 000×6.86－5 300 800＝－18 600(元)。(汇兑损失)

借：财务费用——汇兑损益　　　　　　　　　　　　　　　　　18 600
　　贷：应收账款——应收外汇账款——NH 公司　　　　　　　　18 600

(4) 130 000×6.86－894 500＝－2 700(元)。(汇兑收益)

借：应付账款——应付外汇账款——BC 公司　　　　　　　　　2 700
　　贷：财务费用——汇兑损益　　　　　　　　　　　　　　　　2 700

也可以将(1)～(4)四个分录合并成：

借：银行存款——港元	1 460.00
应付账款——应付外汇账款——BC 公司	2 700.00
财务费用——汇兑损益	125 352.63
贷：银行存款——美元	110 912.63
应收账款——应收外汇账款——NH 公司	18 600.00

【例 3-14】 假定通发公司 4 月均采用集中结转法确认汇兑损益，则其 4 月发生的上述业务会计分录变为：

[例 3-1]

| 借：应收账款——应收外汇账款——NH 公司 | US＄800 000 | 6.92 | 5 536 000 |
| 贷：主营业务收入——自营出口销售收入——××商品 | | | 5 536 000 |

[例 3-2]

| 借：银行存款——美元 | US＄800 000 | 6.90 | 5 520 000 |
| 贷：应收账款——应收外汇账款——NH 公司 | US＄800 000 | 6.90 | 5 520 000 |

[例 3-4]

借：在途物资(US＄300 000×6.88＋206 400)			2 270 400
应交税费——应交增值税(进项税额)			295 152
贷：应付账款——应付外汇账款——BC 公司	US＄300 000	6.88	2 064 000
银行存款——人民币(206 400＋295 152)			501 552

[例 3-5]

| 借：应付账款——应付外汇账款——BC 公司 | US＄300 000 | 6.89 | 2 067 000 |
| 贷：银行存款——美元 | US＄300 000 | 6.89 | 2 067 000 |

[例 3-8]

借：短期借款——美元	US＄500 000	6.88	3 440 000
财务费用——利息(US＄500 000×6.88×4%÷4)			34 400
贷：银行存款——美元	US＄505 000	6.88	3 474 400

[例 3-9]

| 借：银行存款——美元 | US＄980 000 | 6.91 | 6 771 800 |
| 贷：实收资本 | | | 6 771 800 |

[例 3-10]

借：银行存款——人民币(US＄460 000×6.81)			3 132 600
财务费用——汇兑损益			23 000
贷：银行存款——美元	US＄460 000	6.86	3 155 600

[例 3-11]

借：银行存款——美元	US＄260 000	6.88	1 788 800
财务费用——汇兑损益			13 000
贷：银行存款——人民币(US＄260 000×6.93)			1 801 800

[例 3-12]

借：银行存款——美元　　　　　　　　US＄8 737.30　　6.85　　59 850.51
　　财务费用——汇兑损益　　　　　　　　　　　　　　　　　　1 749.49
　贷：银行存款——港元　　　　　　　KK＄70 000　　0.88　　61 600.00

[例 3-13]

（1）借：银行存款——港元　　　　　　　　HK＄84 000　　0.87　　73 080
　　　贷：应收账款——应收外汇账款——NG 公司　HK＄84 000　　0.87　　73 080

（2）借：应付账款——应付外汇账款——BC 公司
　　　　　　　　　　　　　　　　　　　US＄230 000　　6.87　　1 580 100
　　　贷：银行存款——美元　　　　　　　US＄230 000　　6.87　　1 580 100

（3）借：在途物资——在途进口物资——××商品　　　　　　　412 200
　　　贷：应付账款——应付外汇账款——BC 公司　US＄60 000　6.87　412 200

（4）借：应收账款——应收外汇账款——NH 公司
　　　　　　　　　　　　　　　　　　　US＄150 000　　6.86　　1 029 000
　　　贷：主营业务收入——自营出口销售收入——××商品　　　1 029 000

现将通发公司 4 月发生的业务全部登记入账后，汇兑损益的计算如表 3-4 所示。

表 3-4　　　　　　　　　各账户汇兑损益计算

银行存款——美元

期初余额	US＄1 540 000.00	6.89	10 610 600.00				
[例 3-2]	US＄800 000.00	6.90	5 520 000.00	[例 3-5]	US＄300 000.00	6.89	2 067 000.00
[例 3-9]	US＄980 000.00	6.91	6 771 800.00	[例 3-8]	US＄505 000.00	6.88	3 474 400.00
[例 3-11]	US＄260 000.00	6.88	1 788 800.00	[例 3-10]	US＄460 000.00	6.86	3 155 600.00
[例 3-12]	US＄8 737.30	6.85	59 850.51	[例 3-13](2)	US＄230 000.00	6.87	1 580 100.00
期末余额	US＄2 093 737.30		14 473 950.51				

银行存款——港元

期初余额	HK＄90 000	0.85	76 500				
[例 3-13](1)	HK＄84 000	0.87	73 080	[例 3-12]	HK＄70 000	0.88	61 600
期末余额	HK＄104 000		87 980				

应收账款——应收外汇账款——NH 公司

期初余额	US＄620 000	6.89	4 271 800				
[例 3-1]	US＄800 000	6.92	5 536 000	[例 3-2]	US＄800 000	6.90	5 520 000
[例 3-13](4)	US＄150 000	6.86	1 029 000				
期末余额	US＄770 000		5 316 800				

应收账款——应收外汇账款——NG 公司

期初余额	HK$ 84 000	0.85	71 400				
				[例 3-13](1)	HK$ 84 000	0.87	73 080
				期末余额	HK$ 0		1 680

应付账款——应付外汇账款——BC 公司

				期初余额	US$ 300 000	6.89	2 067 000
[例 3-5]	US$ 300 000	6.89	2 067 000	[例 3-4]	US$ 300 000	6.88	2 064 000
[例 3-13](2)	US$ 230 000	6.87	1 580 100	[例 3-13](3)	US$ 60 000	6.87	412 200
				期末余额	US$ 130 000		896 100

短期借款——美元

				期初余额	US$ 500 000	6.89	3 445 000
[例 3-8]	US$ 500 000	6.88	3 440 000				
				期末余额	US$ 0		5 000

(1) $2\,093\,737.3 \times 6.86 - 14\,473\,950.51 = -110\,912.63$(元)。（汇兑损失）

借：财务费用——汇兑损益　　　　　　　　　　　　　　　110 912.63
　　贷：银行存款——美元　　　　　　　　　　　　　　　　110 912.63

(2) $104\,000 \times 0.86 - 87\,980 = 1\,460$(元)。（汇兑收益）

借：银行存款——港元　　　　　　　　　　　　　　　　　1 460
　　贷：财务费用——汇兑损益　　　　　　　　　　　　　　1 460

(3) $770\,000 \times 6.86 - 5\,316\,800 = -34\,600$(元)。（汇兑损失）

借：财务费用——汇兑损益　　　　　　　　　　　　　　　34 600
　　贷：应收账款——应收外汇账款——NH 公司　　　　　34 600

(4) $0 \times 6.86 - (-1\,680) = 1\,680$(元)。（汇兑收益）

借：应收账款——应收外汇账款——NG 公司　　　　　　1 680
　　贷：财务费用——汇兑损益　　　　　　　　　　　　　　1 680

(5) $130\,000 \times 6.86 - 896\,100 = -4\,300$(元)。（汇兑收益）

借：应付账款——应付外汇账款——BC 公司　　　　　　4 300
　　贷：财务费用——汇兑损益　　　　　　　　　　　　　　4 300

(6) $0 \times 6.86 - 5\,000 = -5\,000$(元)。（汇兑收益）

借：短期借款——美元　　　　　　　　　　　　　　　　　5 000
　　贷：财务费用——汇兑损益　　　　　　　　　　　　　　5 000

也可以将(1)~(6)的分录合并成：

借：银行存款——港元　　　　　　　　　　　　　　　　　1 460.00
　　应收账款——应收外汇账款——NG 公司　　　　　　　1 680.00
　　应付账款——应付外汇账款——BC 公司　　　　　　　4 300.00
　　短期借款——美元　　　　　　　　　　　　　　　　　5 000.00
　　财务费用——汇兑损益　　　　　　　　　　　　　　133 072.63
　贷：银行存款——美元　　　　　　　　　　　　　　　110 912.63
　　应收账款——应收外汇账款——NH 公司　　　　　　34 600.00

第三节　汇率风险及其防范

汇率风险又称外汇风险或汇兑风险，是指由于汇率变动使某一经济主体以外币计值的资产、负债、盈利或预期未来现金流的本币价值发生变动，从而使该经济主体蒙受经济损失的可能性。

一、汇率风险的类型

(一) 交易风险

交易风险是指在运用外币进行计价收付的交易中，经济主体因外汇汇率的变动而蒙受损失的可能性。主要发生在以下几种场合：

(1) 商品劳务进口和出口交易中的风险。
(2) 资本输入和输出的风险。
(3) 外汇银行所持有的外汇头寸的风险。

如持有外币应收账款的出口商会因外币对本币贬值而发生损失，而持有外币应付账款的进口商则会因外币对本币升值而发生损失。交易风险存在于应收款项和所有货币负债项目中。此外，一些表外业务中也包含着外汇交易风险：①买入外汇工具，如外汇远期合同、期货合同、期权合同及掉期合同；②卖出外汇工具；③尚未清算的客户的买卖合同，而合同的价格早已确定；④购买外币价格固定的商业合同。

(二) 折算风险

折算风险又称会计风险，是指经济主体对资产负债表的会计处理中，将功能货币转换成记账货币时，因汇率变动而导致账面损失的可能性。功能货币指经济主体与经营活动中流转使用的各种货币。记账货币指在编制综合财务报表时使用的报告货币，通常是本国货币。

比如，按规定，公司在期末决算编制利润表和资产负债表时，所有的外币资产和负债都要按照期末汇率另行折算，导致与原账面价值不一致；又如，本国公司设在国外的子公司，按合并报表原则，也应折算为本国货币，由于汇率在不断变动，按不同汇率折算的财务状况大不相同。

(三) 经济风险

经济风险又称经营风险,是指意料之外的汇率变动通过影响企业的生产销售数量、价格、成本,引起企业未来一定期间收益或现金流量减少的一种潜在损失。由于预期的汇率变化已反映在公司的经营计划之中,所以,经济风险只包括那些没有预期的汇率变化所产生的影响。经济风险是一种系统风险,是经营活动之后的风险,是无法避免的,任何一个公司只要投资经营后就要受该风险的影响。所以,对于该风险的管理应在事前防范,而不是在事后避免。

二、汇率风险的管理方法

(一) 选择计价货币法

1. "收硬付软"原则

在国际金融市场上,有本币和外币之分,也有"硬货币"和"软货币"之分。"硬货币"是指在国际金融市场上汇价坚挺并能自由兑换、币值稳定、可以作为国际支付手段或流通手段的货币,主要有美元、英镑、日元、欧元等。"软货币"是指在国际金融市场上汇价疲软,不能自由兑换他国货币,信用程度低的国家货币,主要有印度卢比、越南盾等。"收硬付软"原则是指公司在出口贸易、借贷资金输出时,力争选择硬货币来计价结算;在进口贸易、借贷资金输入时,力争选择软货币计价结算。

2. 进、出货币一致原则

公司进口使用某种货币计价,那么,出口也应该采用该种货币计价,这样做可以将汇率风险通过一"收"一"支"相互抵销。如果计价货币升值,则进口成本因此提高,公司将遭受损失,然而,出口收益却因此而增加,公司有盈有亏,两者相抵,风险可能降低或消除。

3. 选择可自由兑换货币原则

自由兑换的货币流动性大,在调拨时比较方便。例如美元、欧元、英镑就比泰铢、菲律宾比索的流动性大。因此,应偏向选择可自由兑换的货币。

4. 以本币作计价货币原则

在国际经济活动中,如果用本币计价结算,收、付不需要买卖外汇,也就不承担汇率变动的风险,但这种方法给贸易谈判带来一定困难,因为这实际上是将汇率风险转嫁给了对方,所以只能在其他方面给对方作些补偿,交易才能达成。

5. 多种货币组合原则

多种货币组合原则也称"一篮子"货币计价原则,是指在进出口合同中使用两种以上的货币来计价以消除汇率波动的风险。若一种货币发生贬值或升值,而其他货币价值不变则不会给公司带来很大的汇率风险损失;若计价货币中的几种货币升值,另外几种货币贬值,则升值货币所带来的收益可抵销贬值货币带来的损失,从而减轻或消除汇率风险。

6. 综合考虑汇率与利率的变动趋势

公司在国际市场上筹集资金时要特别注意,低利率的债务不一定就是低成本的债务,高利率的债务也不一定就是高成本的债务,必须把利率和汇率的变动趋势综合起来考虑。一般地讲,硬货币利率低,软货币利率高。

(二) 提前或推后收付法

提前或推后收付是指在预测汇率将朝某一方向变化时,提前或推迟外汇收付,以便尽可能减少汇率风险,得到汇价变动的好处。一般来说,对于出口商或债权人而言,当预测计价结算货币汇率趋跌时,应设法提前收汇,以防止将来外汇汇率下跌而使出口商或债权人收到的外币兑换的本币减少;当预测计价结算货币汇率趋升时,应设法推迟收汇,以期在外汇汇率上升后,使出口商或债权人收到的外币可兑换成更多的本币;相反,对于进口商或债务人而言,当预测计价结算货币汇率趋跌时,应设法推迟付汇;当预测计价结算货币汇率趋升时,应设法提前付汇。

(三) 净额结算法

净额结算法是指公司之间(多指跨国公司内部的子公司之间)相互抵销各自的头寸以获得净额,一些公司只剩债权净额,而另一些公司只剩债务净额,然后债务净额公司向债权净额公司清偿,以此结清款项。净额计算法分为双边和多边净额结算。双边净额结算只在两个公司之间进行债务净额的结算,而多边净额结算在多个公司之间进行债务净额的结算。债权、债务的结算有两种方法:一是现金总库法,即净债务人将款项汇到总库,再由总库将款项付给净债权人;二是直接冲销法,即债权、债务双方直接结算,不需要中介。所以直接冲销法更经济、更合理。净额结算法可节省大量的兑换和交易成本,但许多国家的外汇管理却限制双边或多边净额交易。

(四) 配平法

配平法是指以同种货币或与该种货币有某种固定联系的货币,并以等值数额和同样的期限,创造一笔流向相反的货币流量的方法。它分为自然配平法和平行配平法:自然配平法是指以同种货币创造反向流量的方法;平行配平法是指以某种固定联系的货币创造反向流量的方法,其固定联系是指两种货币汇率走势一致。如人民币实行与美元挂钩的汇率政策,因此美元是与人民币有固定联系的货币,美元相对于其他货币升值时,人民币也相应地对其他货币升值。

平行配平法不受同种货币的限制,因此更灵活。但自然配平法由于使用同种货币,因而可以完全保值;而平行配平法却不能完全保值,因为彼此有固定联系的两种货币,其上浮和下浮的幅度往往并非完全一致。

(五) 调整价格法

在进出口贸易中,不论选取的结算货币是"软通货"还是"硬通货",其结果往往是使一方承担外汇风险,而另一方不承担。在实际交易中,由于贸易条件、交易动机、市场行情和商品质量等因素的制约,进出口商有时不得不在出口贸易中按"软通货"收汇,而在进口贸易中按"硬通货"付汇。此时,进出口商可通过价格调整来降低汇率波动所造成的损失,即把汇率风险分摊到价格中去,以达到减少汇率风险的目的。对进口商来说,当计价货币趋于上升(硬币)时,可设法提高出口商品的价格即加价保值,加价后的单价=原单价×(1+货币的预期升值率);当计价货币趋于下跌(软币)时,可要求降低进口商品的价格即压价保值,压价后的单价=原单价×(1-货币的预期贬值率)。

这种方法也受到许多条件的制约,一方的受益往往以另一方的受损为代价。在卖方市场情况下,对进口商来说,如果坚持降价,则有可能失掉贸易机会;相反,对出口商来说,要求提价则容易达到目的。在买方市场下,情况相反。

(六)订立保值条款

订立保值条款就是在经济合同中议定有关外汇风险承担的条款,保护双方当事人的利益。可以选用的保值条款有以下几种。

1. 用"一篮子"货币保值

它是指选用多种货币共同作为保值货币,即在合同中规定一种计价结算货币,同时用其他多种货币组成的"一篮子"货币保值。实践证明,这种保值措施实用且有效,已广泛用于公司进出口、国际金融组织向会员国提供贷款等业务中,并且收到了良好的效果。

2. 用硬货币保值

它是指在合同中规定以硬货币计价,用软货币支付,并订明两种货币当时的汇率。在执行合同过程中,如果支付货币汇率下跌,则对合同中金额进行等比例的调整,按照支付日的支付货币汇率计算。这样做使得实收的计价货币金额与签订合同时相同,可以弥补支付货币汇率下跌的损失。

3. 用黄金保值

它是指用黄金作为保值货币,具体做法是将支付货币按黄金市场价格转换为黄金的盎司数量,合约到期时,再按当时的黄金市场价格折成合同货币收付。黄金保值条款通行于固定汇率时期,现极少使用,因为黄金已不再是各国货币的定值标准,其与货币间的固定联系已不复存在,黄金保值便失去了意义。

课后练习题

班级：_____ 姓名：_____ 学号：_____

一、单项选择题

1. 在直接标价法下，当一定单位的外国货币折算的本国货币增多时，说明（   ）。
   A. 外币币值上升   B. 本币币值上升
   C. 外币币值下跌   D. 汇兑差额减少

2. 经济风险是一种系统风险，是经营活动之后的风险，经济风险是无法避免的。任何一个公司只要投资经营后就要受该风险的影响。所以，对于该风险的管理应为（   ）。
   A. 事后防范   B. 事后避免
   C. 事前防范，而不是事后避免   D. 事后分析，而不是事前避免

3. 外汇按来源用途可分为（   ）。
   A. 贸易外汇与非贸易外汇   B. 即期外汇与远期外汇
   C. 现汇与非现汇   D. 自由外汇与记账外汇

4. 外汇是指以外国货币表示的（   ）和金融资产。
   A. 外币   B. 人民币
   C. 国际支付手段   D. 记账汇率

5. 以同种货币或与该种货币有某种固定联系的货币，并以等值数额和同样的期限，创造一笔流向相反的货币流量的方法是（   ）。
   A. 净额结算法   B. 配平法
   C. 调整价格法   D. 选择计价货币法

6. 下列各项中，不属于外币货币性项目的是（   ）。
   A. 应收账款   B. 长期借款
   C. 预收账款   D. 交易性金融资产

二、多项选择题

1. 在进出口企业的下列业务中，会产生外汇汇兑差额的有（   ）。
   A. 从事人民币与外币兑换业务，或外币与外币兑换业务
   B. 以外汇购置固定资产
   C. 以外汇偿还外币债务
   D. 期末对外币账户的余额进行汇兑差额的一次结转

2. 我国对外汇概念作了明确规定，根据《中华人民共和国外汇管理条例》规定，以下可视为外汇的有（   ）。
   A. 外国货币，包括纸币、铸币
   B. 外币支付凭证，包括票据、银行存款凭证、邮政储蓄凭证等

C. 外币有价证券,包括政府债券、公司债券、股票等
D. 特别提款权、欧洲货币单位

3. 进出口企业在外币业务的会计核算中,对于下列情况所产生的汇兑损益应计入当期损益的有( )。
   A. 购建的固定资产达到预定可使用状态后发生的汇兑损益
   B. 企业在生产经营期间发生的汇兑损益
   C. 企业在收到外汇投入资本时产生的汇兑损益
   D. 企业在筹建期间发生的汇兑损益

4. 经济风险也称为经营风险,是指由于汇率变动,一个公司将面临原材料、劳动力、管理费用等方面价格的相应变化而引起产品的市场销售价格的变化,进而最终影响公司的销售额的变化。所以( )。
   A. 经济风险是经营活动之前所产生的风险,经济风险是可以避免的
   B. 经济风险是一种系统风险,是经营活动之后的风险,经济风险是无法避免的
   C. 任何一个公司只要投资经营后就要受经济风险的影响
   D. 对于经济风险的管理应在事前防范,而不是在事后避免

5. 按汇率发生的时间,分为( )。
   A. 现行汇率   B. 即期汇率
   C. 历史汇率   D. 远期汇率

6. 汇率风险可以分为( )。
   A. 固有风险   B. 交易风险
   C. 经济风险   D. 折算风险

三、判断题

1. 间接标价法又称应付标价法,是以一定单位的外国货币为标准,折算成若干单位的本国货币的标价方法。   ( )
2. 按国际货币制度的演变,分为固定汇率和浮动汇率。   ( )
3. 企业接受国外投资者投入的外汇时,应采用收到外汇款项当天的即期汇率折算。在投资合同中,不论双方是否约定了汇率,实收资本都应以投资款到账日的即期汇率折算入账。   ( )
4. 汇兑损益的结转方法包括逐笔结转法和集中结转法。集中结转法能够分别反映各笔结汇业务发生的汇兑损益和期末因汇率变动而发生的汇兑损益,但核算工作量大,适合外汇业务不多但每笔金额较大的业务。   ( )
5. 折算风险又称会计风险,是指经济主体在对资产负债表的会计处理中,将功能货币转换成记账货币时,因汇率变动而导致账面损失的可能性。   ( )
6. 对出口商或债权人而言,当预测计价结算货币汇率趋跌时,应设法推迟收汇;当预测计价结算货币汇率趋升时,应设法提前收汇。   ( )

四、业务核算题

1. A外贸公司为一般纳税企业,选择确定的记账本位币为人民币,其外币交易采用交易日即期汇率折算。该公司3月份银行存款(美元户)期初余额为0,该公司3月23日

向银行购入28万美元,银行当日卖出价1美元=6.3100元人民币,中间价6.3020元人民币,3月31日当日银行中间价1美元=6.3050元人民币。

要求:计算该公司3月份银行存款(美元户)发生汇兑损益多少元人民币?

2. 某商业外贸公司为一般纳税人企业,增值税税率13%,以人民币为记账本位币,对外币交易采用交易日即期汇率折算,该公司2月28日有关外币账户余额资料如表3-5所示。

表3-5　　　　　　　　2月末外币账户余额

账户	期末外币余额	期末汇率	期末人民币余额
银行存款——美元	0	6.3000	0
应收账款——应收外汇账款——A公司	US$300 000	6.3000	1 890 000
应付账款——应付外汇账款——B公司	US$150 000	6.3000	945 000

该公司3月份发生有关业务如下:

(1)3月1日,向银行借入外汇现汇贷款300 000港元,期限3个月,年利率5.8%,当日港元即期汇率中间价1港元=0.8700元人民币。

(2)3月5日,以人民币向银行购入50 000美元,并用以归还所欠国外B公司部分货款。当日美元即期汇率为卖出价1美元=6.3060元人民币,中间价1美元=6.2950元人民币。

(3)3月16日,根据合同规定对国外A公司出口甲商品一批计190 000件,该商品每件采购成本计人民币21元(不含增值税)。上列出口甲商品外销发票金额为每件9.5美元CIF纽约,当日交单出口并结转出口商品销售成本,出口货款尚未收到。当日美元即期汇率中间价1美元=6.3080元人民币。

(4)3月20日,收到银行结汇通知,且收到的国外A公司所欠货款300 000美元已经结汇,当日美元即期汇率买入价1美元=6.2780元人民币,中间价1美元=6.2800元人民币。

(5)3月24日,从英国C公司进口工业原料170吨,价格条款为每公吨1 600港元FOB伦敦,今接到银行转来的全套进口单证,经审核无误后对外付款。当日港元即期汇率中间价1港元=0.8900元人民币。

(6)3月26日,将28 000港元兑成美元,当日美元即期汇率卖出价1美元=6.3080元人民币,中间价1美元=6.2960元人民币;港元即期汇率买入价1港元=0.8700元人民币,中间价1港元=0.8950元人民币。

(7)3月30日,该公司在规定的申报期内备齐必要的凭证向当地的税务退税部门申报本期甲商品出口退税,该批商品退税率为11%。

(8)3月31日,计提本月外汇贷款利息,当日港元中间价1港元=0.8800元人民币。

(9)3月31日,期末当日美元即期汇率为1美元=6.2850元人民币;港元即期汇率中间价1港元=0.8800元人民币。

要求：(1) 根据该公司上列各项业务，分别采用逐笔结转法和集中结转法编制必要会计分录。

(2) 计算上列各外币账户期末应调整的汇兑损益的调整金额（应列示计算过程），并编制必要期末调整会计分录。

第四章 国际贸易结算

学习目标

1. 了解国际贸易结算方式的概念、特点及分类；
2. 掌握汇付、托收和信用证等结算方式的概念、基本当事人、种类及基本流程；
3. 明确汇付、托收和信用证等结算方式的特点；
4. 掌握汇付、托收和信用证等不同结算方式的账务处理；
5. 能够根据业务需要运用汇付、托收和信用证等结算方式结算并进行账务处理。

思政课堂

破解中小企业"走出去"的跨境支付难题

随着经济全球化程度不断加深，跨境贸易更加频繁，大量中小企业拓展海外市场，越来越多的消费者出境旅游，中国跨境支付需求正快速增长。中小企业和消费者希望通过简单、安全和快捷的方式完成跨境支付，特别是其中小批量、多批次的跨境电商模式，对跨境支付提出了更高要求。

中国跨境贸易增长很快，但跨境支付发展时间较短，支付流程尚不完善，支付效率总体仍较低下。多数中小企业仍采用传统金融结算方式，其手续繁杂、耗时长等短板随着跨境电商的快速发展日益凸显。一方面，传统结算方式信息共享难度大，而跨境贸易业务中间环节较多，数据标准不统一导致相互间数据难以连通，每笔交易需在各机构之间分别记录、清算和对账，易导致"重复清算"。另一方面，中小企业通常采用银行汇款、托收和信用证等安全性较高的方式进行交易清算，而传统跨境支付方式报关、汇款和收款时间整个周期较长，给中小企业带来资金周转压力。

支付是贸易的基础设施。聚合资金流、信息流，联通国内和国外，跨境支付被比作支撑全球跨境贸易的"无形之桥"。当传统支付方式难以满足快速发展的跨境贸易时，新的支付方式——第三方跨境支付平台迎来新的发展契机。

跨境支付平台可以提供资金结汇、收款等一站式服务，支持主流电商平台收款和境内外银行卡等多种收款账户，助力出口电商卖家布局全球业务。同时，跨境支付平台可以帮助中小企业境内账户分钟级到账，支持便捷提现到境内外个人及企业银行账户。目前部分跨境支付平台还形成"综合支付＋报关＋跨境换汇＋自动化会员账户体系"的综合生态服务体系，可以为不同跨境商户的多元化需求提供成熟的解决方案和丰富多元的服务产品，包括为传统贸易企业、跨境电商开立海外银行账户，建立自动化会员账

户体系、提供货币兑换服务和多币种钱包服务等,提升中小企业资金收付效率。

中小型外贸企业对高效、安全、合规的跨境支付平台需求尤其迫切。中小型外贸企业资金储备相对薄弱,在交付海外订单后,需要快速收回款项,否则可能直接影响企业的运转。目前,中国的跨境支付平台融入大数据、人工智能、云计算等现代科技手段,支付便捷,结算效率显著提升,进一步保障了支付安全,更加适用小额 B2B(企业对企业)贸易的支付要求。

2022年以来,中国针对跨境支付的支持政策接连出台。其中,《金融标准化"十四五"发展规划》提出要全面开展人民币跨境支付清算产品服务、清算结算处理、业务运营和技术服务等方面标准建设,加强对人民币跨境支付系统建设等。《关于支持外贸新业态跨境人民币结算的通知》明确提出,境内银行可与依法取得互联网支付业务许可的非银行支付机构、具有合法资质的清算机构合作,为市场交易主体及个人提供经常项下跨境人民币结算服务。这大大拓宽了支付机构跨境业务范围以及所服务的业务主体范围,使得跨境支付机构具备了更多可发挥空间。

国内跨境支付平台在经历了前期的市场培育阶段后,正逐步由最初的价格竞争转向为客户和行业打造专属的解决方案,在实现规模经济的基础上对不同用户提供差异化服务。随着市场规模扩大,企业用户增多,国际影响力扩大,监管日益规范,跨境支付平台这一新兴服务,将有力整合境内外支付结算通道,助力中小企业合规、安全、高效"走出去"。

资料来源:节选自《开放谈|破解中小企业"走出去"的跨境支付难题》(《人民网-人民日报海外版》2023年03月28日),作者洪勇。

思考与讨论:

1. 传统的国际结算方式有哪些?
2. 在国际贸易中,企业如何选择对自己有利的国际结算方式?

案例导入

我国境内某商贸有限公司20×0年1月成立后,其营业执照上的经营范围是家用电器批发及零售。20×3年1月公司进行业务拓展后,增加了家用电器出口业务,这样必然涉及出口收汇,同时也会涉及外币收支业务的核算,现该公司已在银行申请并开立了外币资金账户。20×3年5月公司拟出口一批家用电器,与一国外进出口公司签订出口销售合同。

思考与讨论:

1. 签订出口销售合同时必然要考虑收款方式,那么有哪些国际贸易结算方式可供选择?
2. 作为出口商,选择哪种国际贸易结算方式更有利?相反选择哪种国际贸易结算方式不利于出口企业?为什么?

第一节　国际贸易结算概述

一、国际贸易结算的概念

国际结算(international settlements)是指国与国之间，由于商品贸易及非贸易往来而发生的债权、债务的了结业务。即两个不同国家的当事人，不论是个人间的、单位间的、企业间的或政府间的，因为商品买卖、服务供应、资金调拨、国际借贷而需要通过银行办理的两国间外汇收付业务均属于国际结算。

国际结算根据发生债权、债务关系的原因不同可以分为贸易结算和非贸易结算。贸易结算是指由有形贸易引起的国际结算。有形贸易是指买卖那些看得见、摸得着的物质性商品贸易，即货物贸易。在有形贸易中，由于商品买卖、提供劳务、资金调拨和国际借贷等活动所发生的国际货币收支和国际债权、债务的清偿引起的国际结算称为国际贸易结算。非贸易结算是指由无形贸易引起的国际结算，无形贸易是建立在非商品交易基础上的，主要包括非贸易汇款、非贸易信用证、旅行支票、非贸易票据的买入与托收、信用卡和外币兑换等。

国际结算与国内结算两者都是货币收支和债权、债务的清偿，但存在着明显的区别，如两者涉及的货币的活动范围不同、种类不同、汇兑损益计算不同、所适用的法律不同等。此处的国际贸易结算指的是外贸企业从事商品买卖、提供劳务等国际贸易活动所涉及的国际结算。

二、国际贸易结算的特点

首先，在外贸企业进出口贸易中，与国外客户之间的货款结算几乎全是非现金结算，都需要通过银行进行。其次，在进出口贸易中，货物与货款不能同时交割，因而产生债权、债务关系，那么就同时存在着融资行为，或是买卖双方间的商业信用，或是银行参与其中的短期融通。因此，国际贸易结算的特点是以票据为基础，单据为条件，银行为中枢，结算与融资相结合的非现金结算体系。

三、国际贸易结算的类型

（一）按实际操作方法不同分为记账结算和现汇结算

（1）记账结算是指贸易双方按照两国政府及两国银行间开立的清算账户记账办理，平时结算不必动用现汇支付，至协定年度终了，再对账户的差额进行清算。

（2）现汇结算是指以两国贸易部门签订的贸易合同为依据，在办理进出口业务时，双方均采用一定的结算方式，用现汇逐笔进行清偿。

（二）按主动发动人不同分为顺汇法和逆汇法

顺汇法是付款方(债务人)主动将款项交给银行，委托银行使用某种结算工具支付给收款方(债权人)的一种结算方式。顺汇法的特点是结算工具传递与资金的运动方向一致,并且是从付款方(债务人)传递到收款方(债权人),如汇款。

逆汇法是收款方(债权人)主动向付款方(债务人)索取款项。由收款方(债权人)签发汇票,通过银行委托其国外分支行或代理行向付款方(债务人)收取汇票上所列款项的一种支付方式,即托收方式,又称出票法。逆汇法的特点是资金流向和结算支付工具的传递方向相反,如托收、信用证。

第二节 汇 付

一、汇付的概念

汇付是指汇款人(进口方)主动将应付款项交给汇出行,由该汇出行委托收款人所在地的汇入行将款项转交收款人(出口方)的一种结算方式。汇付属于商业信用,采用顺汇法。

二、汇付结算方式的基本当事人

(1) 汇款人(remitter),即付款方,在国际贸易结算中通常是进口方、买卖合同的买方或其他经贸往来中的债务人。

(2) 收款人(payee or beneficiary),在国际贸易结算中通常是出口方、买卖合同的卖方或其他经贸往来中的债权人。

(3) 汇出行(remitting bank),是接受汇款人的委托或申请,汇出款项的银行。汇出行通常是进口方所在地的银行。

(4) 汇入行(receiving bank)又称解付行(paying bank),是接受汇出行的委托解付款项的银行。汇入行通常是汇出行在收款人所在地的分行或代理行。

三、汇付结算方式的种类及基本流程

汇付结算方式按采用通知的方式不同可分为电汇、信汇和票汇三种。

(一) 电汇

电汇(telegraphic transfer,T/T)是汇出行应汇款人的申请,拍发加押电报或电传给在另一国家的分行或代理行(即汇入行)解付一定金额给收款人的一种汇款方式。在汇付的三种方式中,电汇是最主要的方式。

电汇结算方式的基本流程如图 4-1 所示,有如下基本步骤:

第①步,汇款人交付款项委托付款。由汇款人填写汇款申请书,并在申请书中注明采用电汇 T/T 方式。同时,将所汇款项及所需费用交汇出行。

汇款申请书

第②步,汇出行接受委托。汇出行接到汇款申请书后,为防止因申请书中出现的差错而耽误或引起汇出资金的意外损失,汇出行应仔细审核申请书,汇款行接受汇款委托,并将电汇申请书回执退给汇款人。

第③步,汇出行通知汇入行解付款项。汇出行根据汇款申请书内容以电报或电传的方式向汇入行发出解付指示。电文内容主要有:汇款金额及币种、收款人名称、地址或账号、汇款人名称、地址、附言、头寸拨付办法、汇出行名称或 SWIFT 系统地址等。为了使汇入行证实电文内容确实是由汇出行发出的,汇出行在正文前要加列双方银行所约定使用的密押(test key)。

第④步,汇入行通知收款人收取汇款。汇入行收到电报或电传后,核对密押是否相符,若不符,应立即拟电文向汇出行查询。若相符,缮制电汇通知书,通知收款人取款。

第⑤步,收款人签发收据。收款人持通知书向汇入行取款,并在收款人收据上签章。

第⑥步,汇入行解付汇款。

第⑦步,汇入行将付讫借记通知书(debit advice)寄给汇出行。

在实务中,如果收款人在汇入行开有账户,汇入行往往不缮制汇款通知书,仅凭电文将款项收入收款人账户,然后给收款人收账通知单,也不需要收款人签具收据。

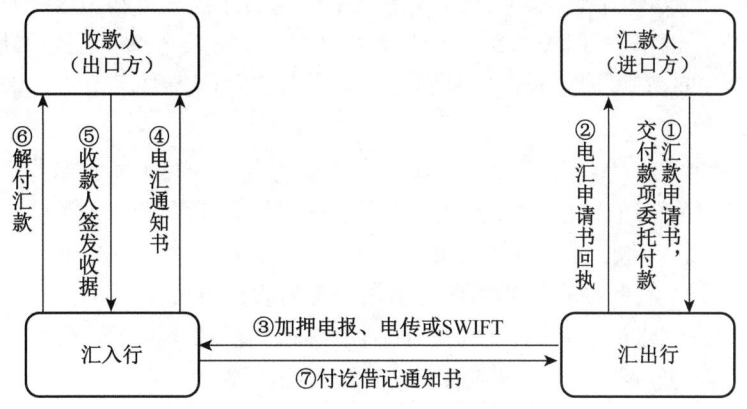

图 4-1 电汇结算方式基本流程

随着现代通信技术的发展,银行与银行之间使用电传直接通信,快速准确。采用电汇方式结算速度快,极为安全,收款人可以迅速收到款项,汇款人可充分利用资金,减少利息损失。但因银行不能占用资金,汇款人要支付较高的电报费和手续费,故成本相对较高,只有在金额较大或时间紧急时采用。

近年来由于电子通信技术的迅猛发展,通信工具不断改善,使得绝大多数银行已配备了诸如 SWIFT、TELEX 一类的设备,银行的局域网(LAN)、远程网都有很大普及,通讯成本也大幅度降低,目前电汇已不是一种费用高昂的汇款方式。

(二) 信汇

信汇(mail transfer, M/T)是汇出行应汇款人的申请,用邮局传送信函,委托汇入行解付一定金额的款项给收款人的汇款方式。信汇凭证是信汇付款委托书,其内容与电汇委托书内容相同,只是汇出行在信汇委托书上不加注密押,而以负责人签字代替。

信汇结算方式的基本流程如图 4-2 所示,与电汇的基本流程相似,不同之处在于第③步汇出行根据汇款申请书内容以邮递信函的方式向汇入行发出解付指示。

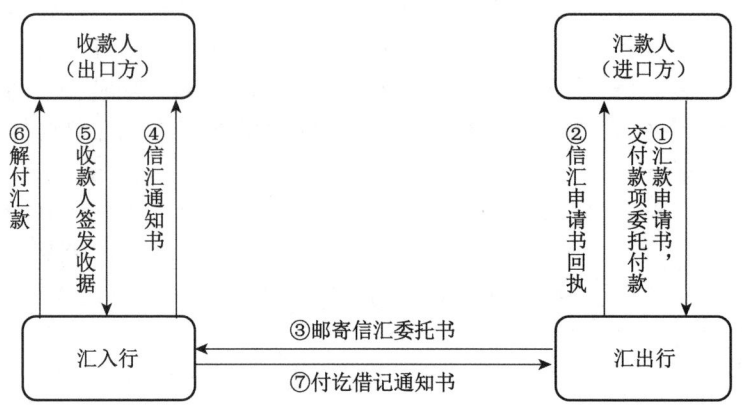

图 4-2 信汇结算方式基本流程

采用信汇方式,由于邮程需要的时间比电汇长,银行有机会利用这笔资金,所以信汇汇率低于电汇汇率,费用较低廉。但收款人收到汇款速度较慢,收款周期长,安全性不强,不利于查询,有可能在邮寄中延误或丢失。在实际业务中,信汇极少使用。

(三) 票汇

票汇(demand draft,D/D)是指汇款人向汇出行购买银行汇票寄给收款人,由收款人据以向汇票上指定的银行收取款项的结算方式。票汇是以银行即期汇票作为结算工具的。

汇票有单张汇票和复张汇票两种。单张汇票为防止遗失,应双挂号,它通常用于数额较小的汇票。复张汇票有正、副两张,如遇汇票迟到或遗失时,可凭副张兑换。因此正、副两张汇票应分别邮寄,它通常用于数额较大的汇票。

票汇结算方式的基本流程如图 4-3 所示,有如下基本步骤:

第①步,交付款项购买银行汇票。汇款人(进口方)根据合同或经济事项向汇出行交付款项,购买银行汇票。

第②步,开立汇票。汇出行根据汇款人申请开立汇票,并将审核无误的银行汇票交付给汇款人。

第③步,邮寄银行汇票。汇款人(进口方)将银行汇票自行邮寄给收款人(出口方)。

第④步,邮寄汇票通知书。汇出行将汇票通知书邮寄给汇入行通知其付款。

第⑤步,凭银行汇票取款。收款人凭银行汇票向汇入行收取汇款。

第⑥步,汇入行解付汇款。汇入行审核银行汇票无误后向收款人解付汇款。

第⑦步,汇入行将付讫借记通知书(debit advice)寄给汇出行。

票汇与电汇、信汇的不同之处在于,票汇的汇入行无须通知收款人取款,而是由汇款人将银行即期汇票及时交给收款人,收款人持票登门取款。汇票结算工具是银行汇票,这种汇票除有限制流通的规定外,经收款人背书,可以转让流通,而电汇、信汇的收款人则不能将收款权转让。

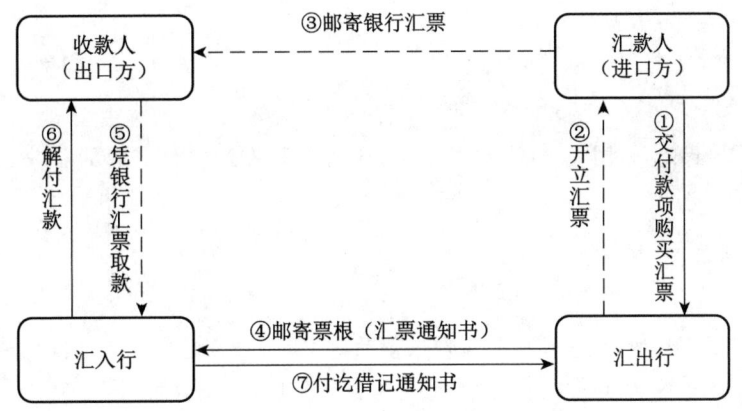

注：图中虚线表示汇票走向。

图 4-3　票汇结算方式基本流程

四、汇付结算方式的特点及适用性

汇付结算方式完全是建立在商业信用基础上的结算方式，交易双方根据合同或经济事项采用预付货款或货到付款的方式。预付货款，进口商有收不到商品的风险。而货到付款，则出口商有收不到货款的风险。由于汇付结算方式的风险较大，这种结算方式只有在进出口双方高度信任的基础上才适用。此外，结算货款尾差、支付佣金、归还垫款、索赔理赔、出售少量样品等也可以采用。

五、汇付结算方式的账务处理

在外贸业务中，进出口双方可以协商采用预付货款方式进行结算，亦可采用货到付款方式进行结算，两种付款方式下进出口双方账务处理有所不同。

（一）进口预付货款的账务处理

若进口方采用预付货款的方式进口商品，在向汇出行提交汇款申请书并交款付费时，凭汇款申请书回执、购买外汇的支票存根、结（售）汇水单，借记"其他货币资金——银行汇票存款"账户，贷记"银行存款"账户，向汇出行支付的相关汇费、邮电费借记"财务费用"账户。当收款人领取汇款后进口方凭汇出行退回的正收条作转销分录，借记"预付账款——预付外汇账款"账户，贷记"其他货币资金——银行汇票存款"账户。当收到商品提单和发票等单证时，借记"在途物资"账户，贷记"预付账款——预付外汇账款"账户。

【例 4-1】 通发公司向美国 A 公司进口 W 电器商品一批，货款 40 000 美元。根据与美国 A 公司签订的合同约定，采用预先汇付的方式结算。

（1）8 月 9 日，到银行办理电汇汇款，手续费 150 元，当日的市场汇率为 1 美元＝6.20 元人民币。收到银行退回的电汇申请书回执单及其他相关单据，编制会计分录如下：

借：其他货币资金——银行汇票存款　　　　　US$ 40 000　　6.20　　248 000
　　财务费用——手续费　　　　　　　　　　　　　　　　　　　　　　　150
　贷：银行存款——美元　　　　　　　　　　　US$ 40 000　　6.20　　248 000
　　　银行存款——人民币　　　　　　　　　　　　　　　　　　　　　　150

(2) 8月11日，美国A公司领取汇款，通发公司收到银行退回的正收条，编制会计分录如下：

借：预付账款——预付外汇账款——A公司　　US$ 40 000　　6.20　　248 000
　贷：其他货币资金——银行汇票存款　　　　US$ 40 000　　6.20　　248 000

(3) 8月18日，收到美国A公司发来商品的发票、商品提单等单证，即金额40 000美元，当日的市场汇率为1美元＝6.10元人民币，编制会计分录如下：

借：在途物资——在途进口物资——W电器　　US$ 40 000　　6.10　　244 000
　　财务费用——汇兑损益　　　　　　　　　　　　　　　　　　　　　4 000
　贷：预付账款——预付外汇账款——A公司　　US$ 40 000　　6.20　　248 000

(二) 进口货到付款的账务处理

若进口方采用货到付款的方式进口商品，在收到商品提单和发票等单证时，借记"在途物资"账户，贷记"应付账款——应付外汇账款"账户。在汇付商品货款时账务处理同办理预付货款相同，凭汇款申请书回执、购买外汇的支票存根、结(售)汇水单，借记"其他货币资金——银行汇票存款"账户，贷记"银行存款"账户，向汇出行支付的相关汇费、邮电费，借记"财务费用"账户。当收款人领取汇款后凭汇出行退回的正收条时，借记"应付账款——应付外汇账款"账户，贷记"其他货币资金——银行汇票存款"账户。

【例4-2】　通发公司向美国A公司进口W电器商品一批，货款30 000美元。根据与美国A公司签订的合同约定，采用货到付款方式结算。

(1) 6月9日，该公司根据美国A公司寄来的商品提单和发票等单据，金额30 000美元，当日的市场汇率为1美元＝6.10元人民币，编制会计分录如下：

借：在途物资——在途进口物资——W电器　　US$ 30 000　　6.10　　183 000
　贷：应付账款——应付外汇账款——A公司　　US$ 30 000　　6.10　　183 000

(2) 6月10日，汇付美国A公司货款30 000美元，手续费150元，当日的市场汇率为1美元＝6.10元人民币。收到银行退回的电汇申请书回执单及其他相关单据，编制会计分录如下：

借：其他货币资金——银行汇票存款　　　　　US$ 30 000　　6.10　　183 000
　　财务费用——手续费　　　　　　　　　　　　　　　　　　　　　　150
　贷：银行存款——美元　　　　　　　　　　　US$ 30 000　　6.10　　183 000
　　　银行存款——人民币　　　　　　　　　　　　　　　　　　　　　150

(3) 6月12日，美国A公司领取汇款，通发公司收到银行退回的正收条，编制会计分录如下：

借：应付账款——应付外汇账款——A公司　　　US＄30 000　　6.10　　183 000
　　贷：其他货币资金——银行汇票存款　　　　　US＄30 000　　6.10　　183 000

（三）出口预收货款账务处理

出口商与进口商签订进出口合同中约定采用预付货款方式结算，出口商在收到货款时，根据信汇的汇入汇款通知书（付款行开出）和信汇的外汇结汇证明（结汇水单或收款通知），借记"银行存款"账户，贷记"预收账款——预收外汇账款"账户。然后在销售发运商品时，再借记"预收账款——预收外汇账款"账户，贷记"主营业务收入——自营出口销售收入"账户。

【例4-3】 通发公司出口Y商品一批，售价5万美元，该批商品成本20万元人民币。根据与美国D公司签订的合同规定，美国D公司采取预付货款的方式，现预付货款已收到存入银行，当日市场汇率为1美元＝6.10元人民币。根据收到的信汇的汇入汇款通知书（付款行开出）和信汇的外汇结汇证明（结汇水单或收款通知），该公司编制会计分录如下：

(1) 收到D公司的预付货款时：

借：银行存款——美元　　　　　　　　　　　US＄50 000　　6.10　　305 000
　　贷：预收账款——预收外汇账款——D公司　US＄50 000　　6.10　　305 000

(2) 将商品发运给D公司时：

借：预收账款——预收外汇账款——D公司　　US＄50 000　　6.10　　305 000
　　贷：主营业务收入——自营出口销售收入——Y商品　　　　　　　　305 000

(3) 结转出口商品成本时：

借：主营业务成本——自营出口销售成本——Y商品　　　　　　　　200 000
　　贷：库存商品——库存出口商品——Y商品　　　　　　　　　　　200 000

当进口商要求采取货到付款方式时，出口商必须先发运商品并寄出商品提单和发票，届时借记"应收账款——应收外汇账款"账户，贷记"主营业务收入——自营出口销售收入"账户。当收到货款时，再冲销应收账款挂账，借记"银行存款"账户，贷记"应收账款——应收外汇账款"账户。

第三节　托　　收

一、托收的概念

托收（collection）是出口方（债权人/收款人）在货物装运后，开具以进口方（债务人）为付款人的汇票（随附或不随附货运单据），委托出口地银行通过它在进口地的分行或代理行代出口人收取货款的一种结算方式。

在外贸业务中，托收一般是出口方先行发货，然后备妥包括运输单据（通常是海运提单)在内的货运单据并开出汇票,把全套跟单汇票交出口地银行(托收行),委托其通过进口地的分行或代理行(代收行)向进口方收取货款。因是收款方主动发起收款,采用的是逆汇法。

托收属于商业信用,银行办理托收业务时,既没有检查货运单据正确与否或是否完整的义务,也没有承担付款人必须付款的责任。托收虽然是通过银行办理,但银行只是作为出口人的受托人行事,并没有承担付款的责任,进口人不付款与银行无关。出口方向进口方收取货款靠的是进口方的商业信用。因此,托收实质上是出口方对进口方进行某种程度的赊销融资。

二、托收结算方式的基本当事人

托收结算方式中一般涉及四个主要当事人,即委托人、付款人、托收行和代收行。

(1) 委托人是委托银行办理托收业务的一方。在国际贸易实务中,出口方开具汇票,委托银行向国外进口方(债务人)收款。

(2) 付款人是银行根据托收指示书的指示提示单据的对象。托收业务中的付款人,即商务合同中的进口方或债务人。

(3) 托收行又称寄单行,是指受委托人的委托办理托收的银行,通常为出口方所在地的银行。

(4) 代收行是指接受托收行委托,向付款人收款的银行,通常是托收行在付款人所在地的联行或代理行。

三、托收结算方式的种类及基本流程

根据托收时是否向银行提交货运单据,可分为光票托收和跟单托收两种。

(一) 光票托收

光票托收(clean collection)是指出口方(收款人/债权人)仅向托收行提交汇票、本票、支票等财务单证,不附带发票、运输单证、物权单证等商业单证,委托其代为收款的一种结算方式。在绝大多数情况下财务单证仅仅是一张汇票,也可能是支票或本票等。光票托收有时是基于贸易交易,有时只是纯粹的金融交易,不涉及商品的转移,从而不附带商业单证。光票托收多用于贸易的从属费用、货款尾数、佣金、小额样品费、索赔、理赔结算和非贸易结算等。

(二) 跟单托收

跟单托收(documentary collection)是指出口方(收款人/债权人)以进口方为付款人开立汇票,并将汇票、发票、提单、保险单等单证一并交给托收行,委托银行向进口方收取货款的一种结算方式。跟单托收有两种情形:①附有商业单证的财务单证的托收;②不附有财务单证的商业单证的托收。值得注意的是,物权单证是必要的商业单证,如海运提单。如果在托收中所附带的除物权单证以外的其他商业单证(如发票、运输单证等),并不属于跟单托收,仍视为光票托收。

跟单托收根据银行放出单证(交单)的条件不同,又可分为付款交单(documents against payment,D/P)和承兑交单(documents against acceptance,D/A)两种。

1. 付款交单

付款交单(D/P)是指出口方的交单以进口方的付款为条件,即出口方将汇票连同货运单据交给银行,委托银行收款时,指示银行只有在进口方付清货款时,才能向其交出货运单据。按支付时间的不同,付款交单又分为即期付款交单(D/P sight)和远期付款交单(D/P after sight or after date)。

(1) 即期付款交单是指出口方开具即期汇票,由代收行向进口方提示,进口方见票后即须付款,货款付清时,进口方取得货运单据。

(2) 远期付款交单是指出口方开具远期汇票,由代收行向进口方提示,经进口方承兑后,于汇票到期日或汇票到期日以前,进口方付款赎单。

远期汇票的付款日期一般有"见票后××天付款""提单日后××天付款"和"出票日后××天付款"三种方法。但在有的国家还有"货到后××天付款"的规定方法。

付款交单(D/P)结算方式的基本流程如图4-4所示,有如下基本步骤:

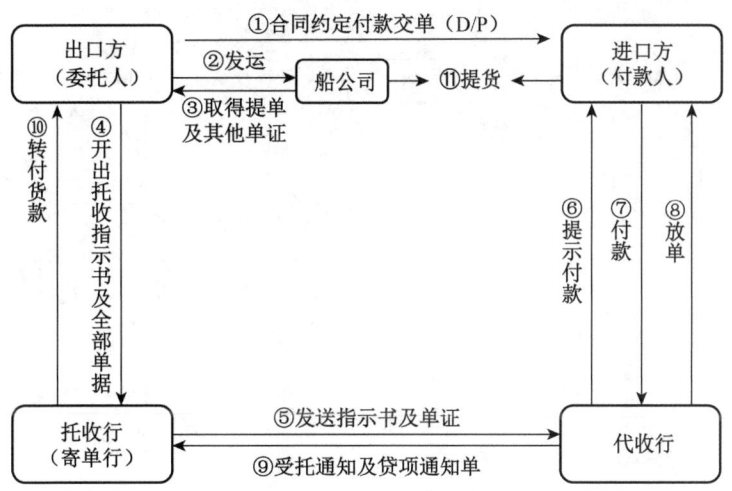

图 4-4　付款交单(D/P)结算方式基本流程

第①步,进出口双方在合同中约定采用付款交单(D/P)方式结算。

第②步,出口方交付货物,发运上船。

第③步,出口方向船公司取得提单及其他单证(包括货运单证如提单,商业单证如运输单证等)。

提单

第④步,出口方向托收行提出办理 D/P 托收的要求,填写托收指示书并交付全部单据。

第⑤步,托收行审核接受托收指示书及全部单据,并将托收指示及全套单据寄送代收行。

运输单证

第⑥步,代收行收到全部单据后将单据向进口方进行提示付款。

第⑦步,进口方向代收行支付款项(即期 D/P 情况),或者进口方审核单据后予以承兑并在到期时付款(远期 D/P 的情况)。

第⑧步,代收行在收到进口方款项后将全部单据交给买方。

托收指示书

第⑨步,代收行向托收行发送受托通知及贷项通知单,并将收到的款项转交给托收行。

第⑩步,托收行向出口方转付货款。

第⑪步,进口方凭物权提单及其他单证向船公司提货。

2. 承兑交单

承兑交单(D/A)是指出口方的交单以进口方在汇票上承兑为条件。即出口方在装运货物后开具远期汇票,连同商业单据,通过银行向进口方提示,进口方承兑汇票后,代收行即将商业单据交给进口方,在汇票到期时,方履行付款义务。进口方只要在汇票上办理承兑之后,即可取得商业单据,凭以提取货物。所谓"承兑"就是汇票付款方(进口方)在代收银行提示远期汇票时,对汇票的认可行为(付款人在汇票上签署批注"承兑"字样及日期),付款方于汇票到期日凭票付款。

承兑交单(D/A)结算方式的基本流程如图4-5所示,有如下基本步骤:

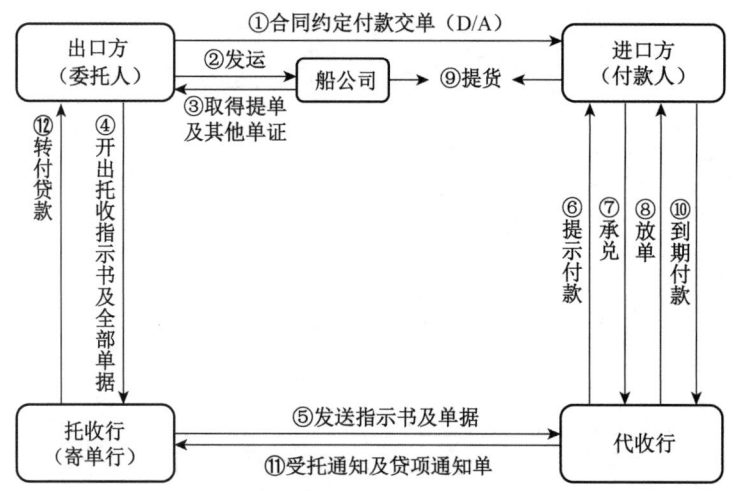

图4-5 承兑交单(D/A)结算方式基本流程

第①步,进出口双方在合同中约定采用承兑交单(D/A)方式结算。

第②步,出口方交付货物,发运上船。

第③步,出口方向船公司取得提单及其他单证(包括货运单证如提单,商业单证如汇票等)。

第④步,出口方向托收行提出办理D/A托收的要求,填写托收指示书并交付全部单据。

第⑤步,托收行审核接受托收指示书及全部单据,并将托收指示及全套单据寄送代收行。

第⑥步,代收行收到全部单据后将单据向进口方进行提示付款。

第⑦步,进口方在所附的远期汇票上签署"承兑",承诺在其后某个日期(通常为30、60天或90天)付款。

第⑧步,代收行凭进口方已签署"承兑"字样的远期汇票向进口方放单。

第⑨步,进口方凭物权提单及其他单证向船公司提货。
第⑩步,进口方按照承兑期限到期付款。
第⑪步,代收行向托收行发送受托通知及贷项通知单,并向托收行转账付款。
第⑫步,托收行向出口方转付货款。

四、托收结算方式的特点

在托收结算方式中,出口方承担的风险与货到付款的汇付相比较小,进口方必须付款或承兑后银行才将代表货物所有权的货运单据交给进口方,特别是在付款交单(D/P)的结算方式下,出口方不至于遭遇钱货两空的风险。此外,托收结算方式手续比较简单,银行费用较低。

托收依然属于商业信用。在托收业务中,银行只按出口方的指示提示进口方付款或承兑,不承担进口方必然付款的义务,出口方能否收回货款取决于进口方的信用。因此,出口方仍然面临着较大的风险,主要表现在:①出口方可能遭遇进口方拒付。一旦商品的价格或计价货币的汇率或进口商的经营状况等发生不利的变化,进口方极有可能要求降价或拒绝付款;②出口方易陷于被动地位。货物生产出来以后,进口方突然单方面撤销买卖合同,造成商品库存;或货物运抵目的港后,进口方迟迟不去银行付款赎单,给出口方造成被动和损失;③托收往往受到进口方国家法律、法规和社会动荡的影响。进口国家改变进口政策,进口商没有领到进口许可证,或是申请不到进口所需的外汇,以致货物运抵进口地而无法进口,不能付款等。

五、托收结算方式的账务处理

(一) 进口方的账务处理

如果进口采购合同采用托收方式结算货款,出口方发货后向银行办理交单,承办银行开出"进口代收单据通知书",将全套单据向进口方提示。此时进口方编制会计分录如下:

借:在途物资——在途进口物资
　　贷:应付账款——应付外汇账款

若采用D/P方式,在付款赎单日编制会计分录如下:

借:应付账款——应付外汇账款
　　贷:银行存款——人民币(或××外币)

若采用D/A方式,在承兑日编制会计分录如下:

借:应付账款——应付外汇账款
　　贷:应付票据——应付外汇票据

远期汇票到期日,凭结汇水单编制会计分录如下:

借:应付票据——应付外汇票据
　　贷:银行存款——人民币(或××外币)

(二) 出口方的账务处理

在托收方式下,出口方发货后向银行办理交单,在交单日出口方确认出口销售收入。发出货物时,编制会计分录如下:

借:发出商品
　　贷:库存商品——库存出口商品

交单日(无论是 D/P 方式,还是 D/A 方式)确认收入并结转成本,编制会计分录如下:

借:应收账款——应收外汇账款
　　贷:主营业务收入——自营出口销售收入

借:主营业务成本——自营出口销售成本
　　贷:发出商品

若采用 D/A 方式,出口方凭银行通知在承兑日,编制会计分录如下:

借:应收票据——应收外汇票据
　　贷:应收账款——应收外汇账款

在 D/P 付款赎单日或 D/A 远期汇票到期日,凭结汇水单编制会计分录如下:

借:银行存款——人民币(或×外币)
　　贷:应收账款——应收外汇账款

或　　应收票据——应收外汇票据

第四节　信　用　证

信用证

一、信用证的概念

在国际贸易活动中,进出口双方可能互不信任,进口方担心预付货款后,出口方不按合同要求发货;出口方也担心在发货或提交货运单据后进口方不付款。因此需要两家银行作为进出口双方的保证人,代为收款交单,以银行信用代替商业信用。银行在这一活动中所使用的工具就是信用证。

信用证(letter of credit,L/C)是指银行(开证行)依照开证申请人(进口方)的要求并按其指示向受益人(出口方)开立的载有一定金额、在一定的期限内凭符合规定的单据付款的书面文件。信用证是银行对出口方作出有条件支付的一个书面承诺,表明银行为进口方承担向出口方支付信用证所规定的金额的责任,条件是出口方能够满足信用证中规定的条件。信用证是国际贸易中最主要、最常用的支付方式。

为明确信用证有关当事人的权利、责任、付款的定义和术语,减少因解释不同而引起各有关当事人之间的争议和纠纷,调和各有关当事人之间的矛盾,国际商会(ICC)于

1930年拟订一套《商业跟单信用证统一惯例》(Uniform Customs and Practice for Commercial Documentary Credits)，并于1933年正式公布。

随着国际贸易不断的发展，国际商会(ICC)在1951年、1962年、1974年、1978年、1983年、1993年进行多次修订，称为《跟单信用证统一惯例》(Uniform Customs and Practice for Documentary Credits)，被各国银行和贸易界所广泛采用，已成为信用证业务的国际惯例，是全世界多数国家和地区的银行自觉遵守的"法律"，是全世界公认的、到目前为止最为成功的一套非官方规定。现行版本是2007年修订本，国际商会第600号出版物，简称《UCP 600》。

二、信用证结算方式的基本当事人

(1) 开证申请人(applicant)是指向银行申请开立信用证的单位，指买方即进口方，在信用证中又称为开证人。

(2) 受益人(beneficiary)是指信用证上所指定的有权使用该证的单位，指卖方即出口方或实际供货人。

(3) 开证行(issuing bank)是指接受开证申请人的申请，开立并签发信用证的银行，它承担第一顺位保证付款的责任。开证行通常在开证申请人的所在地，当前我国开证行必须是"外汇指定银行"。

(4) 付款行(paying bank)是指信用证上指定的在单据相符时付款给受益人的银行，多数情况下，付款行即开证行。

(5) 承兑行(accepting bank)是指开证行在承兑信用证中指定的并授权承兑信用证项下汇票的银行。在远期信用证项下，承兑行可以是开证行本身，也可以是开证行指定的另外一家银行。

(6) 通知行(advising bank)是指在出口方当地的一家联行，该银行受开证行的委托，将信用证转交出口方，并审核认可所通知信用证的真实性，尽其所能提醒或通知受益人注意某些带有不确定性的疑问点，但不承担付款义务。通知行一般为开证行在出口地的代理行或分行。

(7) 保兑行(confirming bank)是指根据开证银行的请求在信用证上加批"保证兑付"的银行。保兑行在信用证上加批"保证兑付"后，即对信用证独立负责，凭单付款。"保兑"意味着其负担第一顺位付款义务，该义务与开证行相同。付款后只能向开证行索偿，若开证行拒付或倒闭，则无权向受益人和议付行追索。保兑银行可由通知行兼任，亦可由其他银行加具保兑。

(8) 议付银行(negotiating bank)是指应受益人的请求，愿意买入或贴现信用证项下票据及单据的银行。议付行根据信用证开证行的付款保证和受益人的请求，按信用证规定对受益人交付的跟单汇票垫款或贴现，并向信用证规定的付款行索偿，又称购票行、押汇行和贴现行。议付后开证行倒闭或借口拒付可向受益人追回垫款。

(9) 偿付行(reimbursing bank)是指受开证行在信用证上的委托，代开证行向议付行或付款行清偿垫款的银行(又称清算行)。偿付行只付款不审单，并且只管偿付不管退款。偿付行不偿付时由开证行偿付。

三、信用证结算方式的种类

(一)按信用证是否附有货运单据划分

(1) 光票信用证(clean credit)是指银行仅凭不附货运单据的光票(clean draft)付款的信用证。

(2) 跟单信用证(documentary credit)是指凭跟单汇票或仅凭单据付款的信用证。所附单据是指代表货物所有权的单据(如海运提单等),或证明货物已交运的单据(如铁路运单、航空运单、邮包收据)。在国际贸易的货款结算中,绝大部分使用跟单信用证。

(二)按开证行所负的责任划分

(1) 不可撤销信用证(irrevocable L/C)是指信用证一经开立,在其有效期内,未经受益人同意,开证行不得单方面修改或撤销所规定的各项条件,只要受益人提供的单据符合信用证规定,开证行必须履行付款义务。

(2) 可撤销信用证(revocable L/C)是指开证行不必征得受益人同意,在议付行议付之前,有权随时修改信用证内容或撤销的信用证。可撤销信用证应在信用证上注明"可撤销"字样。但《UCP 500》规定:只要受益人依信用证条款规定已得到议付、承兑或延期付款保证时,该信用证即不能被撤销或修改。如信用证中未注明是否可撤销,应视为不可撤销信用证。最新的《UCP 600》规定银行不可开立可撤销信用证。

(三)按信用证是否有另一银行加具保证兑付划分

(1) 保兑信用证(confirmed L/C)是指由开证行开立,并由另一银行保证兑付的信用证。对信用证加以保兑的银行,称为保兑行。保兑行在参与保兑的同时与开证行共同承担对符合信用证条款规定的单据履行付款的义务。

(2) 不保兑信用证(unconfirmed L/C)是指开证行开出的信用证没有经另一家银行保兑。

(四)按汇票的支付期限不同划分

(1) 即期信用证(sight L/C)是指开证行或付款行收到符合信用证条款的跟单汇票或装运单据后,立即履行付款义务的信用证。

(2) 远期信用证(usance L/C)是指开证行或付款行收到符合信用证条款的跟单汇票或装运单据后,不立即履行付款义务,在规定期限内履行付款义务的信用证。

(五)按受益人对信用证的权利可否转让划分

(1) 可转让信用证(transferable L/C)是指信用证的受益人(第一受益人)有权指示通知行或议付行,将信用证全部或部分转让给一个或数个受益人(第二受益人)使用的信用证。开证行在信用证中要明确注明"可转让"(transferable),且只能转让一次。

(2) 不可转让信用证(non-transferable L/C)是指受益人不能将信用证的权利转让给他人的信用证。凡信用证中未注明"可转让",即是不可转让信用证。

四、信用证结算方式的特点

(一)信用证与交易合同相互独立

信用证不依附于买卖合同,银行在审单时强调的是信用证与基础贸易相分离的书面形式上的认证。

(二) 开证银行负第一顺位付款责任

信用证与汇款及托收方式不同,是一种银行信用,反映的是银行与出口方之间的关系,是银行的一种担保文件,信用证一旦开出,开证行对出口方就负有第一顺位有条件付款义务。即使开证申请人(进口方)无能力偿付货款,开证行也必须向出口方付款。

(三) 信用证结算方式为纯单据业务

信用证遵循凭单付款原则,即银行只认单证,不以货物为准,只要受益人提供符合信用证条款的跟单汇票或装运单据,开证行就必须无条件地履行付款义务。

五、信用证结算方式的基本流程

信用证(L/C)结算方式的基本流程如图 4-6 所示,有如下基本步骤。

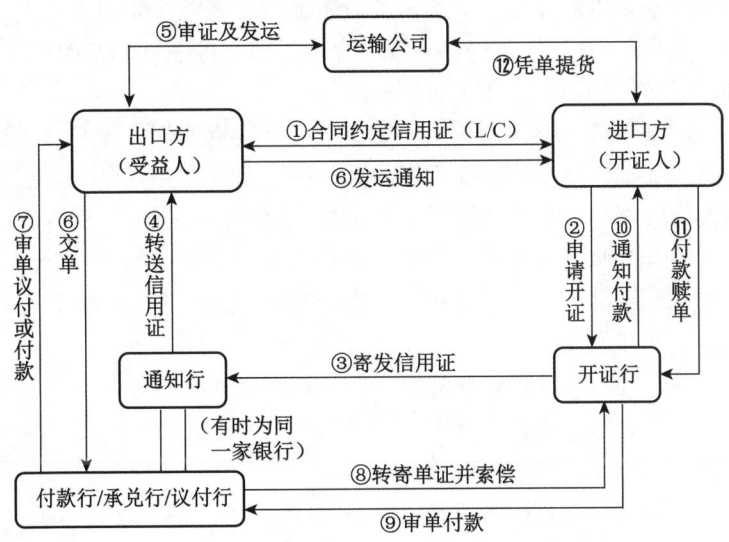

图 4-6 信用证(L/C)结算方式基本流程

第①步,进出口双方在贸易合同中约定采用跟单信用证结算方式。

第②步,开证申请人(进口方)根据合同填写信用证申请书,并交纳保证金或提供其他保证,请开证行开立以出口方为受益人的信用证。

填写开证申请书后,开证申请人与银行便建立起了合同关系,开证申请书中规定了银行与开证申请人双方的权利与义务。例如,开证申请人申明将向银行提供支付货款的资金;同意支付银行的手续费及利息等;申明信用证项下的商品所有权在收到货款前一直留在银行名下;由于邮递延误或翻译错误所引起的损失将由开证申请人承担,等等。

由于开证行对所开立的信用证负有第一顺位付款责任,将面临较大的信用风险,仅凭信用证项下的商品作为担保是不够的,因此,在实践当中开证行会根据开证申请人的信用程度及信用证项下的商品的性质,要求开证申请人存入一笔现金作为保证,通常称为保证金。

第③步,开证行根据申请书内容,向受益人开出信用证并寄交出口方所在地通知行。开证行转发信用证有多种不同的方式,包括信开、电开等方式。电开又可分为全电、简电、电传、传真、银行专用电讯(SWIFT)。全电即将信用证全部内容逐字用电报发出;简电即先以电报发出通知,再邮寄证实书;采用电报或其他电子通信方式时必须附有正式手段,加密押(test key)即全数字密码,用于代替手写签署。

第④步,通知行审核信用证,核对印鉴无误后,将信用证交受益人(出口方)。《UCP 600》规定了通知行的义务,"不承担任何(付款)责任",但"应审核认可它所通知信用证签署(密押)的明显的真实性",通知行需尽可能地提醒或通知受益人信用证中带有的不确定的疑问点,如对于信用证金额的大小和开证行的财务地位是否相符等。通知行按信用证金额 0.1% 左右的通知费作为服务报酬。

第⑤步,受益人(出口方)收到信用证,审核信用证内容与合同规定相符后,按信用证规定装运货物、备妥单据并开出汇票。若信用证存在不能接受的不符点,必须立即要求开证申请人和开证行联系修正以防开证行今后拒付。信用证的修改程序必须与开证相同,并开出一张"修改通知书"作为原证的附件。

第⑥步,出口方向指定银行交单,向进口方发出发货通知。出口方汇集全套单证(包括提单、保险单、发票以及信用证规定的其他商业单证),并开出一张汇票后,立即向银行交单,该银行可能是信用证内指定的付款行、承兑行或议付行。

第⑦步,该银行按照信用证审核单据。如单据符合信用证规定,银行应按信用证规定立即付款、承兑或议付。若发现存在不符点,银行将拒绝偿付并退还信用证及单证,在此情况下,信用证即失效。

保险单

第⑧步,开证行以外的银行向开证行寄送单据并索偿。

第⑨步,开证行审核单据无误后,以事先约定的形式,对已按照信用证付款、承兑或议付的银行进行偿付。

第⑩步,开证行通知开证申请人(进口方)付款赎单。

第⑪步,进口方付款赎单,开证行在进口方付款后交单。

第⑫步,进口方凭单提货。

六、信用证结算方式的账务处理

(一) 进口方的会计处理

进出口双方通过交易磋商,在签订合同时约定采用信用证方式结算,进口方首先应向银行办理信用证开证申请,填制信用证开证申请书,申明其将向银行提供支付货款的资金,同意支付银行的手续费和利息。根据开证申请书及进口合同的金额,填写支取凭条,开立信用证。

(1) 若从外汇结算往来户转入信用证存款专户开立信用证时,编制会计分录如下:

借:其他货币资金——信用证保证金存款
　　贷:银行存款——×外币

(2) 以银行存款支付手续费时,编制会计分录如下:

借：财务费用——手续费
　　贷：银行存款——人民币

(3) 若无现汇账户的，按现行规定不可提前购汇(此时企业无需对外付汇)，要用人民币作信用证保证金，编制会计分录如下：

借：其他货币资金——信用证保证金存款
　　贷：银行存款——人民币

(4) 采用信用证结算方式，根据国际惯例，银行只收取部分开证保证金，故信用证存款户的资金多数不足以付清货款，还需补足差额。付款赎单的账务处理如下：

借：在途物资——在途进口物资
　　贷：其他货币资金——信用证保证金存款
　　　　银行存款——人民币(或××外币)

购汇申请书应作为购汇业务的原始凭证，所购外汇由银行直接对外支付，在企业账上无反映。

【例4-4】 通发公司进口A商品200件，国外进价每件300美元，总值60 000美元。

(1) 1月1日，申请开立信用证，从外汇存款账户按合同价款的40%划出信用证保证金，当日汇率中间价为1美元=6.20元人民币，编制会计分录如下：

借：其他货币资金——信用证保证金存款　　US＄24 000　6.20　148 800
　　贷：银行存款——美元　　　　　　　　　　US＄24 000　6.20　148 800

(2) 以银行存款人民币账户支付手续费1 000元，编制会计分录如下：

借：财务费用——手续费　　　　　　　　　　　　　　　　　　　　1 000
　　贷：银行存款——人民币　　　　　　　　　　　　　　　　　　　　1 000

(3) 1月25日，收到银行转来全套单据，企业审单无异议，补足差额，办妥购汇手续付款赎单。当日汇率中间价为1美元=6.10元人民币，卖出价为1美元=6.15元人民币，编制会计分录如下：

借：在途物资——在途进口物资——A商品(200×US＄300×6.10)　　366 000
　　财务费用——汇兑损益　　　　　　　　　　　　　　　　　　　4 200
　　贷：其他货币资金——信用证保证金存款　US＄24 000　6.20　148 800
　　　　银行存款——人民币(US＄60 000×60%×6.15)　　　　　　221 400

(二) 出口方的会计处理

在信用证结算方式下，出口方作为受益人会收到由通知行转来的进口方开具的信用证原件及信用证通知书，此时出口方无需作账务处理，作备忘记录即可。

出口方发货后，收齐全套单据向付款行或议付行交单，以求尽快获取资金。编制会计分录如下：

借：应收账款——应收外汇账款
　　贷：主营业务收入——自营出口销售收入

银行审单相符后即支付货款。出口方收到的信用证款项若留汇,根据银行进账单作为出口方入账原始凭证,编制会计分录如下:

借:银行存款——××外币
　　贷:应收账款——应收外汇账款
(借或贷)财务费用——汇总损益

若出口方将所得外汇向银行结汇,根据银行开具的"结汇水单"作为出口方入账原始凭证,编制会计分录如下:

借:银行存款——人民币
　　贷:应收账款——应收外汇账款
(借或贷)财务费用——汇兑损益

【例4-5】 通发公司向美国A公司出口G商品一批,货款8万美元,合同约定采用信用证方式结算。

(1)5月1日,该公司在商品发运后,连同全套单证送交银行办妥议付手续,支付议付手续费1 000元人民币,当日的市场汇率为1美元=6.10元人民币。该公司在对该项业务进行会计处理时,逐笔结转法核算汇兑损益,编制会计分录如下:

发运货物,办理交单手续后确认销售收入时:

借:应收账款——应收外汇账款——A公司　　US$80 000　　6.10　　488 000
　　贷:主营业务收入——自营出口销售收入——G商品 US$80 000　6.10　488 000

支付手续费时:

借:财务费用——手续费　　　　　　　　　　　　　　　　　　　1 000
　　贷:银行存款——人民币　　　　　　　　　　　　　　　　　　　　1 000

(2)5月20日,收到货款并留汇,当日市场汇率为1美元=6.08元人民币。

借:银行存款——美元　　　　　　　　　US$80 000　　6.08　　486 400
　　财务费用——汇兑损益　　　　　　　　　　　　　　　　　　1 600
　　贷:应收账款——应收外汇账款——A公司　US$80 000　　6.10　　488 000

课后练习题

班级：_____ 姓名：_____ 学号：_____

一、单项选择题

1. 承兑是（　　）对远期汇票表示承担到期付款责任的行为。
   A. 付款人　　　B. 收款人　　　C. 出口人　　　D. 开证银行

2. 托收和信用证这两种支付方式使用的汇票都是商业汇票，都是通过银行收款的，下列有关表述中正确的是（　　）。
   A. 两者都属于商业信用
   B. 托收是属于银行信用，信用证是属于商业信用
   C. 两者都属于银行信用
   D. 托收是属于商业信用，信用证是属于银行信用

3. 属于顺汇法的支付方式是（　　）。
   A. 汇付　　　B. 托收　　　C. 信用证　　　D. 银行保函

4. （　　）是指接受开证申请人的委托，开立信用证的银行。
   A. 开证银行　　　B. 通知银行　　　C. 议付银行　　　D. 付款银行

5. 信用证和货物买卖合同的关系是（　　）。
   A. 信用证独立于货物买卖合同　　　B. 信用证从属于货物买卖合同
   C. 信用证是货物买卖合同的附件　　　D. 货物买卖合同是信用证的附件

6. （　　）是指凭跟单汇票或单纯凭单据付款、承兑或议付的信用证。
   A. 远期信用证　　　B. 保兑信用证　　　C. 光票信用证　　　D. 跟单信用证

7. 信用证经保兑后，保兑行（　　）。
   A. 只有在开证行没有能力付款时，才承担保证付款的责任
   B. 和开证行一样，承担第一性付款责任
   C. 需和开证行商议决定双方各自的责任
   D. 只有在买方没有能力付款时，才承担保证付款的责任

8. （　　）是指汇出行根据汇款人的申请，通过拍发加押电报或加押电传或环球银行间金融电讯网络（SWIFT）的方式，指示汇入行解付特定款项给指定收款人的汇款方式。
   A. 信汇　　　B. 电汇　　　C. 票汇　　　D. 银行保函

9. 根据《跟单信用证统一惯例》的规定，信用证中承担第一付款人责任的是（　　）。
   A. 通知行　　　B. 议付行　　　C. 开证行　　　D. 进口方

10. （　　）是汇出行根据汇款人的申请，开立的以汇出行的国外代理行为解付行的银行即期汇票，交由汇款人自行邮寄指定收款人或由其自带银行汇票出境，凭票向解付行取款的汇款方式。
    A. 信汇　　　B. 电汇　　　C. 票汇　　　D. 银行保函

11. （　　）是指开证行或付款行收到符合信用证条款的汇票及/或单据，立即履行付款

责任的信用证。
  A. 远期信用证　　B. 保兑信用证　　C. 光票信用证　　D. 即期信用证
12. 在信用证付款方式下,通知银行的职责是(　　)。
  A. 只证明信用证的真实性,并不承担其他义务
  B. 接受申请人委托,开立信用证
  C. 买入跟单汇票并垫付资金
  D. 实际支付货款
13. 国际贸易的货款结算,可以采用多种支付方式。其中,建立在银行信用基础上的方式是(　　)。
  A. 托收　　　　　B. 票汇　　　　　C. 电汇　　　　　D. 信用证

二、多项选择题

1. 下列各项中,属于信用证付款方式所具有特点的有(　　)。
  A. 开证行在进口商不履行付款义务时向受益人付款
  B. 银行信用
  C. 开证行只受信用证的约束而与贸易合同完全无关
  D. 一种纯单据的业务
2. 下列关于信用证与合同关系的表述中,正确的有(　　)。
  A. 信用证的开立以买卖合同为依据
  B. 信用证的履行受买卖合同的约束
  C. 有关银行只根据信用证的规定办理信用证业务
  D. 合同是审核信用证的依据
3. 在各种国际贸易结算方式中,在跟单托收的情况下,按照向进口方交单条件的不同可分为(　　)。
  A. 付款交单　　　B. 承兑交单　　　C. 信汇托收　　　D. 电汇托收
4. 下列关于可转让信用证的说明中,正确的有(　　)。
  A. 该证的受益人可将该证一次转让给多人使用
  B. 可转让信用证的受益人可将该证多次转让
  C. 可转让信用证只能由指定的银行转让
  D. 信用证应注明"可转让",该证方可转让

三、判断题

1. 汇付(remittance)又称汇款,是国际贸易支付方式之一,也是最简单的国际货款结算方式。　　　　　　　　　　　　　　　　　　　　　　　　　　　　(　　)
2. 信用证是一种银行开立的无条件承诺付款的书面文件。　　　　　　(　　)
3. 信用证是银行应进口商的申请向出口商开出保证付款的凭证。因此,进口商承担第一付款人的责任。　　　　　　　　　　　　　　　　　　　　　　(　　)
4. 逆汇(reverse remittance)又称出票法,是指债权人委托本国银行,通过签发汇票等形式,主动向国外债务人索汇的另一类汇兑业务。　　　　　　　　　(　　)
5. 根据现行《跟单信用证统一惯例》规定,凡信用证上未注明可否转让字样,即可视为可转让信用证。　　　　　　　　　　　　　　　　　　　　　　　(　　)

第五章 出口业务核算

学习目标

1. 了解出口贸易的基本含义和种类;
2. 了解外贸企业从事出口业务的过程中在国内收购相关出口商品的基本收购方式和收购程序;
3. 了解出口商品存储及加工相关业务;
4. 熟悉自营出口、代理出口相关业务的账户设置;
5. 掌握出口商品收购时正常收购业务和特殊收购业务的账务处理;
6. 掌握出口商品存储及加工业务的核算;
7. 掌握自营出口业务的款项结算及国外销售的核算方法;
8. 掌握代理出口业务的款项结算及国外销售的核算方法;
9. 能够根据具体出口业务进行账户设置并进行相关业务的账务处理。

思政课堂

"新三样"领跑外贸出口

2023年第一季度,中国外贸出口逐月向好,实现良好开局。其中,有外贸"新三样"之称的电动载人汽车、锂电池、太阳能电池表现亮眼,第一季度合计出口增长66.9%,同比增量超过1 000亿元,拉高了出口整体增速2个百分点。服装、家具、家电,通常被称作外贸"老三样"。如今,在"老三样"稳扎稳打的同时,"新三样"异军突起,成为中国外贸提质升级的生动注脚。

"新三样"中,新能源汽车出口增速领先。第一季度,电动载人汽车出口647.5亿元,增长了122.3%,占中国汽车出口的比重提升5.1个百分点,达到43.9%。锂电池出口同样火热。在国外电动汽车和储能市场需求旺盛等多重因素的推动下,第一季度中国锂电池出口1 097.9亿元,增速达到94.3%。太阳能电池已成为中国外贸出口的一张新名片。正在举办的第133届广交会上,各家太阳能电池企业无不收获满满,迎来一批批欧洲、北美等地的采购商。第一季度中国太阳能电池出口突破900亿元,增长23.6%。

"新三样"的亮眼表现并非始于2023年。2022年第一季度,中国太阳能电池、锂电池、汽车出口就实现了高增长,增速分别达到100.8%、53.7%和83.4%。"新三样"在

2022年全年的出口领跑整个外贸,全年电动汽车出口增长了131.8%,以太阳能电池为主的光伏产品增长了67.8%,锂电池增长了86.7%。"作为增长新动能,'新三样'产品体现了中国出口质的有效提升和量的合理增长,也为全球绿色低碳转型作出了中国的积极贡献。"海关总署新闻发言人、统计分析司司长吕大良表示。

"新三样"为何能风靡全球？中国机电产品进出口商会新闻发言人高士旺分析,"新三样"都是机电产品,出口保持高增速主要基于三方面原因:产业变化带来的市场机遇,中国完备的产业链和供应能力,以及相关政策的促进作用。随着全球环保意识以及对可持续发展重视程度的不断提高,新能源产业逐渐成为全球热点。近年来,中国政府大力推动新能源产业发展,新能源汽车、锂电池和太阳能电池等产品逐渐在国内外市场崭露头角。同时,中国持续扩大开放的政策也为"新三样"出口的高速增长奠定了基础。

打铁还需自身硬,"新三样"出口旺的背后是中国相关产业的综合实力不断提高。中国消费者对新能源汽车的接受度越来越高,中国新能源汽车市场需求不断增长,吸引越来越多的企业投身这一领域。在激烈的市场竞争和高额研发投入下,电动载人汽车的关键技术不断进步、取得突破,成本持续降低、更有竞争力。同时,中国拥有完备的产业链供应链体系,能够满足"新三样"生产所需的各种原材料和零部件,推动这三类产业快速上规模、上水平。

资料来源:节选自《"新三样"领跑外贸出口》(《人民网-人民日报海外版》2023年05月02日),作者徐佩玉。

> **思考与讨论:**
> 1. 国家发展出口贸易的重要意义是什么？
> 2. 一笔完整的出口业务包括哪些主要程序？

案例导入

我国境内某商贸有限公司20×0年1月成立后,其营业执照上的经营范围是家用电器批发及零售。20×3年1月公司进行业务拓展后,增加了家用电器出口业务。20×3年5月该公司以CIF价格条件与新加坡一客户签订了第一份家用电器出口销售合同。该批出口的家用电器是从本地某家电制造企业收购的,采用提货制交接商品。增值税专用发票上注明:L型洗衣机500台,单价为4 000元,共计2 000 000元;增值税税率为13%,增值税额为260 000元;价税合计2 260 000元。500台L型洗衣机已全部验收入库,货款以转账支票支付。小李是该公司的主办会计,要对此项经济业务进行会计处理。

> **思考与讨论:**
> 1. 出口商品的购进与内销商品的购进是否在会计处理上存在差异？
> 2. 小李对于该笔出口商品国内收购业务进行会计处理时应设置哪些会计账户？

第一节　出口业务概述

一、出口业务的含义

出口业务是指外贸企业组织本国生产或加工的商品在国际市场上销售,取得外汇的业务。从国外输入国内的商品,未在本国消费,又未经本国加工而再次输出国外,称为复出口或再输出。

二、出口业务的种类

出口业务按其性质的不同,可分为自营出口业务、代理出口业务和加工补偿出口业务等。

(一) 自营出口业务

自营出口是指外贸企业自己经营出口贸易,并自负出口贸易盈亏的业务。企业在取得出口销售收入、享受出口退税的同时,要承担出口商品的进价成本,以及与出口贸易业务有关的一切国内外费用、佣金支出,并且还要对索赔、理赔、罚款等事项加以处理。

(二) 代理出口业务

代理出口业务是外贸企业的中介服务业务,而不是主体购销行为,是指外贸企业代理国内委托方办理对外洽谈、签约、托运、交单和结汇等全过程的出口贸易业务,或者仅代理对外销售、交单和结汇的出口贸易业务。代理企业仅收取一定比例的手续费。

(三) 加工补偿出口业务

加工补偿出口业务也称"三来一补"业务,即来料加工、来件装配、来样生产和补偿贸易业务。三来业务是指外商提供一定的原材料、零部件、元器件,必要时提供某些设备,由我方按对方的要求进行加工或装配成产品交给对方销售,我方收取外汇加工费的业务。补偿贸易业务是指由外商提供生产技术、设备和必要的材料,由我方生产,然后用生产的产品分期归还外商的业务。

第二节　出口商品收购业务

一、出口商品收购业务概述

出口商品收购是指外贸企业根据国际市场的相关信息,为了出口、内销或加工后出口而取得国产商品所有权的交易行为。出口商品收购主要从外贸企业以外的工业、农业、商业企业等处收购。

为出口而收购的商品从内容上说,主要包括两个方面,即工业产品和农业产品。如果从产业上说就是第一产业和第二产业提供的商品。所以,收购的商品既有家用电器、家具用具、纺织产品、日用百货,也有粮食、肉食、水果和蔬菜等。只要国际有需求,国内有货源的商品均属出口收购的范畴。

(一)出口商品收购的方式

出口商品的收购按照收购方式不同,可分为直接收购和间接收购两种。

直接收购是指外贸企业直接向工矿企业、农场及有关单位直接签订购销合同或协议收购出口产品。它适用于收购大宗工矿产品、农副产品和土特产品。

间接收购也称委托代购,是指外贸企业通过商业企业等收购出口商品,并支付一定手续费的形式。比如收购农副产品、工矿产品,因其货源分散、数量零星,不利于外贸企业直接收购,因此采取间接收购的方式。

(二)出口商品购进的交接方式

外贸企业对收购进来的工矿产品和农副土特产品,要实行严格的交接、验收和结算货款等手续。出口商品购进通过合同约定交接的方式,以便明确责任、缩短购进的时间、确保购进商品的质量。出口商品收购的交接方式通常有送货制、提货制、发货制和就地代管四种。

(1)送货制是由供货单位将商品直接送到收购单位仓库或指定地点交货,由外贸企业验收入库的一种方式。这是本地直接收购采取的主要方式。

(2)提货制是由收购单位直接到供货单位的仓库或指定地点提取并验收商品的一种方式。这也是本地采购使用的方式。

(3)发货制是由供货单位根据购销合同规定的发货日期、品种、规格和数量等条件,将商品发运到购货单位所在地车站、码头或指定地点,交货并验收的一种方式。发货制适用于异地采购。

(4)就地代管是指外贸企业委托供货厂商代为保管商品,到时凭保管凭证办理商品交接的一种方式。就地代管一般也适用于异地采购。

(三)出口商品收购的程序

外贸出口商品购进的业务程序主要有签订购销合同、验收出口商品和支付商品货款。

1. 签订购销合同

外贸企业出口商品收购计划落实后,可按合同法有关规定,及时与供货企业签订购销合同,明确规定商品的名称、规格、型号、商标、等级和质量标准;商品的数量、计量单位、单价和金额;商品的交货日期、方式、地点、运输和结算方式,以及费用的负担、违约责任和索赔条件等,以明确购销双方的权利和义务。

2. 验收出口商品

外贸企业对收购的出口商品,应按照购销合同的规定内容,进行严格的检查验收和入库。在验收的时候,应区别以下情况作不同处理:有的可由收购单位直接验收,如技术性不复杂的商品,收购单位只要对其品种、数量、质量、规格、等级、包装等检验其是否与合同或协议的有关规定相符即可。但是对技术性复杂的商品,如机器设备、仪器、化工产品等,外贸企业可以要求供货单位出具检验证明书,证明供货企业负责保证商品的质量,这时收购企业一般只要验收商品的数量和包装即可。对于应由商品检验部门检验的出口商品,应取得商品检验部门的合格证明书,并对商品的数量和包装进行点验和检查。

3. 结算货款

在办理完出口商品交接验收后,购销双方应及时进行货款结算,以加速购销双方的资金周转和经济核算。收购出口商品的货款结算,应遵循起运托收、单货同行、钱货两清的原则,不得相互拖欠。外贸企业除了经批准发放的农副产品预购定金,以及定购大型机器设备、船舶、特殊专用材料、设备可以预付定金或货款外,同城商品采购主要采用支票结算,外贸企业在收到商品后,就应支付货款;异地商品采购主要采用托收承付结算方式,外贸企业应根据合同的规定,验单或验货合格后立即付款,以维护购销双方的权益。如果有不符合出口规格和质量的商品,应拒绝收购和付款。如已凭托收结算凭证付款的,应及时予以追回。

二、出口商品收购业务的核算

(一) 账户设置

外贸企业在进行出口商品收购业务的会计核算时,应设置以下主要账户。

1. "在途物资"账户

"在途物资"账户专门用来核算企业购入商品的采购成本。该账户的借方记录购入商品的采购成本;贷方记录结转库存商品的采购成本;余额在借方,反映企业在途商品的采购成本。企业应按"在途进口物资"和"在途出口物资"进行明细核算。

2. "库存商品"账户

"库存商品"账户核算企业存放自库、寄存外库、委托其他单位代管代销的商品,以及陈列展览的商品等。它反映企业出口商品的储存和增减变动情况。借方登记已取得商品所有权并已验收入库的商品的实际成本;贷方登记已发出销售等出库商品结转的实际成本;余额在借方,表示期末库存商品的实际成本。

本账户应按外贸企业的特点分别设置"库存出口商品""库存进口商品"和"库存内销商品"三个二级明细账户,并按商品的种类、名称、规格和存放地点等分设三级明细账户,进行明细核算。

3. "应交税费——应交增值税(进项税额)"账户

"应交税费——应交增值税(进项税额)"账户用来核算企业购入货物或接受应税劳务而支付的,准予从销项税额中抵扣的增值税税额。企业购入货物或接受应税劳务支付的进项税额,以蓝字记入借方;退回所购货物应冲销的进项税额,以红字记入借方。

(二) 采购成本的构成

出口商品的采购成本,按以下两种情况分别确定:

(1) 国内购进的出口商品,除直接收购或委托代购的农副产品外,一律以进货原价(即增值税专用发票上记载的应计入采购成本的价格)作为采购成本。

(2) 企业直接收购或委托代购的农副产品,以收购原价加收购税金作为采购成本。

必须注意,购进商品所发生的进货费用,包括购进商品过程中发生的运输费、装卸费、保险费,以及购进出口商品到达交货地车站、码头以前支付的各项费用和手续费,金额较大的应当计入存货采购成本,也可以先进行归集,期末根据所购商品的存销情况进行分摊。金额较小的应在发生时直接计入当期损益。

(三) 入账时间

出口商品的购进,由于结算凭证和商品到达企业的时间不一致,可能会出现以下三种情况,在会计核算上应采用不同的方法。

1. 结算凭证和商品同时到达

这种情况属于收料和付款同时进行的业务,一般在当地采购业务中较为常见。当材料验收入库并办理好付款手续后,根据有关入库的原始凭证和结算凭证,确定商品采购成本,借记"库存商品"账户,根据取得的增值税专用发票上注明的税额,借记"应交税费——应交增值税(进项税额)"账户,按照实际支付的款项或应付票据面值,贷记"银行存款""应付票据"等账户。

2. 结算凭证先到,商品后到

外贸企业应根据发票账单等结算凭证,借记"在途物资""应交税费——应交增值税(进项税额)"账户,贷记"银行存款""应付票据"等账户;待材料到达、验收入库后,再根据材料入库单,借记"库存商品"账户,贷记"在途物资"账户。

3. 商品先到,结算凭证后到

这种情况仍以收到结算凭证的时间作为商品购进的入账时间。这类业务发生在月中,可暂不作账务处理,等到相关凭证到达后,再根据材料和结算凭证同时到达的情况作账务处理。如果到月末,相关的结算凭证仍然未到达,为了尽可能全面而准确地反映存货及负债情况,企业应按照合同价格或者类似商品的市场价格等暂估入账,但不暂估增值税。暂估时,借记"库存商品"账户,贷记"应付账款"账户,下月初用红字填制同样的记账凭证予以冲回,以便结算凭证到达时按正常程序进行账务处理。

三、出口商品收购业务的账务处理

外贸企业采购出口商品,按地域不同,可以分为本地购进和外地购进。按商品交接方式可以分为送货制、提货制等。会计核算上应视不同的商品交接方式、凭证流转方式和货款的支付时间等具体情况进行相关的账务处理。

(一) 本地收购的核算

本地收购一般采用送货制和提货制交接商品,通常是结算凭证和商品同时到达。

1. 送货制

送货制是本地收购的主要形式,其货款结算,一般采用支票结算方式,门市采购可以支付小额现金。在送货制方式下,外贸企业进货人员在审查供货单位签发的销货发票无误后,即填制商品进仓通知单并交给供货单位,通知其将商品送到指定的仓库。仓库验收后,在进仓通知单上加盖"收货讫"戳记,据以办理货款结算。

【例 5-1】 福州通发进出口贸易公司从本市的服装厂购进服装 1 000 套用于出口,每套价格 50 元,共计 50 000 元,增值税 6 500 元,业务部门根据供货单位的专用发票填制收货单。

财会部门根据业务部门转来的专用发票(发票联)和业务部门自行填制的"进仓单"

(结算联),审核无误后,签发转账支票支付货款。作会计处理如下:

借:库存商品——库存出口商品——服装　　　　　　　　　　　　　　50 000
　　应交税费——应交增值税(进项税额)　　　　　　　　　　　　　　 6 500
　　贷:银行存款——人民币　　　　　　　　　　　　　　　　　　　　56 500

2. 提货制

在采用提货制方式下,外贸企业进货人员对供货单位开给的提货单和销售发票审核无误后,即可办理货款结算手续。同时,由业务部门填制商品进仓通知单,连同提货单交储运部门办理提货进仓手续。财会部门根据进仓单和供货单位发票及结算凭证等,进行会计处理。

【例5-2】 福州通发进出口贸易公司从本市的服装厂购进服装1 000套用于出口,每套价格50元,共计50 000元,增值税6 500元,储运部门组织办理提货,企业以货币资金付讫。作会计处理如下:

借:在途物资——在途出口商品——服装　　　　　　　　　　　　　　50 000
　　应交税费——应交增值税(进项税额)　　　　　　　　　　　　　　 6 500
　　贷:银行存款——人民币　　　　　　　　　　　　　　　　　　　　56 500

商品验收进仓后,作会计处理如下:

借:库存商品——库存出口商品——服装　　　　　　　　　　　　　　50 000
　　贷:在途物资——在途出口商品——服装　　　　　　　　　　　　　50 000

值得注意的是,提货制方式下,外贸企业提货与支付货款一般有一段时间的间隔,通常支付货款在先,提货在后。如果是付款在后,则付款时,先通过"应付账款"账户进行过渡性核算,实际支付款项时,借记"应付账款"账户,贷记"银行存款"账户。

(二) 外地收购的核算

外贸企业从外地购进出口商品,一般采用发货制交接方式,由供货单位或调出单位按照合同或协议规定,将商品委托运输部门发运到外贸企业所在地车站或码头办理交接。货款结算一般采用异地托收承付或委托银行收款等结算方式。由于手续存在时间差,应分以下两种情况。

1. 单到货未到的账务处理

在托收凭证先到,商品后到的情况下,外贸企业在接到开户银行转来的托收凭证后,企业应对在途的商品所有权予以确认,先通过"在途物资"账户核算,等商品运达并验收入库后,再结转到"库存商品——库存出口商品"账户上。

【例5-3】 福州通发进出口贸易公司从晋江的服装厂购进服装1 000套用于出口,每套价格50元,共计50 000元,增值税6 500元,采用托收承付结算方式。

银行转来晋江服装厂托收凭证,并附专用发票(发票联),经审核无误,当即承付。作会计处理如下:

借:在途物资——在途出口商品——服装　　　　　　　　　　　　　　50 000
　　应交税费——应交增值税(进项税额)　　　　　　　　　　　　　　 6 500
　　贷:银行存款——人民币　　　　　　　　　　　　　　　　　　　　56 500

货物到达交货地点,验收无误后,财务部门根据进仓单与"在途物资"账户进行账核,作会计分录如下:

借:库存商品——库存出口商品——服装　　　　　　　　　　　　50 000
　　贷:在途物资——在途出口商品——服装　　　　　　　　　　　　50 000

2. 货到单未到的账务处理

在商品先到,托收凭证后到的情况下,外贸企业根据运输部门的到货通知单,先由储运部门提货验收进仓,财会部门一般不作会计处理,待收到有关结算凭证并支付货款时再作有关的会计处理。如果月末仍未收到结算凭证,则按暂估价入账,下月初用红字冲回。

【例5-4】 福州通发进出口贸易公司在3月24日从晋江的服装厂购进服装1 000套用于出口,每套价格50元,共计50 000元,增值税6 500元,货已运到公司。结算凭证于4月10日收到并通过开户银行付款,共计56 500元,增值税税率为13%。相关的会计处理如下:

3月24日暂不做账务处理。

3月31日,按暂估价50 000元入账:

借:库存商品——库存出口商品——服装　　　　　　　　(暂估价)50 000
　　贷:应付账款　　　　　　　　　　　　　　　　　　　(暂估价)50 000

4月初,用红字冲回原暂估价部分:

借:库存商品——库存出口商品——服装　　　　　　　　(暂估价)50 000
　　贷:应付账款　　　　　　　　　　　　　　　　　　　(暂估价)50 000

4月10日,收到开户银行转来托收凭证,并支付货款时:

借:库存商品——库存出口商品——服装　　　　　　　　　　　　50 000
　　应交税费——应交增值税(进项税额)　　　　　　　　　　　　 6 500
　　贷:银行存款——人民币　　　　　　　　　　　　　　　　　　56 500

四、出口商品收购中其他业务的核算

(一)购进商品发生溢余或短缺的处理

外贸企业在收购商品过程中,由于各种自然或人为原因,可能会造成商品的毁损以及溢余和短缺的情况。外贸企业除了按实收数量验收入库并将溢缺部分记入"待处理财产损溢——待处理流动资产损溢"账户外,必须查明原因,及时处理。

如果是商品溢余,属于自然升溢的,应冲减"销售费用"处理。属于供货方多发商品,应退还给供货方,或由购货方补付货款。如果是商品短缺,属于在运输过程中发生件数短少或商品损坏,应向承运部门索赔;属供货单位的问题,则向供货单位索赔;属于自然损耗,在定额范围之内的部分,直接作为"销售费用",超定额部分,按规定权限报批后才能转作"销售费用";如果购进商品发生的损失为非正常损失(即因管理不善造成货物被盗窃、发生霉烂变质等损失),作为"营业外支出",其购进时的进项税额不能从销项税额中抵扣,而应列入"应交税费——应交增值税(进项税额转出)"账户的贷方。

企业购进材料发生短缺或溢余,如属运输途中的正常损耗和溢余,应计入商品的采购成本。届时相应调整商品的单位成本。

1. 商品到达,发现溢余的处理

【例5-5】 上海食品进出口贸易公司向吉林长兴公司购进蘑菇2 000千克,每千克50元,合计货款100 000元,增值税13 000元,采用托收承付结算方式。

(1)财务部门接到银行转来的托收凭证及附来的专用发票(发票联)和运杂费凭证,经审核无误后,立即承付,并作会计分录如下:

借:在途物资——在途出口物资——蘑菇　　　　　　　　　　　100 000
　　应交税费——应交增值税(进项税额)　　　　　　　　　　　 13 000
　贷:银行存款——人民币　　　　　　　　　　　　　　　　　 113 000

(2)商品到达后,验收时实收2 031千克,溢余31千克。

借:库存商品——库存出口商品——蘑菇　　　　　　　　　　　101 550
　贷:在途物资——在途出口物资——蘑菇　　　　　　　　　　 100 000
　　待处理财产损溢——待处理流动资产损溢　　　　　　　　　　 1 550

(3)经查明,溢余的蘑菇中,有30千克是对方多发商品,已补来专用发票,开列货款1 500元,增值税240元,现作商品购进,其余1千克系自然升溢,作会计分录如下:

借:待处理财产损溢——待处理流动资产损溢　　　　　　　　　　 1 550
　贷:在途物资——在途出口物资　　　　　　　　　　　　　　　 1 500
　　销售费用——商品溢余　　　　　　　　　　　　　　　　　　　　50

(4)从银行汇付吉林长兴公司30千克蘑菇的货款1 500元及增值税240元,作会计分录如下:

借:在途物资——在途出口物资——蘑菇　　　　　　　　　　　　 1 500
　　应交税费——应交增值税(进项税额)　　　　　　　　　　　　　 240
　贷:银行存款——人民币　　　　　　　　　　　　　　　　　　 1 740

若退回30千克多发的商品,其余1千克系自然升溢。

借:待处理财产损溢——待处理流动资产损溢　　　　　　　　　　 1 550
　贷:库存商品——库存出口商品——蘑菇　　　　　　　　　　　 1 500
　　销售费用——商品溢余　　　　　　　　　　　　　　　　　　　　50

2. 商品到达,发现短缺的处理

【例5-6】 上海食品进出口公司向吉林长兴公司购进香菇5 000千克,每千克30元,共计货款150 000元,增值税19 500元,采用托收承付结算方式。

(1)接到银行转来的托收凭证及附来的专用发票(发票联)、运杂费凭证,经审核无误后,予以承付,应作会计分录如下:

借：在途物资——在途出口物资——香菇　　　　　　　　　　　　　150 000
　　应交税费——应交增值税(进项税额)　　　　　　　　　　　　 19 500
　　贷：银行存款——人民币　　　　　　　　　　　　　　　　　　　169 500

(2) 商品到达后,储运部门验收时,实收 4 938 千克,发现短缺 62 千克,共计 1 860 元,填制"商品购进短缺溢余报告单"。

借：库存商品——库存出口商品——香菇　　　　　　　　　　　　 148 140
　　贷：在途物资——在途出口物资——香菇　　　　　　　　　　　　　148 140

借：待处理财产损溢——待处理流动资产损溢　　　　　　　　　　 1 860
　　贷：在途物资——在途出口物资——香菇　　　　　　　　　　　　　 1 860

(3) 经联系后,查明短缺的香菇中,有 60 千克是对方少发商品,已开来退货的红字专用发票,应退货款 1 800 元,增值税 234 元。应作会计分录如下：

借：应收账款——吉林长兴公司　　　　　　　　　　　　　　　　 2 034
　　应交税费——应交增值税(进项税额)　　　　　　　　　　　　　　　234
　　贷：待处理财产损溢——待处理流动资产损溢　　　　　　　　　　 1 800

若 60 千克香菇的短缺是供货方少发商品造成的,经与对方联系,供货方补发香菇,并已入库。

借：库存商品——库存出口商品——香菇　　　　　　　　　　　　 1 800
　　贷：待处理财产损溢——待处理流动资产损溢　　　　　　　　　　 1 800

(4) 今查明其余 2 千克短缺的香菇是自然损耗,经批准予以转账,作分录如下：

借：销售费用——商品损耗　　　　　　　　　　　　　　　　　　　60.00
　　贷：待处理财产损溢——待处理流动资产损溢　　　　　　　　　　 60.00

(二)收购商品退、补价处理

由于供货单位疏忽,发生单价开错,价格计算错误,外贸企业购进的商品需要调整商品货款,因此就发生了商品退、补价的核算。在发生商品退、补差价时,一般由供货单位开具发票(退价填制红字发票,补价填制蓝字发票),加盖退价或补价的戳记送外贸购货企业,经业务部门核对无误后,转财会部门办理收款或付款手续。如果退、补价的商品已有一部分销售出去,应按这部分商品的退、补价调整销售成本。

1. 购进商品退价的会计处理

购进商品退价是指原先结算货款的进价高于实际进价,应由供货单位将高于实际进价的差额退还给外贸企业。购货单位财会部门根据接到供货单位送来的红字退价发票和退回多收货款进行账务处理。

【例5-7】 福州通发进出口贸易公司购进商品一批,暂定价为 35 000 元,增值税税率13%。以后该商品价格核定为 32 000 元,应由供货单位退回货款 3 000 元及进项税额 390 元,购货单位收到退款时,作会计分录如下：

借：银行存款——人民币 3 390
　　应交税费——应交增值税(进项税额) 390
　　贷：库存商品——库存出口商品 3 000

假如上述按核定价计算的购进商品 32 000 元中有 16 000 元已经出售，销售成本已经结转，则退价时应冲减这部分商品的销售成本，作会计分录如下：

借：库存商品——库存出口商品 1 500
　　贷：主营业务成本——自营出口销售成本 1 500

2. 购进商品补价的会计处理

购进商品补价是指原先结算货款的进价低于实际进价，应由外贸企业将低于实际进价的差额补付给供货单位。企业财会部门收到供货企业送来的调整发票经审核同意后，应立即汇出补价货款给供货单位。

【例 5-8】 福州通发进出口贸易公司购进商品一批，暂定价为 45 000 元，增值税税率 13%。以后该商品价格核定为 50 000 元，应由购货单位补价 5 000 元及相应增值税 650 元，应作会计分录如下：

借：库存商品——库存出口商品 5 000
　　应交税费——应交增值税(进项税额) 650
　　贷：银行存款——人民币 5 650

如果上述应补价的商品 45 000 元中有 36 000 元已经出售，则应追加其销售成本 4 000 元。

借：主营业务成本——自营出口销售成本 4 000
　　贷：库存商品——库存出口商品 4 000

(三) 拒付货款和拒收商品的处理

拒付货款和拒收商品的情况一般发生在采用委托收款和托收承付结算方式下，外贸企业在接收供货单位发来的商品时，如果发现商品不符合合同或协议规定的品种、规格、花色、质量、数量和价格时，可以拒收商品和拒付货款。

外贸企业在收购商品时，在单到货未到的情况下，如果发现银行转来的托收凭证，与合同约定不相符时，可以在承付期内填制拒付理由书，拒绝承付部分或全部货款。但不得无理拒付，或因部分差错而全部拒付。在账务处理上，若拒付全部货款时，应将全套托收凭证和单据及拒付理由书，在承付期内退回银行，不作账务处理。以后商品到达，作代管商品处理。若拒付部分货款时，即只对不符合合同约定的商品拒付货款，在办理部分拒付手续的同时，应办理部分承付的手续。以后商品到达，对部分拒付货款的商品，应作代管商品处理。

【例 5-9】 福州通发进出口贸易公司购进商品 4 500 元，其中发现有 500 元商品与合同规定不符而拒绝承付，另外 4 000 元同意承付。根据 4 000 元同意承付的发票，应作会计分录如下：

借：在途物资——在途出口物资　　　　　　　　　　　　　　　　4 000
　　应交税费——应交增值税(进项税额)　　　　　　　　　　　　520
　　贷：银行存款——人民币　　　　　　　　　　　　　　　　　　　4 520

外贸企业收购商品,在货到单未到的情况下,外贸企业对供货单位发来的商品发现有与规定不符的,可以拒绝接受,但应负责保管。企业对已承付的货款及运杂费由"在途物资"账户转入"应收账款"账户或暂不作处理。如果到年末纠纷仍未解决,应将此笔交易由"在途物资"账户转入"应收账款"账户。待到供货方退回货款时,借记"银行存款"账户,贷记"应收账款"账户。

【例 5-10】 福州通发进出口贸易公司从外地购进出口商品一批,计价 20 000 元,增值税税率 13%,根据银行转来的托收凭证,承付货款时,财会部门作会计分录如下：

借：在途物资——在途出口物资　　　　　　　　　　　　　　　　20 000
　　应交税费——应交增值税(进项税额)　　　　　　　　　　　　2 600
　　贷：银行存款——人民币　　　　　　　　　　　　　　　　　　　22 600

商品到达经清点验收,发现商品型号不符合合同规定,当即予以拒收。原已支付款项暂转入"应收账款"账户,其会计分录如下：

借：应收账款——×供货单位　　　　　　　　　　　　　　　　　22 600
　　应交税费——应交增值税(进项税额)　　　　　　　　　　　　2 600
　　贷：在途物资——在途出口物资　　　　　　　　　　　　　　　20 000

供货单位收回拒收商品,并汇来拒收商品货款及费用时：

借：银行存款——人民币　　　　　　　　　　　　　　　　　　　　22 600
　　贷：应收账款——×供货单位　　　　　　　　　　　　　　　　　22 600

(四) 购进商品退回和调换的处理

外贸企业在购进出口商品时,应该严格组织验收入库。但是,商品到货一般数量较多,或是原装包装,并附有装箱单、商品检验合格证等,不可能逐一拆包检验。只能是抽查检验和清点数量即收入仓库。如果事后发现商品的品种、规格、型号、质量等与合同规定不符,应该迅速与供货单位协商解决。供货单位同意退货时,直接减少企业的库存商品,然后由供货单位退回货款或调换合格商品。究竟采用哪种方式,由双方协商确定。

【例 5-11】 福州通发进出口贸易公司购进商品 20 000 元,增值税税率 13%,款已付。经拆包检验,发现其质量不符合合同规定,当即退回给供货单位。应作会计分录如下：

借：应收账款——×供货单位　　　　　　　　　　　　　　　　　22 600
　　应交税费——应交增值税(进项税额)　　　　　　　　　　　　2 600
　　贷：在途物资——在途出口物资　　　　　　　　　　　　　　　20 000

供货单位收回商品,退来货款时:

借:银行存款——人民币 22 600
　　贷:应收账款——×供货单位 22 600

如果与供货单位协商不退还货款,而是调换为合格商品:

借:库存商品——库存出口商品 20 000
　　贷:在途物资——在途出口物资 20 000

(五) 购货折扣和购货折让

外贸企业赊购商品,当出现以付款日期为条件而发生购货折扣时,应采用总价法。总价法是以商品的发票价格作为其买价入账,当企业取得购货折扣时,再冲减当期的财务费用。

外贸企业在发生购货折让时,应以商品的买价扣除购货折让后的净额入账,而且增值税税额与货款同步,享有购货折让。

第三节　出口商品存储及加工业务

一、出口商品挑选整理和加工业务概述

(一) 出口商品挑选整理

出口商品挑选整理是外贸企业对所购进的出口商品按一定的标准进行分类、分级,以提高出口商品档次和出口创汇水平的一种工业性活动。

(二) 出口商品加工业务

出口商品加工业务是指将一种商品或原材料按一定的标准加工成另一种商品的工业性活动。外贸企业的出口商品加工可以分为作价加工、委托加工和自营加工三种。其中:

作价加工是指外贸企业和加工生产企业按购销关系签订合同,并将需加工的商品或材料按既定价格转让给加工企业,然后再将成品购回的加工方式。如果是出口销售,出口退税按照成品(采购发票)进行退税。

委托加工是指外贸企业和加工生产企业按委托加工关系签订合同,由委托方提供原料和主要材料,受托方只代垫部分辅助材料,按照委托方的要求加工货物,委托方于加工完毕收回成品和余料,并支付加工费和相关费用的一种加工方式。对于由受托方提供原材料生产的产品,或者受托方先将原材料卖给委托方,然后再接受加工的产品,以及由受托方以委托方名义购进原材料生产的产品,不论在财务上是否作销售处理,都不得作为委托加工产品,而应当按照销售自制产品征收增值税。

自营加工是指外贸企业将需加工的商品或材料交由本企业所属的非独立核算的加工生产车间进行加工改制成另一种商品的生产活动。

二、出口商品挑选整理和加工业务的核算

(一) 挑选整理的核算

1. 出口商品挑选整理的要求

商品挑选整理作为库存商品内部移库处理,但需在"库存商品"总分类账户下设明细账户进行核算。挑选整理商品发生等级、规格、数量变化时,按挑选整理后的等级、数量调整商品单价,但不改变原有进货总值。挑选整理后发生的商品溢余或损耗,应计入挑选整理商品的成本,即按新等级数量调整单价,不作商品的溢余和短缺处理。入库后挑选整理过程中发生的挑选整理费用,不计入挑选整理商品的成本,而将其记入"销售费用——整理费"账户。

2. 挑选整理业务的会计处理

【例5-12】 福州通发进出口贸易公司拨出3 000千克红枣进行挑选整理,每千克单价15元,计价45 000元。经过挑选后实收一级红枣2 630千克,支付挑选整理费用800元。该公司在进行会计处理时,编制会计分录如下:

(1) 拨出挑选整理时:

借:库存商品——红枣——挑选整理　　　　　　　　　　　45 000
　　贷:库存商品——红枣　　　　　　　　　　　　　　　　　　　45 000

(2) 整理完毕入库,其中370千克为杂质:

借:库存商品——库存出口商品——一级红枣　　　　　　45 000
　　贷:库存商品——红枣——挑选整理　　　　　　　　　　　　45 000

(3) 若整理完毕入库,假定370千克仍可按每千克2元出售:

借:库存商品——库存出口商品——一级红枣　　　　　　44 260
　　　　　　　　　　　　　　——残次红枣　　　　　　　　 740
　　贷:库存商品——红枣——挑选整理　　　　　　　　　　　　45 000

(4) 支付挑选整理费用时:

借:销售费用——挑选整理费　　　　　　　　　　　　　　　800
　　贷:库存现金　　　　　　　　　　　　　　　　　　　　　　　　800

(二) 加工业务的核算

1. 出口商品加工业务的要求

作价加工发出商品取得的收入,通过"其他业务收入"账户核算,结转其对应的成本时记入"其他业务成本"账户。收回加工产品要按采购业务进行账务处理。

委托加工要按合同约定支付加工费用和承担增值税进项税额。如果委托加工物资是应纳消费税的商品,外贸企业应将加工企业代扣代缴的消费税税额计入委托加工的应税消费品成本中。

自营加工时外贸企业将商品或材料交由所属的加工车间,通过"生产成本"账户核算。加工完毕后将实际发生的费用全额转入"库存商品"账户。

2. 出口加工业务的会计处理

【例 5-13】 通发进出口贸易公司与本市果汁加工厂签订作价加工合同,按约定将 5 000 千克鲜玉米加工成玉米汁,鲜玉米每千克 4 元,共计 20 000 元,并将全部果汁以 24 000 元购回用于出口。该鲜玉米进价每千克 3 元,增值税税率 13%,现鲜玉米已运抵加工厂。该公司在进行会计处理时,编制会计分录如下:

(1) 发售鲜玉米并收取款项时:

借:银行存款——人民币 23 200
 贷:其他业务收入 20 000
  应交税费——应交增值税(销项税额) 3 200

(2) 结转发售鲜玉米的成本时:

借:其他业务成本 15 000
 贷:库存商品——鲜玉米 15 000

(3) 收到购回单据并付款时:

借:在途物资——在途出口物资——玉米汁 24 000
 应交税费——应交增值税(进项税额) 3 120
 贷:银行存款——人民币 27 120

(4) 收到玉米汁入库时:

借:库存商品——库存出口商品——玉米汁 24 000
 贷:在途物资——在途出口物资——玉米汁 24 000

【例 5-14】 通发进出口贸易公司与本市某果汁加工厂签订委托加工合同,按约定将 5 000 千克鲜玉米运抵果汁厂,该鲜玉米进价每千克 3 元。用银行存款支付加工费 3 000 元,增值税税率 13%。该公司在进行会计处理时,编制会计分录如下:

(1) 发出委托加工玉米粒时:

借:委托加工物资——玉米汁 15 000
 贷:库存商品——鲜玉米 15 000

(2) 支付运费和加工费时:

借:委托加工物资——玉米汁 3 000
 应交税费——应交增值税(进项税额) 390
 贷:银行存款——人民币 3 390

(3) 收回罐头入库时:

借:库存商品——库存出口商品——玉米汁 18 000
 贷:委托加工物资——玉米汁 18 000

【例 5-15】 通发进出口贸易公司本月将 15 000 元鲜玉米拨付所属果汁加工厂加工成玉米汁。发生生产工人工资 3 000 元,以现金 1 000 元支付其他费用。当月生产加工完成,玉米汁全部验收入库。该公司在进行会计处理时编制会计分录如下:

(1) 发出加工的鲜玉米时：

借：生产成本——玉米汁　　　　　　　　　　　　　　　　　15 000
　　贷：原材料——鲜玉米　　　　　　　　　　　　　　　　　　　15 000

(2) 确认应付工资时：

借：生产成本——玉米汁　　　　　　　　　　　　　　　　　3 000
　　贷：应付职工薪酬——工资　　　　　　　　　　　　　　　　　3 000

(3) 支付其他费用时：

借：生产成本——玉米汁　　　　　　　　　　　　　　　　　1 000
　　贷：库存现金　　　　　　　　　　　　　　　　　　　　　　　1 000

(4) 加工的玉米汁入库时：

借：库存商品——库存出口商品——玉米汁　　　　　　　　　19 000
　　贷：生产成本——玉米汁　　　　　　　　　　　　　　　　　　19 000

第四节　自营出口销售业务

一、自营出口销售程序

一般贸易的出口商品包括直接出口、转口出口、托售出口、进料加工复出口以及样展品的出口，这些都属于自营出口。

自营出口销售的业务程序有出口前的准备工作、出口事宜的磋商、签订出口贸易合同和履行出口贸易合同四个业务程序。

1. 出口前的准备工作

外贸企业为了使出口贸易得以顺利进行，应进行调查研究，充分了解国外市场的情况，包括了解进口商所在国的自然条件、进出口贸易的规模、外贸政策、贸易管制状况、关税措施、贸易惯例、运输条件等；了解进口商或消费者对我国出口商品在品质、规格、包装等方面的反映和意见，研究国外市场的供求关系和市场价格的变化情况；了解进口商的资信情况、经营范围和经营能力等。

2. 出口事宜的磋商

在确定出口贸易对象后应进行磋商。一笔交易的磋商过程通常分为询盘、发盘、还盘与反还盘、接受四个环节。

(1) 询盘又称询价，是指交易的一方要购买或出售某种商品，而向另一方发出探询买卖该种商品有关交易条件的一种表示。其内容通常包括商品的品种、规格、性能、价格条件、交货日期和付款条件等。

(2) 发盘又称报价，是指发盘人向受盘人提出一定的交易条件，并愿意按照这些条件成交订约的表示。

（3）还盘又称还价，是指受盘人对发盘内容提出不同意见，或要求修改某些条件的表示；反还盘是指发盘人对还盘人再提出新的意见。一笔交易往往要经过多次的还盘和反还盘的过程才能成立。

（4）接受是指受盘人在发盘的有效期内无条件地同意发盘中所提出的交易条件，愿意订立贸易合同的一种表示。

3. 签订出口贸易合同

外贸企业与进口商在磋商成功的基础上签订贸易合同。贸易合同是指贸易双方通过磋商就某一项具体业务确定各方权利和义务，并取得意见一致的书面协议。贸易合同通常由出口商填制，经双方核对无误并签字后，各执正本1份，据以执行。

4. 履行出口贸易合同

外贸企业履行出口贸易合同可分以下五个环节。

（1）组织出口货源。外贸企业应根据贸易合同或信用证的规定准备好出口商品。出口商品的品种、质量、数量、包装及交货期等都必须与合同相符，以免遭受买方的拒收或索赔。需要由商检局检验的商品，则应申请检验，以取得由商检局填发的商检证书。

（2）催证、审证及通知派船或租船。外贸企业如未按时收到信用证，应及时催证，并对收到的信用证进行审查，如发现存在问题，应及时通知对方修改。审查或修改无误后，根据合同规定通知对方派船接运或租船托运。

（3）办理托运手续。外贸企业接到进口商派船通知后，应持全套出口单据办理托运手续，并向海关申报出口。海关放行后，出口商品才能装船出运。

（4）交单收汇。外贸企业办妥出口商品装运手续，取得正本提单或运单后，应当立即持全套出口单证交银行审单收汇，同时应向进口商发出装船通知。

报关相关凭证

（5）索赔与理赔。如进口商未按合同规定履约，从而造成经济损失的，外贸企业应向进口商提出索赔；反之，如进口商验收商品，发现有违反合同规定而提出索赔的，应根据其提供的合法证明，按照合同的条款，认真处理。如属供货单位责任的，外贸企业应与供货单位联系，予以解决；如不属供货单位责任范围，或不符合合同规定的索赔，应据理拒绝理赔。

二、自营出口销售核算

（一）自营出口销售收入的确认条件

（1）企业已将商品所有权的主要风险和报酬转移给购货方。风险主要是指商品由于贬值、损坏、报废等所造成的损失。报酬是指商品中包含的未来的经济利益，包括商品因升值等给企业带来的经济利益。当一项商品发生的任何损失均不需要本企业承担，带来的经济利益也不归本企业所有，则意味着该商品所有权上的风险和报酬已转移出该企业。

（2）企业既没有保留通常与所有权相联系的继续管理权，也没有对已售出商品实施控制。企业将商品所有权上的主要风险和报酬转移给买方后，如仍然保留通常与所有权相联系的继续管理权,或仍然对售出的商品实施控制,则此项销售不能成立,不能确认相应的销售收入。

(3)与交易相关的经济利益能够流入企业。经济利益是指直接或间接流入企业的现金或现金等价物。在销售商品的交易中,与交易相关的经济利益即为销售商品的价款。销售商品的价款能否有把握收回,是收入确认的一个重要条件,企业在销售商品时,如估计价款收回的可能性不大,即使收入确认的其他条件均已满足,也不应确认收入。

(4)相关的收入和成本能够可靠地计量。收入能否可靠地计量是确认收入的基本前提。企业在销售商品时,售价通常已经确定。但在销售过程中由于某种不确定因素,也有可能出现售价变动的情况,则在新的售价未确定前不应确认收入。根据收入和费用配比原则,与同一项销售有关的收入和成本应在同一会计期间内予以确认。因此,即使在其他条件均已满足的情况下,若成本不能可靠地计量,则相关的收入也不能确认。例如,订货销售,企业已收到买方全部或部分货款,但库存无现货,对收到的价款仅能确认其为一项负债。

外贸企业出口销售业务在出口商品办妥装运手续,取得正本提单或运单,并持全套出口单证向银行交单办理结汇手续时已符合了以上四项原则的,应予以确认销售收入。

(二)自营出口销售收入的计量原则

外贸企业自营出口实现的销售商品收入应按实际收到的或应收到的价款入账,在一般的贸易情况下应遵循以下原则:

(1)有合同协议的情况下,按合同协议金额确定。

(2)无合同协议的情况下,按购销双方都同意或都能接受的价格确定。

(3)不考虑各种预计发生的现金折扣和销售折让。

根据以上原则,外贸企业出口销售收入的确认应按其成交价格来入账。自营出口贸易有船上交货价格(FOB)、成本加运费、保险费价格(CIF)和成本加运费价格(CFR)等多种价格条件。由于出口销售价格条款的特殊性,我国为了规范销售收入的记账口径,外贸企业不论以什么价格条件成交,均以船上交货价格(FOB)扣除佣金后计价,如以CIF价格或CFR价格成交的,要将所支付的海外运输费、保险费及其佣金(及外汇支付的银行手续费)冲减出口销售收入,以调整成FOB价入账。

三、自营出口销售的账户设置

在对自营出口销售进行会计处理时,需要设置如下账户。

1."主营业务收入——自营出口销售收入"账户

"主营业务收入——自营出口销售收入"账户属于损益类账户,核算企业以自营方式出口商品的销售收入。贷方记录企业实现的销售收入和以外汇支付的红字冲减收入的数额;借方记录发生销货退回冲减收入数;期末将余额转入"本年利润"账户。本账户应按照商品类别或品种设置明细账。

2."主营业务成本——自营出口销售成本"账户

"主营业务成本——自营出口销售成本"账户属于损益类账户,核算企业自营出口商品的销售成本。借方记录结转出口商品的成本;贷方记录销货退回而转回的成本及取得的退税收入;期末将余额转入"本年利润"账户。本账户应按商品类别或品种设置明细账。

3. "应收账款——应收外汇账款"账户

"应收账款——应收外汇账款"账户属于资产类账户,核算企业因销售商品、提供劳务等业务,应向国外客户收取的外汇款项,还包括以外币结算的利息、进口佣金、进口索赔等其他应收外汇账款。该账户采用复币记录,并应按不同的购货单位及接受劳务的单位设置明细账。

4. "应付账款——应付外汇账款"账户

"应付账款——应付外汇账款"账户属于负债类账户,核算企业因购买商品、材料物资和接受劳务供应等而应付给国外客户的进口货款,还包括出口理赔款、出口佣金和运杂费等款项。本账户也采用复币记录,并应按不同客户名称设置明细账。

5. "发出商品"账户

"发出商品"账户属于资产类账户,核算企业所有运往港口、车站、码头等候装船、装车的出口商品及从仓库发出尚未向银行交单结汇的出口商品。借方记录待运和发出商品的数额;贷方记录取得装运提单、向银行办妥交单结汇和开单结算后结转出口成本、办理退库等的数额。如果等待装运的时间不长,可以不设该账户,在办理交单时直接冲减"库存商品——库存出口商品"账户。

四、自营出口销售业务的会计处理

(一)货物托运及出口

1. 货物托运

外贸企业出口销售通常采用信用证结算,业务部门根据贸易合同和信用证的规定,开具出库单一式数联,并连同外销发票、装箱单及其他出口单证交由储运部门据以向运输单位办理托运,然后将出库单记账联和转账联转给财会部门,财会部门根据出库单记账联,借记"发出商品"账户,贷记"库存商品"账户。

货物托运相关单据

【例5-16】 通发进出口贸易公司根据贸易合同对美国出口红枣20吨,成本单价每吨7 500元,合计人民币150 000元(不含增值税),采用信用证结算方式。10月5日,公司业务部门根据出口合同开出商品出库单,由储运部门据以向运输单位办理托运,然后将出库单记账联和转账联转给财会部门。根据收到的出库单,作会计分录如下:

借:发出商品——红枣　　　　　　　　　　　　　　　　150 000
　　贷:库存商品——库存出口商品——红枣　　　　　　　　　150 000

2. 出口交单

业务部门将出口商品装船,取得全套货运单据,持出口发票正本向银行交单办理收汇手续,取得银行回单,财会部门取得业务部门转来的发票副本及银行回单时,据以借记"应收账款——应收外汇账款"账户;贷记"主营业务收入——自营出口销售收入"账户。然后将储运部门转来的出库单转账联所列商品的品名、规格、数量与发票副本核对相符后,据以结转商品销售成本,届时借记"主营业务成本——自营出口销售成本"账户;贷记"发出商品"账户。

【例 5-17】 承[例 5-16],10 月 10 日,财会部门收到业务部门转来销售红枣的发票副本和银行回单,发票开列红枣 20 吨,每吨 1 500 美元 CIF 价格,共计货款 30 000 美元,当日美元汇率的中间价为 6.68 元。作会计分录如下:

借:应收账款——应收外汇账款	US$30 000	6.68	200 400
贷:主营业务收入——自营出口销售收入——红枣(US$30 000×6.68)			200 400

同时根据出库单转账联结转出口红枣销售成本,作会计分录如下:

借:主营业务成本——自营出口销售成本　　　　　　　　　　　　150 000
　　贷:发出商品——红枣　　　　　　　　　　　　　　　　　　　150 000

3. 收到银行返还货款

外贸企业将出口商品从仓库发出,交通运输部门装运,取得装运提单后向银行交单,实现商品销售。当银行在收到出口企业全套出口单证经审核无误后,即按不同结算方式向境外银行办理结算手续。银行在收妥外汇后转入公司账户,企业应借记"银行存款——×外币"账户;贷记"应收账款——应收外汇账款"账户。如系结汇,应借记"银行存款——人民币"账户,产生汇兑损益,记入"财务费用——汇兑损益"账户,银行结汇时发生的手续费或其他费用,出口企业应记入"财务费用"账户。

【例 5-18】 10 月 20 日,收到银行收汇通知,30 000 美元已收汇。银行扣除 100 美元手续费后将其余部分存入外汇存款账户,当日美元汇率的中间价为 6.67 元。逐笔结转法核算汇兑损益,作会计分录如下:

借:银行存款——美元	US$29 900	6.67	199 433
财务费用——手续费(US$100×6.67)			667
财务费用——汇兑损益			300
贷:应收账款——应收外汇账款	US$30 000	6.68	200 400

(二) 支付国内费用

国内费用一般包括商品出仓后的国内运费及外运公司的定额费用和劳务费,以人民币支付,作为销售费用处理。

【例 5-19】 通发进出口贸易公司签发转账支票支付福州运输公司将红枣运送至福州港的运杂费 6 000 元,并电汇支付福州港红枣的装船费 1 500 元,不考虑相关税费,作会计分录如下:

借:销售费用——运杂费　　　　　　　　　　　　　　　　　　6 000
　　　　　——装卸费　　　　　　　　　　　　　　　　　　1 500
　　贷:银行存款——人民币　　　　　　　　　　　　　　　　　7 500

(三) 支付国外费用

国外费用主要有运费、保险费和国外佣金三项。

1. 支付国外运输费的核算

外贸企业出口贸易有多种不同的价格条件,不同的价格条件所负担的费用是不同的。若以 FOB 价成交,外贸企业就不用承担国外运费和保险费;若以 CFR 价成交,外贸企业只承担国外运费;若以 CIF 成交,外贸企业将承担国外运费和保险费。

国外运费是指国际贸易价格条件所规定的、应由出口商支付并负担的、从装运港到目的港的运输费用。外贸公司收到运输单位送来的运费凭证,应核对出口发票号码、计费重量、运输等级、运费金额等内容,审核无误后,据以支付运费。财会部门根据银行国内外汇转账结算凭证、银行付款通知及费用原始凭证进行账务处理。

【例 5-20】 通发进出口贸易公司出口销售给美国某公司红枣 20 吨,发生国外运费和保险费。10 月 15 日,收到外轮运输公司发票 1 张,金额 2 500 美元,系 20 吨红枣的运费,当即从外币账户汇付对方,当日美元汇率的中间价为 6.68 元。作分录如下:

借:主营业务收入——自营出口销售收入——运费(US$2 500×6.68)　　16 700
　　贷:银行存款——美元　　　　　　　　　　US$2 500　　6.68　　16 700

2. 支付保险费的核算

凡按包括保险费在内的价格条款成交的,根据合同规定应投保的险别向保险公司投保,财会部门应根据银行付款凭证及费用原始凭证作会计处理。

【例 5-21】 10 月 5 日,按红枣销售发票金额 30 000 美元的 110% 向保险公司投保,保费率为 2‰,签发转账支票从外币账户支付,当日美元汇率的中间价为 6.67 元。作分录如下:

保险费 = 30 000 × 110% × 2‰ = 66(美元)

借:主营业务收入——自营出口销售收入——保险费(US$66×6.67)　　440.22
　　贷:银行存款——美元　　　　　　　　　　US$66　　6.67　　440.22

3. 支付国外佣金的核算

佣金是指价格条件或合同规定应支付给中间商的推销报酬。佣金有明佣、暗佣和累计佣金三种支付方式。

(1) 明佣又称发票内佣金,是指在买卖合同、信用证或发票等相关单证上公开表明的金额,通常是在合同价格条件中规定,并在出口发票中列明的佣金。在单证中,通常表示在贸易术语后面,如"CIF C5% HONGKONG"。这里"C"就是 Commission,即佣金。

明佣的交易应按扣除佣金后的净额收汇。明佣由国外客户在支付出口货款时直接扣除,因而出口企业不需另付。但在出口销售收入的核算中,应单独反映,在反映销售收入的同时,将明佣作冲减销售收入处理。届时根据银行回单和销售发票中的销售净额,借记"应收账款——应收外汇账款"账户,根据佣金金额,借记"主营业务收入——自营出口销售收入"账户,根据销售金额(全额),贷记"主营业务收入——自营出口销售收入"账户。

【例 5-22】 假设[例 5-17]中,采取明佣支付方式,佣金率 3%。作分录如下:

借：应收账款——应收外汇账款(US＄29 100×6.68)　　　　　　　　194 388
　　主营业务收入——自营出口销售收入——红枣(佣金)(US＄900×6.68)　6 012
　贷：主营业务收入——自营出口销售收入——红枣(US＄30 000×6.68)　200 400

（2）暗佣又称发票外佣金，是指价格条件中没有规定佣金，在出口销货发票上只列销货总额，但在合同中规定的佣金。故暗佣是对真正买主保密，由卖方（出口商）暗中支付给中间商的费用。它的数额一般不在发票等相关单据上显示。等到卖方货款收妥之后，另行支付给中间商。

外贸企业在向银行办理交单收汇时，应根据发票中列明的销售金额收取货款，届时根据银行回单和销售发票，借记"应收账款——应收外汇账款"账户，贷记"主营业务收入——自营出口销售收入"账户。同时根据贸易合同中列明的佣金金额，借记"主营业务收入——自营出口销售收入"账户，贷记"应付账款——应付外汇账款"账户。待到货汇付佣金时，借记"应付账款——应付外汇账款"账户，贷记"银行存款"账户。

【例5-23】 通发进出口贸易公司向美国公司出口20吨红枣，共计货款30 000美元，采取暗佣支付方式，佣金率为3%。

（1）10月5日，根据出口红枣3%的佣金率，将应付账款暗佣入账，当日美元汇率的中间价为6.68元。作分录如下：

借：主营业务收入——自营出口销售收入——佣金(US＄900×6.68)　　6 012
　贷：应付账款——应付外汇账款　　　　　　　　US＄900　6.68　6 012

（2）货款已于15日收到，现将红枣佣金汇付美国公司，当日美元汇率的中间价为6.67元。作分录如下：

借：应付账款——应付外汇账款　　　　　　　　US＄900　6.68　6 012
　贷：银行存款——美元　　　　　　　　　　　 US＄900　6.67　6 003
　　　财务费用——汇兑损益　　　　　　　　　　　　　　　　　　　9

此外，暗佣也可以在出口后向银行议付信用证时，由银行按规定的佣金率，将佣金在结汇款中扣除。届时按销售净额，借记"银行存款"账户，按扣除的佣金金额，借记"应付账款——应付外汇账款"账户，按销售金额，贷记"应收账款——应收外汇账款"账户。

（3）累计佣金是为了促使代理商更多地推销货物，在代理协议中约定，根据一定时期内累计的销售金额，按累计的佣金率汇总支付佣金，即销售额越大，佣金率越高，以奖励代理商扩大销售。如果销售中有折扣，应扣减折扣后再计算佣金。如发票上加列利息等其他费用，也应扣减后再计算佣金。累计佣金倘若能直接认定到具体出口商品的，其核算方法与其他佣金一样，应冲减"主营业务收入——自营出口销售收入"账户；倘若不易认定到具体出口商品的，则应列入"销售费用"账户。

4. 预估国外费用的核算

外贸企业出口贸易业务销售收入确认的时间与支付国外运费、保险费和佣金的时间往往不一致。为了符合权责发生制的记账基础及配比的理念，正确核算出口当期的损益，应当在每季度结算或年度决算时，对已确认了出口销售收入，但该销售收入相对应的尚未支付的境外运输费、保险费，以及应付的佣金等尚未确认时，应分别预估入账。

届时借记"主营业务收入——自营出口销售收入"账户,贷记"应付账款——应付外汇账款"账户。待下期期初实际支付时,再借记"应付账款——应付外汇账款"账户,贷记"银行存款"账户。如果实际支付金额与预估金额有差异时,其差额列入"主营业务收入——自营出口销售收入"账户。

【例 5-24】 通发进出口贸易公司日前销售给美国公司红枣一批,已入账。

(1) 10 月 31 日,预估红枣国外运费 1 800 美元,保险费 125 美元,当日美元汇率的中间价为 6.68 元。作分录如下:

借:主营业务收入——自营出口销售收入——运费(US$1 800×6.68)　　　　12 024
　　　　　　　　　　　　　　　　　　——保险费(US$125×6.68)　　　　　　835
　贷:应付账款——应付外汇账款　　　　　　　US$1 925　　6.68　　12 859

(2) 次月 3 日,签发转账支票支付运输公司国外运费 1 825 美元,支付保险公司保险费 125 美元,当日美元汇率的中间价为 6.68 元。作分录如下:

借:应付账款——应付外汇账款　　　　　　　US$1 925　　6.68　　12 859
　主营业务收入——自营出口销售收入——运费(US$25×6.68)　　　　　　167
　贷:银行存款——美元　　　　　　　　　　US$1 950　　6.68　　13 026

五、自营出口销售其他业务的核算

(一) 出口销售退回

出口商品销售后,因故遭到国外退货时,由业务部门及时分别与储运部门和财会部门联系,确定退回商品的运输和货款的处理意见。

财会部门根据出口商品的提单及原发票复印件等凭证冲转出口销售收入,届时应区别情况进行核算。

如果是支付明佣方式的销货退回,应根据销售金额,借记"自营出口销售收入——货款"账户,根据佣金金额,贷记"自营出口销售收入——佣金"账户,根据销售净额,贷记"应收外汇账款"账户。

如果是支付暗佣方式的销货退回,则应根据销售金额,借记"自营出口销售收入——货款"账户,贷记"应收外汇账款"账户。并根据佣金金额,借记"应付外汇账款"账户,贷记"自营出口销售收入——佣金"账户。

外贸企业在冲减出口销售收入的同时,还应冲减出口销售成本。届时按其成本金额,借记"发出商品——国外退货"账户,贷记"自营出口销售成本"账户。待销售退回商品验收入库时,根据收货单,再借记"库存商品——库存出口商品"账户,贷记"发出商品——国外退货"账户。

销货退回商品出口时支付的国外运费、保险费以及国内支付的运杂费和装卸费等也应予以冲转。届时根据支付的国内外费用总额,借记"待处理财产损溢"账户,根据支付的国外费用,贷记"自营出口销售收入"账户,根据支付的国内费用,贷记"销售费用"账户。

销货退回商品发生的国内外费用,应借记"待处理财产损溢"账户,贷记"银行存款"账户。

这样"待处理财产损溢"账户归集了销货退回商品发生的所有国内外费用。查明原因后,如果属于供货单位的责任,并决定由其负责赔偿时,应转入"其他应收款"账户;如属于外贸企业责任,表明是企业管理不善所造成的,经批准后,应转入"管理费用"账户。

【例5-25】 通发进出口贸易公司出口日本神户公司服装一批,销售金额55 000美元CIF价格,明佣1 500美元,该批服装的进价成本为375 000元人民币,已支付国内运杂费1 200元人民币,装卸费450元人民币,国外运费1 200美元,保险费110美元,记账美元汇率为1美元=6.65元人民币。因服装的规格不符,商品已被退回。

(1)4月6日,收到出口退回商品提单、原发票复印件,当日美元汇率的中间价为6.65元,冲转商品销售收入。作分录如下:

借:主营业务收入——自营出口销售收入——货款(US$55 000×6.65)　　　365 750
　　贷:主营业务收入——自营出口销售收入——佣金(US$1 500×6.65)　　　9 975
　　　　应收账款——应收外汇账款　　　　　US$53 500　　6.65　　355 775

(2)同时冲减出口销售成本。作分录如下:

借:发出商品——国外退货　　　　　　　　　　　　　　　　　　　　375 000
　　贷:主营业务成本——自营出口销售成本　　　　　　　　　　　　　　375 000

(3)并冲减商品出口时发生的国内外费用。作分录如下:

借:待处理财产损溢——待处理流动资产损溢　　　　　　　　　　　10 361.50
　　贷:主营业务收入——自营出口销售收入——运费(US$1 200×6.65)　　7 980.00
　　　　　　　　　　　　　　　　　　　　　——保险费(US$110×6.65)　　731.50
　　　　销售费用——运杂费　　　　　　　　　　　　　　　　　　　　1 200.00
　　　　　　　　——装卸费　　　　　　　　　　　　　　　　　　　　　450.00

(4)4月7日,汇付服装退回产生的国外运费、保险费共1 100美元,当日美元汇率的中间价为6.65元。作分录如下:

借:待处理财产损溢——待处理流动资产损溢(US$1 100×6.65)　　　　7 315
　　贷:银行存款——美元　　　　　　　　　　US$1 100　　6.65　　7 315

(5)4月8日,签发转账支票支付商品退回产生的国内运费及装卸费1 500元人民币(不考虑相关税费),作分录如下:

借:待处理财产损溢——待处理流动资产损溢　　　　　　　　　　　　1 500
　　贷:银行存款——人民币　　　　　　　　　　　　　　　　　　　　1 500

(6)4月10日,收到储运部门转来的收货单,退回商品,已验收入库。作分录如下:

借:库存商品——库存出口商品　　　　　　　　　　　　　　　　　375 000
　　贷:发出商品——国外退货　　　　　　　　　　　　　　　　　　375 000

(7)4月12日,今查明退货系A供货单位的责任。与其联系后,国内外费用决定由其负责赔偿。作分录如下:

借:其他应收款——A单位　　　　　　　　　　　　　　　　　　　19 176.5
　　贷:待处理财产损溢——待处理流动资产损溢　　　　　　　　　　19 176.5

（二）索赔和理赔

1. 索赔

索赔是指外贸企业在对方违反合同规定遭受损失时，根据规定向对方提出的赔偿要求。

外贸企业出口销售业务索赔经进口商确认，同意赔偿时，借记"应收账款——应收外汇账款"账户，贷记"营业外收入"账户。

2. 理赔

理赔是指外贸企业因违反合同规定使对方遭受损失，受理对方根据规定提出来的赔偿要求。在出口业务中，如果进口商发现出口商品的数量、品种、规格、质量与合同不符、包装不善、商品逾期装运，以及不属于保险责任范围的商品短缺、残损严重等情况，并提供有关证明，向外贸企业提出索赔时，外贸企业经核实，确认情况属实后，应认真进行理赔。

外贸企业在确认理赔时，借记"待处理财产损溢——待处理流动资产损溢"账户，贷记"应付账款——应付外汇账款"账户。然后查明原因，区别情况进行处理。

如查明出口商品的品种、规格、质量与合同不符，系供货单位责任，应要求其赔偿，经协商同意赔偿时，借记"其他应收款——×供货单位"账户，贷记"待处理财产损溢——待处理流动资产损溢"账户。

如查明出口商品包装不善，商品逾期装运系本企业管理不善造成，经批准后，借记"管理费用"账户，贷记"待处理财产损溢——待处理流动资产损溢"账户。

如查明系少发商品，商品仍在本企业仓库里，则应作销货退回处理。届时根据对方索赔的金额，借记"主营业务收入——自营出口销售收入"账户，贷记"待处理财产损溢——待处理流动资产损溢"账户。同时根据少发商品的数量和成本单价，借记"库存商品"账户，贷记"主营业务成本——自营出口销售成本"账户。

如查明系错发商品，所发商品的单价低于合同商品的单价，届时根据对方索赔的金额，借记"主营业务收入——自营出口销售收入"账户，贷记"待处理财产损溢——待处理流动资产损溢"账户。同时调整库存商品的明细账户，将两者成本的差额冲减"主营业务成本——自营出口销售成本"账户。

【例5-26】通发电器进出口公司向美国公司出口6L洗衣机300台，每台500美元CIF价格，货款150 000美元，明佣4 500美元。当日美元中间价为6.67元，已钱货两清。

（1）8月18日，美国公司因收到的洗衣机是5L，规格不符，索赔20 000美元，经审核无误，同意理赔，当日美元汇率的中间价为6.68元。作分录如下：

借：待处理财产损溢——待处理流动资产损溢　　　　　　　　133 600
　　贷：应付账款——应付外汇账款——出口理赔　US＄20 000　6.68　133 600

（2）8月19日，今查明洗衣机确系本单位发错商品，冲减商品销售收入，其中佣金600美元，当日美元汇率的中间价为6.68元。作分录如下：

借：主营业务收入——自营出口销售收入——错发商品　　　　137 608
　　贷：主营业务收入——自营出口销售收入——佣金(US＄600×6.68)　4 008
　　　　待处理财产损溢——待处理流动资产损溢　　　　　　　　133 600

(3) 8月19日,收到储运部门转来出库单2张,一张是红字出库单,列明6L洗衣机300台,每台2 050元人民币;另一张是蓝字出库单,列明5L洗衣机300台,每台1 850元人民币,调整商品销售成本。作分录如下:

借:库存商品——库存出口商品——6L洗衣机　　　　　　　　　615 000
　　贷:库存商品——库存出口商品——5L洗衣机　　　　　　　　555 000
　　　　主营业务成本——自营出口销售成本　　　　　　　　　　 60 000

第五节　代理出口销售业务

一、代理出口销售概述

(一)代理出口的含义

代理出口销售是指外贸企业代替国内委托单位办理对外销售、托运、交单和结汇等全过程的出口销售业务,或者仅代替办理对外销售、交单和结汇的出口销售业务。如果只代替办理部分出口销售业务,而未代替办理交单、结汇业务的,只能称为代办出口销售业务。

(二)代理出口销售业务应遵循的原则

外贸企业经营代理出口销售业务应遵循不垫付商品资金,不负担国内外直接费用,不承担出口销售业务的盈亏,只按照出口销售发票金额及规定的代理手续费率,向委托单位收取外汇手续费的原则。根据这一原则,委托单位则必须提供出口货源,负担一切国内外直接费用,并承担出口销售业务的盈亏。

代理出口销售业务发生的国内外直接费用,均应由委托单位负担,费用的结算可以由委托的外贸企业垫付,然后向委托单位收取,也可以由委托单位预付,以后再进行清算。

外贸企业经营代理出口销售业务前,应与委托单位签订代理出口合同或协议,就经营商品、代理范围、商品交接、保管运输、费用负担、货款结算方式、手续费率、外汇划拨、索赔处理等有关业务内容,作出详细的规定,以明确各方的权利和责任。对于代理出口商品使用的凭证均应加盖"代理业务"戳记,以便于识别。

(三)代理出口销售外汇汇款的结算方法

外贸企业代理出口销售外汇货款结算方法有异地收(结)汇法和全额收(结)汇法两种。

1. 异地收(结)汇法

这是指受托外贸企业在商品出口销售向银行办理交单收汇时,办妥必要的手续,由银行在收到外汇货款时,向代理出口销售业务的受托外贸企业和委托单位分割收(结)汇的方法。采取这种方法时,银行在收到外汇时,如含有佣金的,在扣除应付佣金后,将外贸企业代垫的国内外直接费用和应收取的代理手续费向受托外贸企业办理收(结)

汇,同时将外汇余额直接划拨委托单位。

2. 全额收(结)汇法

这是指银行在收到外汇时,全额向受托外贸企业办理收(结)汇的方法。采取这种方法时,受托外贸企业收汇后,扣除垫付的国内外直接费用和应收取的代理手续费,将外汇余额通过银行转付委托单位。

二、代理出口销售的核算

(一) 账户设置

代理出口销售业务的核算需要设置的主要账户。

(1)"受托代销商品"账户。该账户是一个资产类账户,用来核算外贸企业接受委托代理出口销售业务过程中,代理出口销售商品的收到、结存和结转的实际成本。该账户若有期初余额,则期初余额在借方。本期发生的增加额登记在借方,结转代理出口销售成本时登记在贷方。期末若有余额在借方,表示外贸企业代理出口销售商品的实际成本。

(2)"代管物资"账户。该账户是表外账户,用于核算企业负责保管的不计价入账的各项材料、商品、包装物等物资,收进时,记入借方;发出时,记入贷方。该账户可以只记数量,不记金额。"代管物资"账户不与其他账户发生对应关系,只作单式记录。

(二) 代理出口销售业务的会计处理

1. 外贸公司的核算内容

【例5-27】 通发外贸公司为华闽公司代理出口 A 商品 1 500 件,合同金额为 4 万美元(CIF)。代理手续费率为3%,收到委托单位交来代理出口商品时,根据业务或储运部门开具的盖有"代理业务"戳记的入库单,按合同规定金额扣除手续费后按当时银行买入价入账,当日银行美元买入价为6.62元。该公司在进行会计处理时,编制会计分录如下:

(1) 收到代理出口商品时:

借:受托代销商品——华闽公司——A商品(US＄38 800×6.62)　　　　256 856
　　贷:应付账款——华闽公司(代理出口货款)　　US＄38 800　6.62　256 856

(2) 代办出口交单收汇。受托方在代理商品装运出口后,在信用证规定日期内,将全套出口单证按合同规定结算方式向银行办理交单时,凭储运通知书和银行当日美元买入价为6.62元,编制会计分录如下:

借:应收账款——应收外汇账款——国外×客户　　US＄40 000　6.62　264 800
　　贷:主营业务收入——代理出口销售收入——A商品　　　　　　　264 800

同时结转代理出口进价:

借:主营业务成本——代理出口销售成本——A商品(US＄38 800×6.62)　256 856
　　贷:受托代销商品——华闽公司——A商品(US＄38 800×6.62)　　　256 856

(3) 代付境外费用。对于代理出口所发生的境外运输费、保险费和佣金等,应凭有关单据及银行购汇水单支付。假定境外运输费为1 500美元,保险费为500美元,代付

境外佣金 600 美元,当日银行美元卖出价为 6.65 元人民币,则该公司据此编制会计分录如下:

借:主营业务收入——代理出口销售收入——运输费(US$1 500×6.65)　　　9 975
　　　　　　　　　　　　　　　　——A 商品保险费(US$500×6.65)　　3 325
　　　　　　　　　　　　　　　　——A 商品佣金(US$600×6.65)　　　3 990
　　贷:银行存款——人民币(US$2 600×6.65)　　　　　　　　　　　　17 290

同时将上列境外费用转回国内华闽公司。

借:应付账款——华闽公司(境外费用)　　　　　　　　　　　　　　　17 290
　　贷:主营业务成本——代理出口销售成本——A 商品　　　　　　　　17 290

(4) 出口收汇。银行收妥货款后,扣除银行手续费 50 美元,受托方根据银行结汇水单,按当日银行美元买入价为 6.51 元人民币入账。该公司据此编制会计分录如下:

借:银行存款——人民币(US$39 950×6.51)　　　　　　　　　　　260 074.50
　　应付账款——华闽公司(银行手续费)(US$50×6.51)　　　　　　　325.50
　　　　　　——华闽公司(汇兑损益)　　　　　　　　　　　　　　4 400.00
　　贷:应收账款——应收外汇账款——国外某客户　US$40 000　6.62　264 800.00

(5) 代付国内费用。假定受托方在代理过程中,支付国内运杂费 1 500 元人民币,该公司根据相关单据编制会计分录如下:

借:应付账款——华闽公司(代理出口)　　　　　　　　　　　　　　　1 500
　　贷:银行存款——人民币　　　　　　　　　　　　　　　　　　　　1 500

(6) 清算代理款项。

结算数 = 应付账款贷方数 − 应付账款借方数 = 256 856 − (17 290 + 325.5 + 4 400 + 1 500)
　　　　　　　　　　　　　　　= 233 340.50(元)

据此该公司编制会计分录如下:

借:应付账款——华闽公司　　　　　　　　　　　　　　　　　　　　233 340.50
　　贷:银行存款——人民币　　　　　　　　　　　　　　　　　　　233 340.50

该公司该笔业务收入数 = 主营业务收入 − 主营业务成本
　　　　　　　　　　= (264 800 − 17 290) − (256 856 − 17 290) = 7 944(元)
该公司该笔业务合同收入数 = 40 000 × 3‰ × 6.62 = 7 944(元)

经计算可知实际收入数与合同收入数相符。

2. 非外贸公司的核算内容

【例 5-28】 承[例 5-27],收到委托方发来的出口货物时只在备查账上作单式登记。具体步骤和编制的会计分录如下:

(1) 当收到委托方发来的出口货物时,在备查账簿上作单式登记:

借:代管物资——华闽公司——A 商品　　　　　　　　1 500 件　US$40 000

(2) 当代办出口托运时,在备查账簿上作单式登记:

借:代管物资——发出商品——华闽公司——A商品　　　　　1 500件　US＄40 000

同时作单式登记分录如下:

　　贷:代管物资——华闽公司——A商品　　　　　　　　1 500件　US＄40 000

(3) 办理出口交单时(当日银行美元中间价为6.62元人民币):

　　借:应收账款——应收外汇账款——国外×客户　　US＄40 000　　6.62　　264 800
　　　贷:应付账款——应付外汇账款——佣金　　　　US＄600　　　6.62　　　3 972
　　　　　　　　　——华闽公司(代理出口货款)　　US＄39 400　　6.62　　260 828

同时,在备查账簿上作单式登记:

　　贷:代管物资——发出商品——华闽公司——A商品　　1 500件　US＄40 000

(4) 出口收汇时(当日银行美元买入价为6.51元人民币):

　　借:银行存款——人民币(US＄39 950×6.51)　　　　　　　　260 074.50
　　　应付账款——华闽公司(银行手续费)(US＄50×6.51)　　　　325.50
　　　　　　　——华闽公司(汇兑损益)　　　　　　　　　　　4 400.00
　　　贷:应收账款——应收外汇账款——国外×客户　US＄40 000　6.62　264 800.00

(5) 支付境外费用时(当日银行美元中间价为6.65元):

支付佣金:

　　借:应付账款——应付外汇账款——佣金　　　　　US＄600　　6.62　　3 972
　　　　　　　——华闽公司(汇兑损益)　　　　　　　　　　　　　　　　　　18
　　　贷:银行存款——美元　　　　　　　　　　　　US＄600　　6.65　　3 990

支付境外运输费和保险费:

　　借:应付账款——华闽公司——运输费(US＄1 500×6.65)　　　9 975
　　　　　　　——保险费(US＄500×6.65)　　　　　　　　　　3 325
　　　贷:银行存款——美元　　　　　　　　　　　　US＄2 000　6.65　13 300

(6) 代付国内费用:

　　借:应付账款——华闽公司(国内费用)　　　　　　　　　　　1 500
　　　贷:银行存款——人民币　　　　　　　　　　　　　　　　　　　　1 500

(7) 确认收入(40 000×3‰×6.62):

　　借:应付账款——华闽公司　　　　　　　　　　　　　　　　7 944
　　　贷:其他业务收入　　　　　　　　　　　　　　　　　　　　　　7 944

(8) 结算并支付代理款项:

　　　　结算数＝应付账款贷方发生额－应付账款借方发生额
　　　　　　＝260 828－(325.5＋4 400＋18＋9 975＋3 325＋1 500＋7 944)
　　　　　　＝233 340.5(元)

　　借:应付账款——华闽公司　　　　　　　　　　　　　　　　23 3340.50
　　　贷:银行存款——人民币　　　　　　　　　　　　　　　　　233 340.50

三、加工补偿贸易

(一) 加工补偿贸易概述

1. 加工补偿出口销售业务的种类

加工补偿出口销售业务按照补偿的形式不同,可分为来料加工、来件装配、来样生产出口销售业务和补偿贸易出口销售业务两种。

来料加工、来料装配和来样生产出口销售业务是指由外商提供原材料、零部件、元器件,必要时提供某些设备,由外贸企业按照外商的要求加工或装配成产品后再销售给外商,外贸企业收取加工费的销售。

补偿贸易出口销售业务是指由外商提供生产技术、设备和必要的材料,由外贸企业负责生产,然后用生产的产品分期归还外商的销售。

2. 加工补偿出口销售业务的经营方式

加工补偿出口销售业务按照经营方式的不同,可分为自营加工补偿出口销售业务和代理加工补偿出口销售业务两种。

自营加工补偿出口销售业务是指由外贸企业独自与外商签订合同,承担加工补偿业务,然后组织工厂进行生产,向外商交货时收取加工费,或以生产的产品偿还引进技术、设备及材料价款的销售业务。

代理加工补偿出口销售业务是指由工厂委托外贸企业对外签订合同,由工厂直接负责生产,负担加工补偿业务中所发生的国内外费用,外贸企业代理出口结汇,收取外汇手续费的销售业务。

(二) 来料加工、来料装配和来样生产出口销售业务的核算

1. 自营来料加工、来件装配和来样生产出口销售业务的核算

1) 计价的核算

外贸企业采取原材料计价的核算形式,在收到外商提供的原材料时,借记"原材料"账户,贷记"应付外汇账款"账户。外贸企业将原材料拨付工厂生产加工时,借记"委托加工物资"账户,贷记"原材料"账户;工厂加工完毕,交来产品时,按与工厂约定的加工费标准支付加工费时,借记"委托加工物资"账户,贷记"银行存款"账户;加工产品验收入库,财会部门收到储运部门转来的收货单时,根据加工产品耗费的材料和加工费金额,借记"库存商品——来料加工出口商品"账户,贷记"委托加工物资"账户。

【例 5-29】 福州服装进出口公司根据合同约定,接受美国纽约服装公司来料 8 000 米,加工生产 3 000 套女士时装。

(1) 6 月 7 日,收到美国纽约服装公司发来衣料 8 000 米,每米 6 美元,共计 48 000 美元,衣料已验收入库,当日美元汇率的中间价为 6.68 元。作分录如下:

借:原材料——衣料   320 640
 贷:应付账款——应付外汇账款 US$48 000 6.68 320 640

(2) 6 月 8 日,将 8 000 米衣料全部拨付本市某服装厂加工生产女士时装 3 000 套。作分录如下:

借：委托加工物资——女士时装　　　　　　　　　　　　　　　　　320 640
　　贷：原材料——衣料　　　　　　　　　　　　　　　　　　　　　　320 640

(3) 6月27日，服装3 000套女士时装加工完毕，每套加工费50元，当即签发转账支票付讫。作分录如下：

借：委托加工物资——女士时装　　　　　　　　　　　　　　　　　150 000
　　贷：银行存款　　　　　　　　　　　　　　　　　　　　　　　　　150 000

(4) 6月28日，储运部门转来加工商品入库单，3 000套女士时装已验收入库。作分录如下：

借：库存商品——来料加工出口商品　　　　　　　　　　　　　　　　470 640
　　贷：委托加工物资——女士时装　　　　　　　　　　　　　　　　　470 640

外贸企业将加工商品出运时，借记"发出商品"账户，贷记"库存商品"账户。商品出运支付的国内费用列入"销售费用"账户，支付的国外费用则冲减"其他业务收入——自营其他销售收入"账户。然后，将全套货运单据交付银行，向外商收取加工费，根据银行回单金额（即加工费），借记"应收账款——应收外汇账款"账户，根据耗用外商发来原材料款，借记"应付账款——应付外汇账款"账户，根据两者之和，贷记"其他业务收入——自营其他销售收入"账户。与此同时结转其销售成本，借记"其他业务成本——自营其他销售成本"账户，贷记"发出商品"账户。银行收妥款项后，根据银行收取的收汇手续费凭证，借记"财务费用"账户，根据银行收账通知，借记"银行存款"账户，根据收汇总额，贷记"应收账款——应收外汇账款"账户。如因汇率变动发生差额，应列入"财务费用——汇兑损益"账户。

【例5-30】承[例5-29]，福州服装进出口公司为美国纽约服装公司加工女士时装3 000套，每套加工费10美元，共计加工费30 000美元。收到外商发来衣料48 000美元，记账美元汇率为1美元＝6.68元人民币。3 000套女士时装全部生产成本为245 600元人民币。

(1) 7月1日，储运部门转来加工商品出库单，列明3 000套女士时装已出库装船。作分录如下：

借：发出商品　　　　　　　　　　　　　　　　　　　　　　　　　　470 640
　　贷：库存商品——来料加工出口商品　　　　　　　　　　　　　　　470 640

(2) 7月2日，签发转账支票支付3 000套女士时装国内运费和装船费1 500元。作分录如下：

借：销售费用　　　　　　　　　　　　　　　　　　　　　　　　　　　1 500
　　贷：银行存款——人民币　　　　　　　　　　　　　　　　　　　　　1 500

(3) 7月2日，签发转账支票支付女士时装国外运费1 500美元，保险费100美元，当日美元汇率的中间价为6.68元。作分录如下：

借：其他业务收入——自营其他销售收入　　　　　　　　　　　　　　10 688
　　贷：银行存款——美元　　　　　　　US＄1 600　　6.68　　　　10 688

(4) 7月3日,向银行交单收取加工费30 000美元,转销外商发来材料款。作分录如下:

  借:应收账款——应收外汇账款   US $ 30 000 6.68 200 400
    应付账款——应付外汇账款   US $ 48 000 6.68 320 640
    贷:其他业务收入——自营其他销售收入——加工补偿出口销售   521 040

(5) 7月3日,同时结转其销售成本。作分录如下:

  借:其他业务成本——自营其他销售成本——加工补偿出口销售   470 640
    贷:发出商品   470 640

(6) 7月15日,收到银行转来收账通知,30 000美元已收妥,银行扣除50美元收汇手续费,其余部分已存入外币存款账户。当日美元汇率中间价为6.68元,作分录如下:

  借:银行存款——美元   US $ 29 950 6.68 200 066
    财务费用——手续费(US $ 50×6.68)   334
    贷:应收账款——应收外汇账款   US $ 30 000 6.68 200 400

2) 不计价的核算

  外贸企业对自营业务采取原材料不计价的核算形式,在收到外商提供的原材料时,借记"代管物资——加工材料"账户,该账户只计数量,不计金额;将原材料拨付工厂加工时,贷记"代管物资——加工材料"账户;工厂加工完毕,交来产品时,按与工厂约定的加工费标准,支付工厂加工费时,借记"其他业务成本——自营其他销售成本"账户,贷记"银行存款"账户。加工产品验收入库时,借记"代管物资——加工商品"账户。

  加工商品出运装船时,贷记"代管物资——加工商品"账户。加工商品出运支付的国内费用,列入"销售费用"账户;支付的国外费用则冲减"其他业务收入——自营其他销售收入"账户。然后,将全套货运单据交付银行,向外商收取加工费,根据银行回单,借记"应收账款——应收外汇账款"账户,贷记"其他业务收入——自营其他销售收入"账户。银行收妥款项的核算与原材料计价的核算方法相同。

2. 代理来料加工、来件装配和来样生产出口销售业务的核算

1) 计价的核算

  外贸企业收到外商提供的原材料,将原材料拨付给工厂生产加工的核算方法与自营来料加工、来件装配和来样生产经营方式的核算方法相同。工厂加工完毕,交来产品时,按合同约定的加工费标准结算加工费时,借记"委托加工物资"账户,贷记"应付账款——应付外汇账款"账户。加工产品验收入库,财会部门收到储运部门转来收货单时,根据"委托加工物资"账户归集的金额,借记"库存商品——来料加工出口商品"账户,贷记"委托加工物资"账户。

  外贸企业将加工商品出运时,借记"发出商品"账户,贷记"库存商品"账户;商品出运支付的国内外直接费用,借记"应付账款——应付外汇账款"账户,贷记"银行存款"账户。然后,将全套货运单据交付银行,向外商收取加工费。

【例5-31】 福州服装进出口公司根据合同约定,代理蓓蓓服装厂接受美国纽约公司来料5 000米,加工2 000套男士西服的业务。

(1) 9月5日,收到美国纽约公司发来衣料5 000米,每米8美元,其计货款40 000美元,衣料已验收入库。当日美元汇率的中间价为6.68元。作分录如下:

  借:原材料——衣料   267 200
    贷:应付账款——应付外汇账款——美国纽约公司 US$40 000 6.68 267 200

(2) 9月6日,将5 000米衣料全部拨付蓓蓓服装厂加工男士西服2 000套。作分录如下:

  借:委托加工物资——男士西服   267 200
    贷:原材料——衣料   267 200

(3) 10月18日,蓓蓓服装厂2 000套男士西服加工完毕,每套加工费18美元,结算加工费,当日美元汇率的中间价为6.68元。作分录如下:

  借:委托加工物资——男士西服(US$36 000×6.68)   240 480
    贷:应付账款——应付国内账款——蓓蓓服装厂 US$36 000 6.68 240 480

(4) 10月19日,收到储运部门转来加工商品收货单,蓓蓓服装厂送来的2 000套西服已验收入库。作分录如下:

  借:库存商品——来料加工出口商品   507 680
    贷:委托加工物资——男士西服   507 680

外贸企业将加工商品出运时,借记"发出商品"账户,贷记"库存商品"账户。商品出运支付的国内外直接费用,借记"应付账款——应付外汇账款"账户,贷记"银行存款"账户。然后,将全套货运单据交付银行,向外商收取加工费,由于这是代理来料加工业务,仅收取代理手续费,那么交单收汇就不能作为商品销售收入处理,只能转销待运和发出商品,因此,根据银行收款回单,借记"应收账款——应收外汇账款"账户,根据外商发来原材料的价款,借记"应付账款——应付外汇账款"账户,根据加工商品的成本,贷记"发出商品"账户。待收到银行收账通知时,根据支付银行收汇手续费的金额,借记"财务费用"账户,根据实际入账金额,借记"银行存款"账户,根据收汇金额,贷记"应收账款——应收外汇账款"账户。最后根据应向外商收取的加工费扣除为工厂垫付的国内外直接费用后的金额,借记"应付账款——应付外汇账款"账户,根据应收取的代理手续费,贷记"其他业务收入"账户,将两者之间的差额贷记"银行存款"账户。

【例5-32】承[例5-31]福州服装进出口公司代理为美国纽约公司加工男士西服2 000套,委托蓓蓓服装厂加工,每套加工费18美元,共计加工费36 000美元,收到外商发来衣料40 000美元,全部出口合同金额为76 000美元。美元记账汇率为1美元=6.68元人民币,2 000套西服的全部金额为507 680元人民币。

(1) 10月20日,储运部门转来加工商品出库单,列明2 000套男士西服已出库装船。作分录如下:

  借:发出商品——女士西装   507 680
    贷:库存商品——来料加工出口商品   507 680

(2) 10月21日,签发转账支票支付2 000套男士西服国内运费和装船费1 600元,并支付国外运费1 500美元,保险费100美元,当日美元汇率的中间价为6.68元。作分录如下:

借:应付账款——应付国内账款——蓓蓓服装厂　　　　　　　　　12 288
　　贷:银行存款——人民币　　　　　　　　　　　　　　　　　　　1 600
　　　　　　　　——美元　　　　　　　　　US$1 600　6.68　　　10 688

(3) 10月22日,向银行交付全套货运单据,向外商收取加工费36 000美元,当日美元汇率的中间价为6.68元,并转销外商发来材料款。根据银行回单,作分录如下:

借:应收账款——应收外汇账款——美国纽约公司 US$36 000 6.68　240 480
　　应付账款——应付外汇账款——美国纽约公司 US$40 000 6.68　267 200
　　贷:发出商品——女士西装　　　　　　　　　　　　　　　　　507 680

(4) 11月5日,收到银行转来收账通知,36 000美元已收妥,银行扣除72美元收汇手续费后,其余款项已存入外汇存款账户。作分录如下:

借:财务费用——手续费(US$72×6.68)　　　　　　　　　　　480.96
　　银行存款——美元　　　　　　　US$35 928　6.68　　239 999.04
　　贷:应收账款——应收外汇账款——美国纽约公司
　　　　　　　　　　　　　　　　US$36 000　6.68　　240 480.00

(5) 11月6日,根据规定按出口合同金额的5%收取代理手续费3 800美元,再扣除发运商品垫付的国内外费用后,将余款划拨蓓蓓服装厂。作分录如下:

借:应付账款——应付国内账款——蓓蓓服装厂　　　　　　　　228 192
　　贷:其他业务收入(US$3 800×6.68)　　　　　　　　　　　　25 384
　　　　银行存款——人民币　　　　　　　　　　　　　　　　　202 808

2) 不计价的核算

外贸企业在收到外商提供的原材料和将原材料拨付工厂加工时,通过"代管商品物资——加工材料"账户核算;收到工厂加工完毕的产品并验收入库时,借记"代管商品物资——加工商品"账户。

加工商品出运装船时,贷记"代管商品物资"账户。加工商品出运垫付的国内外费用时,借记"应付账款——应付外汇账款——加工企业"账户,贷记"银行存款"账户。然后将全套货运单据交付银行,向外商收取加工费,根据银行收款回单,借记"应收外汇账款——外商"账户,贷记"应付账款——应付外汇账款——加工企业"账户。收到银行收账通知时,根据支付银行的收汇手续费的金额,借记"财务费用"账户;根据银行实际入账金额,借记"银行存款"账户;根据收汇金额,贷记"应收账款——应收外汇账款"账户。最后,根据收取外商加工费减去为工厂垫付的国内外直接费用的差额,借记"应付外汇账款"账户;根据应收取的代理手续费,贷记"其他业务收入"账户;将两者之间的差额,贷记"银行存款"账户。

(三) 补偿贸易出口销售业务的核算

补偿贸易出口销售业务中外商提供的生产设备和原材料通常都计价入账,届时分别借记"固定资产"和"原材料"账户,贷记"应付账款——应付外汇账款"账户。然后按照合同规定分期以完工的产品抵偿提供生产设备和原材料的款项。由于是以货还债,不存在收汇,因此加工商品发运后,根据销售发票,借记"应付账款——应付外汇账款"账户,贷记"其他业务收入"账户;同时,根据储运部门转来的出库单,借记"其他业务成本"账户,贷记"发出商品"账户。其他方面的核算方法与来料加工基本相同。

课后练习题

班级：_____　姓名：_____　学号：_____

一、单项选择题

1. 在自营出口业务中，出口企业因出口业务而发生的国内劳务费用，其账务处理的方式为（　　）。
   A. 冲减出口销售收入　　　　　　B. 列入销售费用
   C. 列入管理费用　　　　　　　　D. 计入出口销售成本

2. 外贸企业出口商品所发生的出库挑选整理费用在账务处理上应借记（　　）账户。
   A. "管理费用"　　　　　　　　　B. "销售费用"
   C. "库存商品"　　　　　　　　　D. "主营业务成本"

3. 出口佣金是支付给中间商的一种报酬，当应支付的累计佣金无法认定到具体某笔外销销售额时，在账务处理上应列作（　　）。
   A. 管理费用　　　　　　　　　　B. 销售费用
   C. 财务费用　　　　　　　　　　D. 财务费用——汇兑差额

4. 某进出口企业在自营出口外销业务中，由于外商违约发生出口索赔，当在外商确认赔偿时，该进出口企业的账务处理应为（　　）。
   A. 借记"应收账款"账户，贷记"主营业务收入"账户
   B. 借记"应收账款"账户，贷记"营业外收入"账户
   C. 借记"其他应收款"账户，贷记"主营业务收入"账户
   D. 借记"其他应收款"账户，贷记"营业外收入"账户

5. 在进出口业务中，佣金是支付给中间商的一种报酬，其中明佣是（　　）。
   A. 在外销合同内规定的外扣佣金，其金额是根据外销合同所列外销销售金额乘以规定的佣金率来计算的
   B. 在外销合同内规定的内扣佣金，其金额是根据外销合同所列外销销售金额乘以规定的佣金率来计算的
   C. 在外销发票上注明的外扣佣金，其金额是根据外销发票上所列外销销售总额乘以规定的佣金率来计算的
   D. 在外销发票上注明的内扣佣金，其金额是根据外销发票上所列外销销售总额乘以规定的佣金率来计算的

6. 在外贸实践中，出口单证的交付大多通过银行（　　），称为"交单"。
   A. 代替海关收受　　　　　　　　B. 代替外汇局收受
   C. 代替买方收受　　　　　　　　D. 代替卖方收受

7. "主营业务收入——自营出口销售收入"账户用来反映和监督出口货物销售收入，该账户借方用来登记所发生的（　　）。

A. 出口货物的销售成本
B. 出口业务中所发生的海外运输费、保险费以及佣金费用
C. 增值税不予退税的部分
D. 出口业务中所发生的关税及其规费

8. 代理出口业务在"视同买断"方式之下,实际的出口价格( )。
   A. 应由委托方自行决定
   B. 应由受托方自行决定
   C. 应由受托方按委托方要求决定
   D. 应由受托方与委托方协商决定

9. 在收取手续费的代理出口方式下,委托方在( )时确认销售收入。
   A. 货物出库　　　　　　　　　B. 货物交由受托方保管
   C. 受托方将货物外销出口　　　D. 收到受托方代销货物清单

10. 由于出口销售价格条款的特殊性,我国为了使销售收入的记账口径一致,不论出口成交是使用哪一种价格条款,出口企业外销商品销售收入的入账金额一律以( )价格条件为基础。
    A. CIF　　　　　　　　　　　B. CFR
    C. FOB　　　　　　　　　　　D. FCA

二、多项选择题

1. 在各种国际贸易结算方式中,在跟单托收的情况下,按照向进口方交单条件的不同可分为( )。
   A. 付款交单　　　　　　　　　B. 承兑交单
   C. 信汇托收　　　　　　　　　D. 电汇托收

2. 根据我国现行的企业会计准则,对销售商品收入的确认,必须同时满足的条件有( )。
   A. 企业已将商品所有权的主要风险和报酬转移给购货方
   B. 企业既没有保留通常与所有权相联系的继续管理权,也没有对已售出商品实施控制
   C. 与交易相关的经济利益很可能流入企业
   D. 收入的金额能够可靠地计量,相关的已发生或将发生的成本能够可靠地计量

3. 在代理出口中,受托方申请办理《代理出口货物证明》时,须附送的单证有( )。
   A. 代理出口合同　　　　　　　　B. 出口货物报关单(出口退税联)
   C. 出口收汇核销单(出口退税联)　D. 委托方的税务登记证复印件

4. 从广义角度来说,自营出口包括出口企业在一般贸易项下的( )。
   A. 直接出口　　　　　　　　　B. 转口出口
   C. 托售出口　　　　　　　　　D. 进料加工复出口

5. 对代理方(受托方)来说,代理出口财务原则主要有( )。
   A. 一般不垫付资金　　　　　　B. 不承担基本费用
   C. 不承担盈亏责任　　　　　　D. 不办理出口退税单证

三、业务操作题

1. 练习自营出口销售业务的核算。

资料:福州通发电器进出口公司8月销售给美国纽约公司彩电1 000台,采用信用证结算。本月份发生下列有关经济业务:

(1) 收到储运部门转来出库单(记账联),列明出库彩电1 000台,每台1 500元,予以转账。

(2) 通发公司签发转账支票支付运输公司运送福州港的运杂费3 000元。

(3) 签发转账支票支付上海港装船费1 000元。

(4) 支付外轮运送公司彩电的国外运费1 500美元,当即签发转账支票从外币账户付讫,当日美元汇率为1美元=6.50元人民币。

(5) 按彩电销售发票金额240 000美元的110%向保险公司投保,保费率为2‰,签发转账支票从外币账户支付,当日美元汇率为1美元=6.60元人民币。

(6) 业务部门转来销售彩电的发票副本和银行回单。发票列明彩电1 000台,每台240美元CIF价格,共计货款240 000美元,佣金率为3%,佣金额7 200美元,当日美元汇率为1美元=6.50元人民币。同时根据出库单结转出口彩电的销售成本。

(7) 收到银行转来收汇通知,销售货款已经收妥结汇,当日美元汇率为1美元=6.60元人民币。

要求:根据以上资料,编制会计分录。

2. 练习出口销售退回的核算。

资料:福州服装进出口公司向日本大阪公司出口服装一批,售价为60 000美元CIF价格。佣金率为2%,该批服装的进价成本为395 000元人民币,已经支付国内运杂费1 400元人民币,装卸费550元人民币,国外运费1 500美元,保险费120美元。以上业务办理交单付款时的美元汇率为1美元=6.50元人民币,当外商验货后,发现服装规格不符,要求退货,相继发生如下业务:

(1) 8月7日,收到出口退回商品提单,原发票复印件,当日美元汇率为1美元=6.50元人民币,冲减商品销售收入,出口销售成本及商品出口时发生的国内外费用。

(2) 8月9日,汇付退回服装的国外运费1 500美元,保险费120美元,当日美元汇率为1美元=6.50元人民币。

(3) 8月10日,签发转账支票支付退回商品的国内运费及装卸费2 000元人民币。

(4) 8月12日,收到储运部门转来的收货单,退回商品已验收入库。

(5) 8月14日,经查明退货是本公司造成的,经批准作营业外支出处理。

要求:根据以上资料,编制会计分录。

3. 练习出口销售理赔的核算。

资料:通发电器进出口公司向美国公司出口36型号冰箱500台,每台600美元CIF价格,货款300 000美元,明佣3 000美元。当日美元中间价为6.50元,已钱货两清。

(1) 6月18日,美国公司因收到的冰箱是32型号,规格不符,索赔9 000美元,经审核无误,同意理赔,当日美元汇率的中间价为6.50元。

(2) 6月19日,今查明冰箱确系本单位发错商品,冲减商品销售收入,其中佣金200美元,当日美元汇率的中间价为6.50元。

(3) 6月19日,收到储运部门转来出库单2张,一张是蓝字出库单,列明32型号冰箱500台,每台1 900元;另一张是红字出库单,列明36型号冰箱500台,每台2 100元,调整商品销售成本。

要求:根据以上资料,编制会计分录。

4. 练习来料加工业务的核算。

资料:福州服装进出口公司根据合同约定,接受美国纽约服装公司来料加工。现发生下列有关的经济业务:

(1) 7月2日,收到美国芝加哥服装公司发来衣料5 000米,每米8美元,共计40 000美元,衣料已验收入库,当日美元汇率为1美元=6.70元人民币。

(2) 7月3日,将5 000米衣料全部无偿拨付本地服装厂加工生产1 500套男士西服。

(3) 7月29日,浦江服装厂1 500套男士西服加工完毕,每套加工费80元,增值税税率13%,当即签发转账支票付讫。

(4) 7月30日,储运部门转来加工商品入库单,服装厂加工的1 500套男士西服已验收入库。

(5) 7月31日,1 500套西服复出口销售FOB价格为56 000美元,当日美元汇率为1美元=6.70元人民币,同时结转销售成本。

(6) 8月15日,收到银行转来收账通知,56 000美元已收妥,银行扣除60美元收汇手续费,其余部分已存入外币存款账户,当日美元汇率为1美元=6.80元人民币。

要求:根据以上资料,编制会计分录。

第六章 出口货物退（免）税业务

学习目标

1. 了解出口货物退（免）税的含义、原则；
2. 明确出口货物退（免）税的条件、税种及退税率；
3. 了解出口货物退（免）增值税、消费税的政策规定及适用范围；
4. 掌握不同类型出口企业的增值税出口退（免）税的计算方法及账务处理；
5. 掌握消费税出口退（免）税的计算方法及账务处理；
6. 能够正确计算不同类型企业出口货物增值税、消费税退（免）税并进行账务处理。

"真金白银"政策红利 助力企业纾困解难

2022年3月21日，财政部、税务总局联合发布《财政部 税务总局关于进一步加大增值税期末留抵退税政策实施力度的公告》，明确了小微企业和制造业等行业留抵退税政策。主要内容如下：

加大小微企业增值税期末留抵退税政策力度，将先进制造业按月全额退还增值税增量留抵税额政策范围扩大至符合条件的小微企业（含个体工商户），并一次性退还小微企业存量留抵税额。

加大"制造业""科学研究和技术服务业""电力、热力、燃气及水生产和供应业""软件和信息技术服务业""生态保护和环境治理业"和"交通运输、仓储和邮政业"增值税期末留抵退税政策力度，将先进制造业按月全额退还增值税增量留抵税额政策范围扩大至符合条件的制造业等行业企业（含个体工商户），并一次性退还制造业等行业企业存量留抵税额。

同时，国务院常务会议确定实施大规模增值税留抵退税的政策安排，为稳定宏观经济大盘提供强力支撑。会议指出，2022年增值税留抵退税规模约1.5万亿元，这是坚持"两个毫不动摇"、对各类市场主体直接高效的纾困措施，是稳增长稳市场主体保就业的关键举措，也是涵养税源、大力改进增值税制度的改革。[1]

新实施的留抵退税政策有三个显著特点：一是优先安排小微企业，加大小微企业增值税留抵退税政策力度；二是重点支持制造业等行业，全面解决制造业等行业留抵税额问题;三是加快退税工作进度,让企业更早受益。

为确保大规模增值税留抵退税政策落实落地,财政部、税务总局、人民银行成立三部门会商机制。三部门采取有力措施,合力推动政策加速落地,确保政策落实落细、落准落稳。2022年5月10日,三部门联合举行留抵退税新闻发布会,介绍政策落实有关情况。

据国家税务总局副局长王道树介绍,2022年4月1日至30日,全国已有8 015亿元增值税留抵退税款退到145.2万户纳税人账户上,再加上第一季度继续实施的此前出台的留抵退税老政策退税1 233亿元,1~4月共有9 248亿元退税款退到纳税人账户上,助企纾困的政策效应已经开始显现。[2]

资料来源:

[1] 节选自《约1.5万亿元大规模增值税留抵退税助力稳经济促发展》(《人民网》2022年03月23日),作者车柯蒙。

[2] 节选自《留抵退税助企纾困效应显现》(《人民网-人民日报海外版》2022年05月11日),作者汪文正。

思考与讨论:

1. 什么是增值税期末留抵退税?
2. 新的增值税期末留抵退税政策给企业带来什么好处?

 案例导入

某化工生产企业,系一般纳税人,兼营内销与外销,增值税税率为13%,出口货物退税率为10%。20×3年5月发生以下业务:①国内采购原料,取得增值税专用发票上注明价款100万元,准予抵扣的进项税额13万元;②当月进料加工免税进口料件的组成计税价格50万元;③内销货物不含税价格80万元,外销货物销售额120万元。上期留抵税额2万元。

思考与讨论:

1. 出口货物退(免)税应具备哪些条件?
2. 该企业20×3年5月免抵退应退税额是多少?

第一节　出口货物退(免)税概述

一、出口货物退(免)税的含义

出口货物退(免)税是国家对报关出口的货物予以退还或免征在国内各生产、流转环节按税法规定已交纳的增值税和消费税。根据我国相关办法规定,有出口经营权的企业出口或代理出口货物,除另有规定者外,可以在货物报关出口并在财务上作销售后,凭有关凭证按月报请税务机关批准退还或者免征增值税和消费税。

二、出口货物退(免)税的原则

1. 公平税负原则

公平税负原则即中央与地方、地方与地方、国有与民营、中资企业与外资企业在税收负担上应公平一致。

2. 属地管理原则

属地管理原则即企业出口退税在所在地出口退税机关办理申请手续和相关事宜。

3. 零税率原则

零税率原则即将出口货物在国内已交纳或负担的增值税和消费税全部退还给出口商,使其以不含税的价格参与国际市场竞争,促进对外贸易的发展。

4. 宏观调控原则

宏观调控原则即由国家商务部及各级商务部门积极开展调查研究,及时发现并会同有关部门共同研究解决出口退税机制运行中出现的新情况、新问题,不断完善落实相关配套措施和办法。

三、出口货物退(免)税的条件

可以退(免)税的出口货物一般应具备以下四个条件。

1. 必须是属于增值税、消费税征税范围的货物

我国《增值税暂行条例》和《消费税暂行条例》对其税目、税率(单位税额)、具体征收范围及其划分均已明确。

2. 必须是报关离境的货物

所谓报关离境,即出口,就是货物输出海关,这是区别货物是否应退(免)税的主要标准之一。凡是报关不离境的货物,不论出口企业以外汇结算还是以人民币结算,也不论企业在财务上和其他管理上作何处理,均不能视为出口货物予以退(免)税。

3. 必须是在财务上作销售处理的货物

出口货物只有在财务上作销售处理后才能办理退税。

4. 必须是出口收汇并已核销的货物

将出口退税与出口收汇核销挂钩可以有效地防止出口企业高报出口价格骗取退税,有助于提高出口收汇率,有助于强化出口收汇核销制度。

四、出口货物退(免)税的适用范围

我国《出口货物退(免)税管理办法》规定:对出口的凡属于已征或应征增值税、消费税的货物,除国家明确规定不予退(免)税的货物和出口企业从小规模纳税人购进并持普通发票的部分货物外,都是出口货物退(免)税的货物范围,均应予以退还已征增值税和消费税或免征应征的增值税和消费税。

(一) 下列企业出口满足前述四个条件的货物,除另有规定外,给予免税并退税

(1) 生产企业自营出口或委托外贸企业代理出口的自产货物。

(2) 有出口经营权的外贸企业收购后直接出口或委托其他外贸企业代理出口的货物。

(3) 在出口货物中，有一些虽然不同时具备前述四个条件的货物，但由于这些货物销售方式、消费环节、结算办法的特殊性，以及国家间的特殊情况，国家特准退还或免征其增值税和消费税。这些货物主要有：①对外承包工程公司运出境外用于对外承包项目的货物；②对外承接修理修配业务的企业用于对外修理修配的货物；③外轮供应公司、远洋运输供应公司销售给外轮、远洋国轮而收取外汇的货物；④企业在国内采购并运往境外作为在国外投资的货物；⑤利用外国政府贷款或国际金融组织贷款，通过国际招标由国内企业中标的机电产品；⑥对境外带料加工装配业务所使用的出境设备、原材料和散件；⑦利用中国政府的援外优惠贷款和合资合作项目基金方式下出口的货物；⑧对外补偿贸易及易货贸易、小额贸易出口的货物；⑨对港澳台地区贸易的货物；⑩列名钢铁企业销售给加工出口企业用于生产出口货物的钢材；⑪从1995年1月1日起，对外国驻华使馆、领事馆在指定的加油站购买的自用汽油、柴油增值税实行退税；⑫保税区内企业从区外有进出口经营权的企业购进货物，保税区内企业将这部分货物出口或加工后再出口的货物；⑬对保税区外的出口企业委托保税区内仓储企业仓储并代理报关离境的货物；⑭出口加工区外企业运入出口加工区的货物；⑮从1995年7月1日起，对原外经贸部批准设立的外商投资性公司，为其所投资的企业代理出口该企业自产的货物，如其所投资的企业属于外商投资新企业及老企业的新上项目，被代理出口的货物可给予退（免）税，如其所投资的企业属于2000年前其出口货物要求继续实行免税的老企业被代理出口的货物在2001年前实行免税；⑯国家旅游局所属中国免税品公司统一管理的出境口岸免税店销售的卷烟、酒、工艺品、丝绸、服装和保健品（包括药品）六大类中国产品（自1996年9月1日起）；⑰外国驻华使（领）馆及其外交人员购买的列名中国产物品（自1997年12月23日起）；⑱外商投资企业采购国产设备（自1999年9月1日起）；⑲出口企业出口的甲胺磷、罗菌灵、氰戊菊酯、甲基硫菌灵、克百威、异丙咸、对硫磷中的乙基对硫磷等货物（自2000年7月1日起）；⑳出口企业从小规模纳税人购进并持普通发票的抽纱、工艺品、香料油、山货、草柳竹藤制品、渔网渔具、松香、五倍子、生漆、鬃尾、山羊板皮、纸制品12类货物。

上述"除另有规定外"指出口的货物属于税法列举规定的免税货物或限制、禁止出口的货物；上述企业如出口这些货物不按"免税并退税"政策处理。

另外，需要强调的是，除上述企业出口货物准予退（免）税外，其他非生产性企业委托外贸企业出口的货物不予退（免）税，这是对一般无进出口经营权的商贸企业从事出口贸易的限制。

(二) 下列企业出口的货物，除另有规定外，给予免税，但不予退税

(1) 属于生产企业的小规模纳税人自营出口或委托外贸企业代理出口的自产货物。

(2) 外贸企业从小规模纳税人购进并持普通发票的货物出口，免税但不予退税。但对规定列举的12类出口货物考虑其占出口比重较大及其生产、采购的特殊因素，特准退税。

(3) 外贸企业直接购进国家规定的免税货物（包括免税农产品）出口的，免税但不予退税。

需要说明的是,上述"除另有规定外"是指上述企业出口的货物如属于税法列举规定的限制或禁止出口的货物,则不能免税,当然更不能退税。

(三) 下列出口货物,免税但不予退税

(1) 来料加工复出口的货物,即原材料进口免税,加工自制的货物出口不退税。

(2) 避孕药品和用具、古旧图书,内销免税,出口也免税。

(3) 出口卷烟。有出口卷烟权的企业出口国家出口卷烟计划内的卷烟,在生产环节免征增值税、消费税,出口环节不办理退税。其他非计划内出口的卷烟照章征收增值税和消费税,出口一律不退税。

(4) 军品以及军队系统企业出口军需工厂生产或军需部门调拨的货物免税。

(5) 国家规定的其他免税货物,如农业生产者销售的自产农业产品、饲料、农膜等。

出口享受免征增值税的货物,其耗用的原材料、零部件等支付的进项税额,包括准予抵扣的运输费用所含的进项税额,不能从内销货物的销项税额中抵扣,应计入产品成本处理。

(四) 除经批准属于进料加工复出口贸易以外,下列出口货物不免税也不退税

(1) 出口的原油。

(2) 援外出口货物(自1999年1月1日起,对一般物资援助项下出口货物,仍实行出口不退税政策;对利用中国政府的援外优惠贷款和合作项目基金方式下出口的货物,比照一般贸易出口,实行出口退税政策)。

(3) 国家禁止出口的货物,包括天然牛黄、麝香、铜及铜基合金(出口电解铜自2001年1月1日起按17%的退税率退还增值税)、白金等。

(五) 对生产企业出口的下列四类产品,视同自产产品给予退(免)税

(1) 生产企业出口外购的产品,凡同时符合以下条件的,可视同自产货物办理退税:①与本企业生产的产品名称、性能相同;②使用本企业注册商标或外商提供给本企业使用的商标;③出口给进口本企业自产产品的外商。

(2) 生产企业外购的与本企业所生产的产品配套出口的产品,若出口给进口本企业自产产品的外商,符合下列条件之一的,可视同自产产品办理退税:①用于维修本企业出口的自产产品的工具、零部件、配件;②不经过本企业加工或组装,出口后能直接与本企业自产产品组合成成套产品的。

(3) 凡同时符合下列条件的,主管出口退税的税务机关可认定为集团成员,集团公司(或总厂,下同)收购成员企业(或分厂,下同)生产的产品,可视同自产产品办理退(免)税:①经县级以上政府主管部门批准为集团公司成员的企业,或由集团公司控股的生产企业;②集团公司及其成员企业均实行生产企业财务会计制度;③集团公司必须将有关成员企业的证明材料报送给主管出口退税的税务机关。

(4) 生产企业委托加工收回的产品,同时符合下列条件的,可视同自产产品办理退税:①必须与本企业生产的产品名称、性能相同,或者是用本企业生产的产品再委托深加工收回的产品;②出口给进口本企业自产产品的外商;③委托方执行的是生产企业财务会计制度;④委托方与受托方必须签订委托加工协议。主要原材料必须由委托方提供。受

托方不垫付资金,只收取加工费,开具加工费(含代垫的辅助材料)的增值税专用发票。

上述外购货物可以退税的比例、退税计算办法以及所需要的凭证等,按国家税务总局《关于明确生产企业出口视同自产产品实行免、抵、退税办法的通知》(国税发〔2002〕152号)文件执行。

五、出口货物退(免)税的税种和退税率

出口货物退(免)税的税种为两种,即增值税和消费税。

出口货物的退税率是出口货物的实际退税额与退税计税依据的比例。根据最新规定,自2019年4月1日起增值税税率下调,出口退税率也同步相应下调。配合此次增值税税率调整,在出口退税方面,对原征退税率一致的出口货物服务的退税率进行了调整。具体来说,2019年4月1日起,将原适用税率和退税率均为16%的出口货物劳务,退税率调整为13%;将原适用税率和退税率均为10%的出口货物和出口服务,退税率调整为9%。同时,为保障企业的合法权益,给出口企业消化库存留出时间,对调整退税率的出口货物服务安排了3个月的过渡期,过渡期内出口已按原税率征税的货物服务,仍执行原退税率。

现行出口货物的增值税退税率有13%、10%、9%、6%和0,仍为五档。而出口货物的消费税退税率则与增值税退税率有所不同,计算出口应税消费品应退消费税的税率或单位税额,依据我国《消费税暂行条例》所附"消费税税目税率表"执行。也就是说,当出口的货物是应税消费品时,其退还增值税要按规定的退税率计算,其退还消费税则按该应税消费品所适用的消费税税率计算。企业应将不同消费税税率的出口应税消费品分开核算和申报,凡划分不清适用税率的,一律从低适用税率计算应退消费税税额。

六、出口货物退(免)税基本政策

(一) 增值税退(免)税基本政策

我国根据本国的实际,采取出口退税与免税相结合的政策。由于我国的出口体制尚不成熟,拥有出口经营权的企业还限于少部分须经国家批准的企业,并且我国生产的某些货物,如稀有金属等还不能满足国内的需要,因此,对某些非生产性企业和国家紧缺的货物则采取限制从事出口业务或限制该货物出口,不予出口退(免)税。

目前,我国的出口货物税收政策分为以下三种形式。

1. 出口免税并退税

出口免税是指对货物在出口销售环节不征增值税,这是把货物出口环节与出口前的销售环节都同样视为一个征税环节;出口退税是指对货物在出口前实际承担的税收负担,按规定的退税率计算后予以退还。

2. 出口免税不退税

出口免税与上述第1项含义相同。出口不退税是指适用这个政策的出口货物因在前一道生产、销售环节或进口环节是免税的,因此,出口该货物的价格中本身就不含税,也无须退税。

3. 出口不免税也不退税

出口不免税是指对国家限制或禁止出口的某些货物的出口环节视同内销环节,照常征税;出口不退税是指对这些货物出口不退还出口前其所负担的税款。适用这个政策的主要是税法列举限制或禁止出口的货物,如天然牛黄、麝香、白银等。

(二) 消费税退(免)税基本政策

出口应税消费品退(免)消费税在政策上分为以下三种情况。

1. 出口免税并退税

能享受出口免税并退税优惠政策的范围:有出口经营权的外贸企业购进应税消费品直接出口,以及外贸企业受其他外贸企业委托代理出口应税消费品。需要注意,外贸企业只有受其他外贸企业委托,代理出口应税消费品才可办理退税,外贸企业受其他企业(主要是非生产性的商贸企业)委托,代理出口应税消费品是不予退(免)税的。

2. 出口免税但不退税

能享受出口免税但不退税优惠政策的范围:有出口经营权的生产性企业自营出口或生产企业委托外贸企业代理出口自产的应税消费品,依据其实际出口数量免征消费税,但不予办理退还消费税。这里,免征消费税是指对生产性企业按其实际出口数量免征生产环节的消费税。不予办理退还消费税是指因已免征生产环节的消费税的该应税消费品出口时,已不含有消费税,所以也无须再办理退还消费税了。这项政策规定与前述生产性企业自营出口或委托代理出口自产货物退(免)增值税的规定是不一样的。其政策区别的原因是,消费税仅在生产企业的生产环节征收,生产环节免税了,出口的应税消费品也就不含有消费税;而增值税却在货物销售的各个环节征收,生产企业出口货物时,已纳的增值税就需退还。

3. 出口既不免税也不退税

除生产企业、外贸企业外的其他企业,具体是指一般商贸企业,这类企业委托外贸企业代理出口应税消费品一律不予退(免)税。

第二节 增值税退(免)税的核算

我国《出口货物退(免)税管理办法》规定了两种退税计算办法:第一种办法是"免、抵、退"办法,主要适用于自营和委托出口自产货物的生产企业;第二种办法是"先征后退"办法,目前主要用于收购货物出口的外(工)贸企业。

一、自营出口生产企业退(免)税的核算

(一)"免、抵、退"税的含义

按照财政部、国家税务总局《关于进一步推进出口货物实行免抵退税办法的通知》(财税〔2002〕7号)规定:自 2002 年 1 月 1 日起,生产企业自营或委托外贸企业代理出口自产货物,除另有规定外,增值税一律实行免、抵、退税管理办法。

实行免、抵、退税管理办法的"免"税是指对生产企业出口的自产货物,免征本企业生产销售环节增值税;"抵"税是指生产企业出口自产货物所耗用的原材料、零部件、燃料、动力等所含应予退还的进项税额,抵顶内销货物的应纳税额;"退"税是指生产企业出口的自产货物在当月内应抵顶的进项税额大于应纳税额时,对未抵顶完的部分予以退税。

(二)"免、抵、退"税的计算方法

1. 具体计算程序与计算公式

(1)当期免抵退税不得免征和抵扣税额=(出口货物离岸价-免税购进原材料价格)×外汇人民币牌价×(出口货物征税率-出口货物退税率)

(2)当期应纳税额=当期内销货物的销项税额-(当期进项税额-当期免抵退税不得免征和抵扣税额)-上期留抵税额

(3)免抵退税额=(出口货物离岸价-免税购进原材料价格)×外汇人民币牌价×出口货物退税率

其中:

免税购进原材料包括从国内购进免税原材料和进料加工免税进口料件,其中进料加工免税进口料件的价格为组成计税价格。

进料加工免税进口料件的组成计税价格 = 货物到岸价+海关实征关税和消费税

出口货物离岸价(FOB)以出口发票计算的离岸价为准。出口发票不能如实反映实际离岸价的,企业必须按照实际离岸价向主管国税机关申报,同时主管税务机关有权依照我国《税收征收管理法》《增值税暂行条例》等有关规定予以核定。

(4)当期应纳税额、应退税额和免抵税额的确定。①如"当期应纳税额">0,表示期末无退税前留抵税额,不退税,应交税;②如"当期应纳税额"<0,表示期末有退税前留抵税额,要退税,不交税;③如"当期应纳税额"=0,表示期末无退税前留抵税额,不退税,也不交税。

如为第②项时,应将"当期期末留抵税额"与"当期免抵退税额"的绝对值进行比较,确定谁小退谁:

如"当期期末留抵税额"<"当期免抵退税额"时,

当期应退税额 = 当期期末留抵税额

当期免抵税额 = 当期免抵退税额-当期应退税额

如"当期期末留抵税额">"当期免抵退税额"时,

当期应退税额 = 当期免抵退税额

当期免抵税额 = 0

下期留抵税额 = 当期期末留抵税额-当期应退税额

案例导入解析

当期免抵退税不得免征和抵扣税额=(120-50)×(13%-10%)=2.1(万元)

当期应纳税额＝80×13％－(13－2.1)－2＝－2.5(万元)

当期免抵退税额＝(120－50)×10％＝7(万元)

且当期期末留抵税额＝2.5万元≤当期免抵退税额＝7万元,所以当期应退税额＝当期期末留抵税额＝2.5万元。

当期免抵税额＝7－2.5＝4.5(万元)

2. 企业"免、抵、退"税计算实例

【例6-1】 甲公司为自营出口的生产企业,为增值税一般纳税人,出口货物的征税税率为13％,退税率为10％。20×9年8月的有关经营业务为:购进原材料一批,取得的增值税专用发票注明的价款500万元,外购货物准予抵扣的进项税额65万元通过认证,购入免税材料价值100万元。上月末留抵税款6万元,本月取得内销货物含税销售额339万元存入银行,本月出口货物的销售额折合人民币400万元。计算该企业当期的"免、抵、退"税额。

当期免抵退税不得免征和抵扣税额＝(400－100)×(13％－10％)＝9(万元)
当期内销货物的销项税额＝339÷(1＋13％)×13％＝39(万元)
当期应纳税额＝39－(65－9)－6＝－23(万元)
免抵退税额＝(400－100)×10％＝30(万元)

因为当期期末留抵税额23万元小于免抵退税额30万元,所以,当期应退税额为23万元。

当期免抵税额＝30－23＝7(万元)

【例6-2】 乙公司为自营出口的生产企业,属于增值税一般纳税人,出口货物的征税税率为13％,退税率为10％。20×9年11月有关经营业务为:采购原材料一批,取得的增值税专用发票注明的价款800万元,外购货物准予抵扣的进项税额104万元通过认证。上期期末留抵税款10万元。本月内销货物不含税销售额200万元,收款226万元存入银行。本月出口货物的销售额折合人民币400万元。计算该企业当期的"免、抵、退"税额。

当期免抵退税不得免征和抵扣税额＝400×(13％－10％)＝12(万元)
当期内销货物的销项税额＝200×13％＝26(万元)
当期应纳税额＝26－(104－12)－10＝－76(万元)
免抵退税额＝400×10％＝40(万元)

因为当期期末留抵税额76万元大于免抵退税额40万元,所以当期应退税额为40万元,当期免抵税额＝0。

下期留抵税额＝76－40＝36(万元)

(三)"免、抵、退"税的综合案例

【例6-3】 欣贝童装厂是具有进出口经营权的生产企业,出口产品实行"免、抵、退"方法,记账本位币为人民币,对外币交易采用交易日即期汇率折算。销售和外购货物的增值税税率为13％,退税率为10％,该厂上年有关业务如下。

1) 7月份

(1) 报关离境出口童装,FOB价为320 000美元,美元汇率为1美元=6.85元人民币。

(2) 内销童装销售额为6 800 000元人民币。

(3) 外购货物取得的增值税专用发票上注明的价款为6 300 000元人民币,货物已验收入库。

(4) 作为福利发放给工厂职工每人一套自产童装,折合销售额80 000元人民币。

(5) 期初"应交税费——应交增值税"无留抵税额,出口退税凭证在本期全部收齐。

相关计算如下:

当期免抵退税不得免征和抵扣税额 = 320 000 × 6.85 × (13% − 10%) = 65 760(元)

当期应纳税额 = (6 800 000 + 80 000) × 13% − (6 300 000 × 13% − 65 760) − 0 = 141 160(元)

免抵退税额 = 320 000 × 6.85 × 10% = 219 200(元)

相关结论如下:

当期应计入成本税额 = 65 760(元);

因为,当期应纳税额为141 160元,大于0,则当期应交增值税141 160元,不退税也无留抵税额;当期出口抵减内销产品应纳税额为219 200元。

相关分录如下:

借:主营业务成本——自营出口销售成本——童装　　　　　　　65 760
　　贷:应交税费——应交增值税(进项税额转出)　　　　　　　　65 760

借:应交税费——应交增值税(已交税金)　　　　　　　　　　　141 160
　　贷:银行存款——人民币　　　　　　　　　　　　　　　　　141 160

借:应交税费——应交增值税(出口抵减内销产品应纳税额)　　　219 200
　　贷:应交税费——应交增值税(出口退税)　　　　　　　　　　219 200

2) 8月份

(1) 报关离境出口童装,FOB价为230 000美元,美元汇率为1美元=6.86元人民币。

(2) 内销童装销售额为5 500 000元人民币。

(3) 外购货物取得的增值税专用发票上注明的价款为6 800 000元人民币,货物已验收入库。

(4) 期初"应交税费——应交增值税"无留抵税额,出口退税凭证在本期全部收齐。

相关计算如下:

当期免抵退税不得免征和抵扣税额 = 230 000 × 6.86 × (13% − 10%) = 47 334(元)

当期应纳税额 = 5 500 000 × 13% − (6 800 000 × 13% − 47 334) − 0 = −121 666(元)

免抵退税额 = 230 000 × 6.86 × 10% = 157 780(元)

相关结论如下:

当期应计入成本税额为47 334元;因为当期期末留抵税额121 666元小于免抵退税额157 780元,所以当期应退税额为160 666元。

当期免抵税额 = 157 780 − 121 666 = 36 114(元),此即当期出口抵减内销产品应纳税额。

相关分录如下：

借：主营业务成本——自营出口销售成本——童装	47 334
贷：应交税费——应交增值税（进项税额转出）	47 334
借：应收出口退税款——增值税	121 666
贷：应交税费——应交增值税（出口退税）	121 666
借：银行存款——人民币	121 666
贷：应收出口退税款——增值税	121 666
借：应交税费——应交增值税（出口抵减内销产品应纳税额）	36 114
贷：应交税费——应交增值税（出口退税）	36 114

3）9月份

(1) 报关离境出口童装，FOB价为300 000美元，美元汇率为1美元＝6.87元人民币；

(2) 内销童装销售额为4 500 000元人民币。

(3) 外购货物取得的增值税专用发票上注明的价款为8 900 000元人民币，货物已验收入库。

(4) 库存外购货物应管理不善霉烂变质毁损成本400 000元人民币。

(5) 期初"应交税费——应交增值税"无留抵税额，出口退税凭证在本期全部收齐。

相关计算如下：

当期免抵退税不得免征和抵扣税额 ＝ 300 000 × 6.87 × (13％ － 10％) ＝ 61 830(元)

当期应纳税额 ＝ 4 500 000 × 13％ － (8 900 000 × 13％ － 400 000 × 13％ － 61 830) － 0

        ＝ － 458 170(元)

免抵退税额 ＝ 300 000 × 6.87 × 10％ ＝ 206 100(元)

相关结论如下：

当期应计入成本税额为61 830元；因为当期期末留抵税额458 170元大于免抵退税额206 100元，所以当期应退税额为206 100元，当期免抵税额＝0。

下期留抵税额 ＝ 458 170 － 206 100 ＝ 252 070(元)

相关分录如下：

借：主营业务成本——自营出口销售成本——童装	61 830
贷：应交税费——应交增值税（进项税额转出）	61 830
借：应收出口退税款——增值税	206 100
贷：应交税费——应交增值税（出口退税）	206 100
借：银行存款——人民币	206 100
贷：应收出口退税款——增值税	206 100

【例6-4】 资料同[例6-3]。

1）8月份

(1) 报关离境出口童装，FOB价为230 000美元，美元汇率为1美元＝6.86元人民币。

(2) 内销童装销售额为 5 500 000 元人民币。

(3) 外购货物取得的增值税专用发票上注明的价款为 6 800 000 元人民币,货物已验收入库。

(4) 期初"应交税费——应交增值税"无留抵税额,出口退税凭证在本期均未收齐。

相关计算如下:

当期免抵退税不得免征和抵扣税额 = 230 000 × 6.86 × (13% − 10%) = 47 334(元)

当期应纳税额 = 5 500 000 × 13% − (6 800 000 × 13% − 47 334) − 0 = −121 666(元)

免抵退税额 = 230 000 × 6.86 × 10% = 157 780(元)

相关结论如下:

当期应计入成本税额为 47 334 元;因为当期期末留抵税额 121 666 元小于免抵退税额 157 780 元,同时出口退税凭证在本期均未收齐,所以,本期不办理出口退税,留抵税额 121 666 元结转下期继续抵扣。

相关分录如下:

借:主营业务成本——自营出口销售成本——童装　　　　　　　　　47 334
　　贷:应交税费——应交增值税(进项税额转出)　　　　　　　　　　47 334

由于 8 月份出口退税凭证不齐,留抵税额 121 666 元结转下期继续抵扣,故暂不作免抵退税会计分录。

2) 9 月份

(1) 报关离境出口童装,FOB 价为 156 000 美元,美元汇率为 1 美元 = 6.87 元人民币。

(2) 内销童装销售额为 3 600 000 元人民币。

(3) 外购货物取得的增值税专用发票上注明的价款为 5 100 000 元人民币,货物已验收入库。

(4) 外购生产用设备取得的增值税专用发票上注明的价款为 200 000 元人民币。

(5) 外购货物用于免税项目的成本为 30 400 元人民币。

(6) 期初"应交税费——应交增值税"的留抵税额为 8 月份的 121 666 元,8 月和 9 月出口退税凭证在本期均收齐。

相关计算如下:

当期免抵退税不得免征和抵扣税额 = 156 000 × 6.87 × (13% − 10%) = 32 151.60(元)

当期应纳税额 = 3 600 000 × 13% − (5 100 000 × 13% + 200 000 × 13% − 30 400 × 13% − 32 151.60) − 121 666 = −306 562.40(元)

9 月份免抵退税额 = 156 000 × 6.87 × 10% = 107 172(元)

8 月份和 9 月份免抵退税额 = 157 780 + 107 172 = 264 952(元)

相关结论如下:

当期应计入成本税额为 32 151.60 元;因为当期期末留抵税额 306 562.40 元大于 8 月份和 9 月份免抵退税额 264 952 元,所以,当期应退税额为 264 952 元,当期免抵税额 = 0。

下期留抵税额 = 306 562.40 − 264 952 = 41 610.40(元)

相关分录如下：

借：主营业务成本——自营出口销售成本——童装　　　　32 151.60
　　贷：应交税费——应交增值税(进项税额转出)　　　　　　32 151.60

借：应收出口退税款——增值税　　　　　　　　　　　　264 952
　　贷：应交税费——应交增值税(出口退税)　　　　　　　　264 952

借：银行存款——人民币　　　　　　　　　　　　　　　264 952
　　贷：应收出口退税款——增值税　　　　　　　　　　　　264 952

二、商业企业、外贸企业出口货物退(免)税的核算

(一)"先征后退"的计算方法

1. 从一般纳税人购入出口货物退税的核算

外贸企业以及实行外贸企业财务制度的工贸企业收购货物出口，其出口销售环节的增值税免征；其收购货物的成本部分，因外贸企业在支付收购货款的同时也支付了生产经营该类商品的企业已纳的增值税税款，因此，在货物出口后按收购成本与退税率计算退税退还给外贸企业，征税、退税之差计入企业成本。

外贸企业出口货物增值税的计算应依据购进出口货物增值税专用发票上所注明的进项税额和退税率计算，具体步骤如下：

(1) 计算退税依据。一般情况下退税依据等于购进货物时增值税专用发票上的货物价值。如果库存和销售均采用加权平均价核算的外贸企业。

$$退税依据 = 出口货物数量 \times 加权平均购进单价$$

(2) 计算应退税额。

$$应退税额 = 退税依据 \times 退税率$$

(3) 计算应计入成本的税额。

$$应计入成本的税额 = 退税依据 \times (征税率 - 退税率)$$

2. 从小规模纳税人购入出口货物退税的核算

凡从小规模纳税人购进持普通发票特准退税的抽纱、工艺品等12类出口货物，同样实行销售出口货物的收入免税，并退还出口货物进项税额的办法。由于小规模纳税人使用的是普通发票，其销售额和应纳税额没有单独计价，小规模纳税人应纳的增值税也是价外计征的，这样，必须将合并定价的销售额先换算成不含税价格，然后据以计算出口货物退税，具体步骤如下：

(1) 计算退税依据。

$$退税依据 = 普通发票销售额(含增值税) \div (1 + 征收率3\%)$$

(2) 计算应退税额。

$$应退税额 = 退税依据 \times 退税率$$

对出口企业购进小规模纳税人特准的 12 类货物出口,提供的普通发票应符合《中华人民共和国发票管理办法》的有关使用规定,否则不予办理退税。

凡从小规模纳税人购进税务机关代开的增值税专用发票的出口货物,按以下公式计算退税:

$$应退税额 = 增值税专用发票注明的不含税金额 \times 退税率$$

3. 委托生产企业加工出口货物退税的核算

外贸企业委托生产企业加工收回后报关出口的货物,按购进国内原辅材料的增值税专用发票上注明的进项税额,依原辅材料的退税率计算原辅材料应退税额。支付的加工费,凭受托方开具货物的退税率,计算加工费的应退税额。

(二)"先征后退"的会计分录

在进行账务处理时,将计算的应退税额,借记"应收出口退税款——增值税"账户,贷记"应交税费——应交增值税(出口退税)"账户。将计入成本的税额,借记"主营业务成本"账户,贷记"应交税费——应交增值税(进项税额转出)"账户。

(三)"先征后退"的综合案例

【例 6-5】 某机械外贸企业从一般纳税人处购进普通机床,进货价格为 400 万元,增值税税率为 13%,出口销售折合人民币 600 万元,退税率为 10%。

退税依据 = 400(万元)
应退税额 = 400 × 10% = 40(万元)
应计入成本的税额 = 400 × (13% − 10%) = 12(万元)

借:应收出口退税款——增值税　　　　　　　　　　　　　　400 000
　　贷:应交税费——应交增值税(出口退税)　　　　　　　　　　400 000

借:主营业务成本——自营出口销售成本——机床　　　　　120 000
　　贷:应交税费——应交增值税(进项税额转出)　　　　　　　　120 000

【例 6-6】 东升贸易公司从一个小规模纳税人处购进工艺品全部出口,增值税普通发票注明金额 6 180 元(含税)。又从另一个小规模纳税人处购进服装全部出口,取得税务机关代开的增值税专用发票注明金额 5 000 元,适用退税率 3%。

退税依据 = 6 180 ÷ (1 + 3%) + 5 000 = 11 000(元)
应退税额 = 11 000 × 3% = 330(元)

借:应收出口退税款——增值税　　　　　　　　　　　　　　330
　　贷:应交税费——应交增值税(出口退税)　　　　　　　　　　330

第三节 消费税退(免)税的核算

一、自营出口生产企业退(免)税的核算

生产企业直接出口自产的属于应征消费税的产品,实行直接免征消费税办法的,可不计算应交消费税。因而,也就无须进行消费税的会计处理。生产企业委托外贸企业代理出口应税消费品,应由生产企业先计算交纳消费税,待外贸企业办理报关出口后再向税务机关申请退税,所退税款应由外贸企业退还给生产企业。

委托外贸企业代理出口应税消费品的生产企业,应在将应税消费品移交外贸企业时,计算消费税,按应交消费税税额,借记"应收出口退税款——消费税"账户,贷记"应交税费——应交消费税"账户;实际向税务机关交纳消费税时,借记"应交税费——应交消费税"账户,贷记"银行存款"账户。应税消费品出口后收到外贸企业退回的消费税金时,借记"银行存款"账户,贷记"应收出口退税款——消费税"账户。

二、商业企业、外贸企业出口货物退(免)税的核算

外贸企业收购应税消费品出口,除退还其已纳增值税外,还应退还其已纳的消费税。消费税的退税办法分别依据该消费税的征税办法确定,即退还该消费品在生产环节实际交纳的消费税。外贸企业从生产企业购进货物直接出口或受其他外贸企业委托代理出口应税消费品的应退消费税税额,分三种情况处理:

(1) 属于从价定率计征消费税的应税消费品,应依照外贸企业从工厂购进货物时征收消费税的价格计算应退消费税税额,其计算公式如下:

$$应退消费税税额 = 出口货物的工厂销售额 \times 税率$$

上述公式中"出口货物的工厂销售额"不包含增值税。对含增值税的价格应换算为不含增值税的销售额。

(2) 属于从量定额计征消费税的应税消费品,应以货物购进和报关出口的数量计算应退消费税税额,其计算公式如下:

$$应退消费税税额 = 出口数量 \times 单位税额$$

(3) 属于复合计税方法计征消费税的应税消费品,其出口应退消费税税额,应依出口货物工厂销售额和出口数量计算。其计算公式如下:

$$应退消费税税额 = 出口货物的工厂销售额 \times 消费税税率 + 出口数量 \times 单位税额$$

外贸企业购入应纳消费税的货物,应依据从工厂购进货物时收到的增值税专用发票计算申报。

【例6-7】 通发外贸公司将外购的高档化妆品买价(含增值税)5 650 000元,出口销售给外国一百货商场,消费税税率15%。计算通发外贸公司应取得的消费税退

税额。

$$应取得的消费税退税额 = 5\,650\,000 \div (1 + 13\%) \times 15\% = 750\,000(元)$$

申报退税时：

借：应收出口退税款——消费税　　　　　　　　　　　　　　　750 000
　　贷：主营业务成本——自营出口销售成本——高档化妆品　　　750 000

收到退税款时：

借：银行存款——人民币　　　　　　　　　　　　　　　　　　750 000
　　贷：应收出口退税款——消费税　　　　　　　　　　　　　　750 000

课后练习题

班级：_____ 姓名：_____ 学号：_____

一、单项选择题

1. 某商业进出口公司向工厂购入 A 消费品出口，则该进出口企业申报消费税退税时的账务处理为（   ）。
   A. 借：应收出口退税款
      贷：应交税费——应交消费税（出口退税）
   B. 借：银行存款
      贷：应收出口退税款
   C. 借：银行存款
      贷：主营业务成本——自营出口销售成本——A 商品
   D. 借：应收出口退税款
      贷：主营业务成本——自营出口销售成本——A 商品

2. 我国对有进出口权的生产企业出口退税实行"免、抵、退"税政策，对于计算出应退增值税税额并向所在地税务部门申请退税时，所作账务处理应贷记（   ）账户。
   A. "应交税费——应交增值税（出口退税）"
   B. "应交税费——应交增值税（进项税额转出）"
   C. "应交税费——未交增值税"
   D. "应交税费——已交增值税"

3. 我国对有出口经营权的生产企业进料加工复出口，实行"免、抵、退"税办法，其计算当期不予抵扣或退税的税额公式为（   ）。
   A. 当期不予抵扣或退税的税额＝当期出口货物离岸价×外汇人民币牌价×（征税税率－退税税率）－当期海关核销免税进口料件组成计税价格×（征税税率－退税税率）
   B. 当期不予抵扣或退税的税额＝当期出口货物离岸价×外汇人民币牌价×（征税税率－退税税率）＋当期海关核销免税进口料件组成计税价格×（征税税率－退税税率）
   C. 当期不予抵扣或退税的税额＝当期进口货物到岸价×外汇人民币牌价×（征税税率－退税税率）－当期海关核销免税进口料件组成计税价格×（征税税率－退税税率）
   D. 当期不予抵扣或退税的税额＝当期进口货物到岸价×外汇人民币牌价×（征税税率－退税税率）＋当期海关核销免税进口料件组成计税价格×（征税税率－退税税率）

4. 某生产企业出口退税实行"免、抵、退"税办法，计算当期应纳税额为－75.02 万元，当期免抵退税额为20.25万元,则该企业退税后留抵税额为( )万元。

A. 20.25　　　　　B. 47.83　　　　　C. 25.15　　　　　D. 54.77

5. 出口货物退(免)税是对报关出口货物退还在国内生产环节按税法规定交纳的( )。

A. 增值税、消费税　　　　　　　　B. 增值税、关税

C. 消费税、关税　　　　　　　　　D. 消费税、城建税

6. 实行"免、抵、退"税收管理办法的出口企业,其出口货物退(免)税的计税依据是( )。

A. 出口货物成本价　　　　　　　　B. 出口货物到岸价

C. 出口货物离岸价　　　　　　　　D. 出口货物购进价

二、多项选择题

1. 根据我国有关出口退税政策规定,可以退(免)税的出口货物一般应具备的条件有( )。

A. 必须是属于增值税、消费税征税范围的货物

B. 必须是报关离境的货物

C. 必须是在财务上作销售处理的货物

D. 必须是出口收汇并核销的货物

2. 按现行政策规定,出口退税的税种有( )。

A. 所得税　　　B. 增值税　　　C. 消费税　　　D. 关税

3. 下列各项中,属于出口货物退(免)税原则的有( )。

A. 公平税负原则　　　　　　　　　B. 属地管理原则

C. 零税率原则　　　　　　　　　　D. 宏观调控原则

4. 下列出口货物的增值税不免税也不退税的有( )。

A. 出口的原油　　B. 天然牛黄　　C. 麝香　　D. 古旧图书

5. 下列关于增值税"免、抵、退"税管理办法的说法中,正确的有( )。

A. 外贸企业以及实行外贸企业财务制度的工贸企业收购货物出口,增值税实行"免、抵、退"税管理办法

B. 生产企业自营或委托外贸企业代理出口自产货物,除另有规定外,增值税一律实行"免、抵、退"税管理办法

C. "抵"税是指生产企业出口自产货物所耗用的原材料、零部件、燃料、动力等所含应予退还的进项税额,抵顶内销货物的应纳税额

D. "退"税是指生产企业出口的自产货物在当月内应抵顶的进项税额大于应纳税额时,对未抵顶完的部分予以退税

6. 下列出口货物的增值税免税但不退税的有( )。

A. 出口卷烟　　　　　　　　　　　B. 铜及铜基合金

C. 军品　　　　　　　　　　　　　D. 来料加工复出口的货物

三、判断题

1. 出口退税是将出口货物在国内生产、流通环节交纳的增值税、消费税,在货物报关

出口后退还给出口企业的一种税收管理制度,是一国政府对出口货物采取的一项免征或退还国内间接税的税收政策。( )
2. 办理出口退税的出口商包括对外贸易经营者、没有出口经营资格委托出口的生产企业、特定退(免)税的企业和人员。( )
3. 有出口经营权的生产性企业自营出口或生产企业委托外贸企业代理出口自产的应税消费品,能享受消费税出口免税并退税的优惠政策。( )
4. 外贸企业委托生产企业加工收回后报关出口的货物,按购进国内原辅材料的增值税专用发票上注明的进项税额,依原辅材料的退税率计算原辅材料应退税额。支付的加工费,不享受退税的优惠政策。( )
5. 企业应将不同消费税税率的出口应税消费品分开核算和申报,凡划分不清适用税率的,一律从高适用税率计算应退消费税税额。( )

四、业务核算题

1. 杭州佳佳服装厂是一家有进出口经营权的生产企业,该企业为一般纳税人企业。20×9年11月份有关业务情况如下:当月内销服装销售额为780 000元人民币;报关离境出口外销服装FOB价400 000美元,美元汇率为1美元=6.320 0人民币;该月购进生产用面料取得增值税专用发票注明货款为900 000元人民币,面料已验收入库;此外,该企业期初有未抵扣的进项税额为88 000元。该企业增值税税率为13%,外销服装的出口退税率为10%。

要求:根据以上资料计算该企业出口货物应退(或应纳)增值税税额并编写相关会计分录。

2. 本市恒丰商业进出口公司为增值税一般纳税企业,增值税税率13%,以人民币为记账本位币,对外币交易采用期初即期汇率中间价折算,20×9年10月份发生以下业务(当月月初即期汇率中间价为6.50元)。

(1) 根据一份对美国TT公司出口合同,从国内采购C型箱包2 000只,收到对方企业开来的增值税专用发票列明价格为380 000元人民币,增值税49 400元,上列款项尚未支付,所购箱包已验收入库。

(2) 根据上列出口合同规定,将2 000只C型箱包对美国TT公司出口,出口外销发票金额为每只外销价CIF 48美元,应付中间商佣金3%,今日交单出口并结转出口商品销售成本。

(3) 上列出口箱包应付海运运费734美元。

(4) 应付上列出口箱包保险费98美元。

(5) 该公司在规定的申报期内备齐必要的凭证向当地的税务退税部门申报该批箱包出口退税,该批箱包退税率为10%。

要求:根据该公司上列各项业务,编制必要的会计分录。

第七章 进口业务核算

学习目标

1. 了解进口贸易的基本含义和种类;
2. 了解进口业务的程序、进口结算单证审核、进口外汇及结算管理;
3. 熟悉自营进口、代理进口相关业务的账户设置;
4. 掌握自营进口商品采购、国内销售及其他业务的账务处理;
5. 掌握代理进口业务的账务处理;
6. 能够正确核算各类进口货物的采购成本、销售收入及销售成本。

中国连续13年稳居世界第二大进口国

2022年商务部、发展改革委、财政部等8部门联合印发通知,在全国增设北京首都国际机场临空经济区、上海淮海新天地进口贸易功能区等29个国家进口贸易促进创新示范区。至此,我国进口贸易促进创新示范区已达43个。

主动扩大进口,是中国推进高水平对外开放的重要内容。2022年前10个月,我国外贸进出口总值34.62万亿元,同比增长9.5%。其中进口14.91万亿元,增长5.2%。中国已连续13年稳居全球第二大进口国,是210个国家和地区的出口市场,60个国家和地区的主要出口市场。2022年上半年,中国进口总值占世界进口总值比重达10.6%。超大规模的进口有力地促进了各贸易出口国经济发展和国内就业,也有力地支持了国内生产保供和改善民生。

作为进口促进平台,我国此前已确定的14个进口贸易促进创新示范区积极开展政策创新,有效促进了进口贸易与产业、消费的深度融合,也形成了各自优势和特色。由长江产业经济研究院(南京大学)、北京师范大学经济与工商管理学院联合发布的《2022中国进口发展报告》分析认为,已设立的14个进口贸易促进创新示范区充分发挥了进口引领作用,在提升进口便利化、探索创新进口贸易新业态等方面取得了新突破,为中国进口贸易高质量发展积累了有益的经验。

国家进口贸易促进创新示范区的发展也进一步带动我国相关扩大进口、扩大市场开放政策发展。2022年我国再次调整了954项进口商品关税,优化跨境电商零售进口商品清单和工作流程,进一步释放消费品进口潜力。保障大宗商品进口各环节稳定运行,增加能源资源产品和农产品的进口供给。支持先进技术、重要设备、关键零部件进口,促进我国产业结构调整和优化升级。同时,我国深入拓展"单一窗口"的服务功能,积极纳入更多进口贸易领域有关证件,全面优化口岸营商环境,稳步提升进口便利化水平。

党的二十大报告提出,加快建设贸易强国。在这个过程中,要更加重视进口在其中的作用。要进一步推动降低进口关税和制度性成本,激发进口潜力,优化进口来源地,优化进口结构。与此同时,要扩大优质消费品进口,扩大先进技术、重要设备、关键零部件进口,增加能源资源产品和国内紧缺农产品进口,促进贸易平衡发展。

国家进口贸易促进创新示范区扩容,有利于强化贸易促进和贸易创新两大功能,也进一步向市场传递出我国将更加注重扩大进口、促进贸易平衡的决心。随着示范区在促进进口、服务产业、提升消费、示范引领等方面作用的发挥,更多国家和地区将分享到中国开放发展的机遇。

资料来源:节选自《促进外贸更加平衡发展》(《经济日报》2022年11月15日),作者冯其予。

思考与讨论:
1. 扩大进口的重大意义是什么?如何实现我国进口贸易高质量发展?
2. 进口业务包括哪些主要程序?

 案例导入

天津某食品进出口公司与法国M公司签订一份进口葡萄酒的合同,合同主要内容如下:葡萄酒500箱,每箱156.40欧元FOB天津,共计货款78 200欧元,货款采用信用证结算;另与某运输公司签订运输合同,约定该批葡萄酒国外运费为1 628.40欧元;保险费为171.60欧元。预计葡萄酒运到我国口岸将向海关申报缴纳进口关税额95 040元,消费税额80 960元,增值税额105 248元;由天津港运至仓库的国内运费为2 000元。

思考与讨论:
1. 该批进口葡萄酒的采购成本包括哪些?
2. 若以CFR价格或CIF价格成交,进口商品的采购成本构成会有何不同?

第一节 进口业务概述

进口贸易是国际贸易中,相对出口贸易而言的有形货物或无形服务输入国内的贸易活动,包括自营进口、代理进口、易货贸易进口、加工贸易进口、资本进口、技术进口、服务进口等。本章主要介绍货物进口贸易中的自营进口、代理进口业务会计。

进口业务是外贸企业的一项重要业务,是与出口业务相辅相成、相互制约的。进口业务的会计核算对象是进口业务各方面的资金运动。进口方必须按合同的各项条款规定、准确、及时地履行其应尽的义务，接收与进口货物有关的单据并收妥货物，对外支付货款。围绕进口业务合同发生的各项经济业务活动，构成了进口业务的主要环节，对各环节的会计核算，是进口业务核算的主要内容。

进口业务会计核算的职能是对进口业务方面的经济活动进行反映和监督，通过一系列的会计程序，对进口业务各个具体环节进行核算，即对进口材料物资从进口采购到验收入库、领用，以及国内销售整个过程中的会计事项进行确认、计量、记录和报告，从而提供决策有用的信息，提高企业资源配置效率。进口会计核算应加强对盈亏额、进口每美元盈亏额、资金利用效率等财务指标的监控。

一、进口业务的含义及种类

（一）进口业务的含义

进口业务是指进口企业用外汇在国际市场上购进境外商品，自用或销售给境内客户的交易活动。一个国家仅用本国所生产的产品，是不可能完全满足国内全部需求的，这就需要在国际市场上进行商品贸易，以满足国内生产和人民生活的需要。另外，进口先进的生产设备和国内紧缺的原材料、燃料，引进国外先进技术，有利于提升我国的科技水平、生产能力及国际竞争力，促进出口贸易业务增长，扩大与世界各国的经济往来，达到国家间互通有无，共同发展的目的。

进口业务相关内容包括：进口商品的买卖和贸易业务；进口商品的运输和保管业务；进口商品的检验工作；进口商品的海关监管业务；进口商品的货运保险业务；进口商品结算货款和提供资金的国际结算与银行信用业务，解决进口业务纠纷的仲裁工作和司法审理；进口业务的经营与管理等。

（二）进口业务的种类

进口业务按其经营性质不同可分为自营进口和代理进口。

(1) 自营进口业务是指外贸企业自己经营进口贸易，自行洽谈、履约并自负进口盈亏的业务。

(2) 代理进口业务是指受托人（一般指进出口公司）接受委托人（以生产企业为主）的委托，代理货物进口的交易活动。其工作为对外与外商洽谈成交，签订进口贸易合同，代办进口开证、进口运输的托运、货物运输保险的投保、审核进口结算单证、进口付汇、进口报关、进口商品检验等业务。受托人在代理进口业务中处于中介服务地位，一般按照其开列的"代理进口清单"向委托方收取进口货款和代理手续费。

二、进口业务的程序

进口业务主要围绕进口合同进行，包括进口贸易前的准备工作、进口贸易合同的签订、进口贸易合同的履行三个阶段。

（一）进口贸易前的准备工作

签约前，外贸企业应进行市场调研、客户洽谈和资信调查，以及银行信贷意向洽商，同时掌握国内市场需求情况和国际市场上商品的价格、客户、供应商的资信等情况，同时还需密切关注贸易双方政府对贸易商品的管制，以及海关、外汇、税务的具体规定，财务部门应审核业务部门的进口测算和结算时间、结算方式,同时作出企业的利润预算,确定资金筹措的规模和方式,据此来确定进口贸易业务。

1. 进口商品有关证明的申领

为确保项目可行性,应及时申领相关许可证书。进口商品若属于需配额或进口许可证的商品,必须先申领配额或进口许可证或自动进口许可证或自动进口登记,并在领到有关证明和筹妥进口所需外汇后才可办理进口手续。

如进口企业无进出口经营权,应在取得有关进口证明后,签订代理进口协议,委托外贸公司办理进口手续。有进出口经营权的企业也可委托外贸公司进口。

2. 与国内客户签订供货合同

为了做到以销定进,在与国内客户签订供货合同时,必须明确进口商品的名称、规格、质量、价格、交货日期、结算方式等。同时在选择客户时,首先要注意他们的资信情况和经营能力,必须了解和掌握客户情况。通常的做法是建立客户卡片,详细记录其资信情况、经营范围、经营能力和作风、成交情况、履约情况、对索赔的态度等,并定期分析研究作出鉴定。

3. 制订进口商品经营方案

进行市场调研、客户洽谈和资信调查,以及银行信贷意向洽商,关注贸易双方政府对交易商品的管制,以及海关、外汇、税务的具体规定,确保项目具备可行性。财务部门据此审核业务部门的进口测算和结算时间、结算方式并确定资金筹措的规模和方式。

(二) 进口贸易合同的签订

外贸企业在与国内客户协商签订供货合同的同时,与国外出口商通过询盘、发盘、还盘与反还盘和接受四个环节进行磋商,在与国外出口商意思表示一致的基础上签订进口贸易合同。该合同为当事人交易的法律依据,直接关系到进口业务的顺利进行和双方利益的实现。

进出口双方签订合同的主要内容包括:①进口商品的名称、规格、标准、货号、品质、包装;②交货条件、数量、金额;③结算方式和时间;④运输、保险、检验检疫;⑤索赔、不可抗力、仲裁等。

以结算方式不同,进口合同可分为信用证进口合同、托收进口合同(包括 D/P 合同和 D/A 合同)、汇付进口合同(包括 T/T 合同、D/D 合同和 M/T 合同)等。由于不同的结算方式对买卖双方的现金流、贸易和金融风险有很大的差异,因此要慎重签约、分类运用和管理。

(三) 进口贸易合同的履行

履行合同标志着进口业务进入了实质性阶段。由于合同约定的交易条件各有不同,因此履约的程序也会有差异。下面以信用证合同为例说明进口合同履约的基本程序。

1. 开立信用证

进口方(开证申请人)向银行提出申请,请求以出口方为受益人开出信用证,并申明将向银行提供支付货款的资金,同意支付银行手续费和利息,申明信用证项下的商品所有权在收到货款前一直留在银行名下。进口信用证按合同条款开立,一经开出即成为独立于合同的结算文件,属于银行信用。银行在结算过程中只认信用证不认合同,因此要确保其一致性。

2. 及时催运并办理必要的手续

(1) 办理租船订舱。若进口合同采用 FOB 价格术语,则由进口方负责办理租船订舱,支付运费并应及时将船名、船期等信息告知出口方,以便其按时交货发运。而在 CFR 或 CIF 价格条件下,则由出口方负责租船订舱支付运费,无论采用哪种术语,进口方都应及时催运。

(2) 办理运输保险。进口商品多采用海运方式,在 FOB 或 CFR 价格条件下,由进口方决定是否办理运输保险,出口方无投保义务。出口方交货后应及时通知进口方,进口方也应及时办理投保支付保费,以免造成损失。若在 CIF 价格条件下,则由出口方按约定的保险险别、保险金额办理货运保险并支付保费。

3. 审单和付款赎单

出口方接证后办理备货、装运、出口报关等手续,取得包括物权提单在内的全套单证向议付行交单。议付行审单后将全套单证寄给进口方开证行,开证行审单相符后开出"进口信用证单据通知书",将全套单证向开证人提示付款。

进口商根据"单证一致、单单一致、无不符点"的要求逐项仔细核查出口方是否做到了信用证项下要求的全部付款条件,审单无误后按信用证条款付款赎单。如审单中发现问题应及时通知银行,根据情况办理全部拒付或部分拒付手续,同时与出口方协商解决方法。

信用证条件下,只有付款赎单后才可以正式运用所取得的单据。在国际结算中,信用证项下付款日一般先于提货日,即进口方先付款赎单再提货,因此审单付款一定要极其慎重。

全套进口结算单证一般有 2~3 套正本及若干套副本。其中正本部分,一套交业务部门办理相关业务,一套交财务部门作为付款和记账的依据,另有一套交储运部门用于报关和提货等。

4. 货物接运和进口清关

按规定,进口货物应在规定期限内向海关申请报验,经海关查验并按规定办理纳税手续后才予以"清关"放行。进口环节的相关税费由海关代征,会计核算上主要是计算交纳进口环节的各项税款和防止延误通关造成的港口压港费、仓储费等额外的费用发生。

5. 商品检验

根据国际惯例,进口方收到货物并不等于已经接收货物,还需要在合理的时间内检验认可商品的数量、品质、包装、有效期等。

(1) 商检机构检验。凡列入我国进出口商品检验局《出入境检验机构实施检验检疫的进出境商品目录》(简称《检验检疫商品目录》)中的进口商品和其他法律、法规规定的进口商品,属于法定检验范围,必须在规定期限内送指定的商检机构检验。未经检验不准销售、使用。有的检验需在报关前进行。商检费由送检人支付。非《检验检疫商品目录》中的商品,可由进口方根据需要,随时交商检机构检验。商检机构检验属于第三人检验,其检验报告较客观,具有法律效力,可作为索赔依据。

(2) 公司检验。公司检验部门对商品的质量负责,须对进口商品自行进行检验或对商检机构的检验报告项目予以确认,财务部门将此结果作为付款依据之一。

6. 对内销售与结算

进口商品用于国内销售,其销售与结算程序与国内产品销售基本相同。部分商品需向国内客户提供进口检验证明。

7. 索赔和理赔

进口商品因品质、规格、性能、包装、数量、交货方式、交货时间及装船通知等瑕疵,或运输、意外事故给进口方造成损失的,根据情况可向相关责任人提出索赔。若由于进口方违约造成出口方损失的,进口方应承担理赔责任。理赔是指受理索赔事项。

(1) 向出口方索赔和理赔。属于出口方违约责任的,向出口方索赔。由于进口商违约造成出口方损失的进口方也需承担理赔责任。

(2) 向运输公司索赔和理赔。运输过程中造成进口商品残损、短少,由运输公司负责,可向运输公司索赔。如果因进口方不及时提货等违约行为造成运输公司损失的,进口方需承担理赔责任。

(3) 向保险公司索赔。在 FOB、CFR、CIF 价格条件下,不管货运保险的投保人是谁,在运输过程中因不可抗力等保险责任内的损失,可由进口方向保险公司索赔。索赔时进口方须提供相关索赔证据,并转让单证及索赔权,以便保险公司进一步追偿。

三、进口结算单证审核

进口结算单证包括出口方提供的一切结算单据。在信用证项下,包括信用证要求的所有结算单据、各种证明、证书,主要包括商业发票、运输单据、保险单、商业汇票、包装单据、商品检验证书、原产地证明书等。

(一) 商业发票

商业发票(commercial invoice)是交易的证明文书,是对特定交易的总括反映,在全套结算单证中占据核心地位,是结算、报关、纳税、付汇申请、索赔等相关业务不可缺少的原始凭证,也是财会部门办理财会相关事项的最主要依据。

(二) 运输单据

运输单据(transport documents)是货物运输的证明文件。运输单据根据采用的运输方式不同,有海运提单(marine bill of lading,B/L)、航空运单(airway bill,AWB)、铁路运单(multimodal transport,B/L)、联运提单(combined transport documents,CTD)等多种形式。

其中,海运提单应用最广,它是货物承运人或其代理人签发的证明托运货物已经收到或已装船,允许将该项货物运往目的地,并交与提单持有人的信息凭证。海运提单属物权凭证,是 CFR、CIF 等交易条件下的主要结算单证之一。海运提单可用作提货、报关、背书转让、抵押贷款等。

(三) 保险单

保险单(insurance policy)是保险人根据投保人(或被保险人)的要求,表示已承诺保险责任而出具的凭证,是订立保险合同的正式信息证明,必须完整记载保险合同双方当事人的权利、义务及责任。保险单是潜在的利益凭证,背书后可随货物所有权的转移而转让。

(四) 商业汇票

商业汇票(commercial draft)是汇票出票人签发的委托付款人在见票时或者在指定日期无条件支付确定金额给收款人或持票人的票据。商业汇票属于金融票据,是国际货款结算中使用最多的票据之一。在跟单信用证或跟单托收等情况下,结算单证一般都包括出口方出具的商业汇票。商业汇票经过背书可以转让。

(五) 包装单据

包装单据(packing documents)是商业发票和海运提单内容的补充描述文件,阐明商品的包装情况,便于进口方对进口商品细致了解,是基本结算单据之一。海关查验、商检机构检验、进口方验收、会计核算等均以此为据。

(六) 商品检验证书

商品检验证书(commodity inspection certificate)简称商检证书,特指由政府商检机构或公证行等对商品进行检验后出具的交易商品各方面或某一方面鉴定的书面证明文件,包括出口商品检验证书和进口商品检验证书。

(七) 原产地证明书

原产地证明书(certificate of origin)是出口方应进口商要求而提供的,由公证机构或政府机构或出口方出具的证明货物原产地或制造地的证明文件。原产地证明书是贸易关系人交接货物、结算货款、索赔理赔、进口国通关验收、征收关税等的有效凭证。

四、进口外汇及结算管理

(一) 进口外汇管理

财务部门应该根据进口计划和进口合同,结合外汇市场及相关国家的经济、政治的动态,合理筹措进口所需外汇,指导业务部门选择相对有利的结算货币、结算方式和结算时间,规避外汇风险。

自营进口所需外汇,主要有三种来源:

(1) 现汇存款。

(2) 购入外汇。购入外汇需要根据外汇管理部门的规定,填制"购买外汇申请书",向有外汇经营权的银行购汇。

(3) 境外投资、贷款、发行境外债券。

(二) 进口结算管理

进口商品支付货款的主要方式有:①跟单信用证(L/C);②托收(D/P 或 D/A);③汇款(T/T)。其中跟单信用证使用最广。进口商申请开立信用证时,需向开证行递交"开证申请书",已确立开证人和开证行的合同关系,通常还要向开证行交付一定比率的保证金或其他担保品。保证金比率根据进口商的资力、信誉、市场动向等条件与开证行约定。进口商在约定时间内将约定的信用证保证金转入开证行的进口商信用证保证金存款专户。

财务部门按照合同复核全套进口单证和业务部门的付款通知书后,凭进口货物报关单、进口合同、进口发票等单据向银行办理付款手续。银行根据进口商的付款指示办理支付转账。跟单结算方法中如需对外拒付,必须于3～5天内将"拒付或部分拒付理由书"随同原单证全部退回银行(银行的合理审单期为7天,其中包括开证申请人审单时间),逾期银行将自动扣款对外承付。

第二节　自营进口业务

一、自营进口业务概述

自营进口业务会计核算流程一般为:进口采购核算、存货核算、加工核算、销售核算、费用核算、税费核算和盈亏核算等。进口材料物资无论是否经过加工,进口业务会计核算都是从银行存款出发形成商品,最终通过销售和货款回收又回归到银行存款。

进口商品采购业务的确认和国内物资采购相同,以物资交接凭证为依据,以物资所有权的转移为标准。从法律上说,出口方对银行交单已构成交货,所有权已经转移。从会计上说,则要等到开证行向进口方交单,即进口方取得全套进口单据才据以确认入账。初始成本计量以实付价款及从属费用为准,即采用历史成本原则。

二、自营进口业务会计主要账户设置

自营进口业务会计账户一般根据所反映的经济业务性质来设置。如果会计准则已有规定的,按其相关规定设置会计账户,但可以根据实际业务需要在不违反会计准则中确认、计量和报告规定的前提下,增设、分拆、合并会计账户。增设一级账户和明细账户,部分重要的账户可以提升为一级账户。会计账户应具有稳定性,一经设定,不得随意变动。

自营进口业务会计常用账户有:"银行存款——外汇存款""其他货币资金——信用证保证金存款""应付账款——应付外汇账款""应付票据——应付外汇票据""预付账款——预付外汇账款""应收账款——应收国内账款""在途物资——在途进口物资""库存商品——库存进口商品""短期借款——短期外汇借款""预收账款——预收国内账款""应交税费""主营业务收入——自营进口销售收入""主营业务成本——自营进口销售成本""销售费用""管理费用""财务费用""财务费用——汇兑损益""本年利润"等。

(一)"其他货币资金——信用证保证金存款"账户

"其他货币资金——信用证保证金存款"是资产类账户,用于核算企业为取得信用证按规定存入银行的保证金。根据银行退回的进账单第一联,借记"其他货币资金——信用证保证金存款"账户,贷记"银行存款"账户。根据开证行交来的信用证来单通知书

及有关单据列明的金额,借记"库存商品""应交税费——应交增值税(进项税额)"等账户,贷记"其他货币资金——信用证保证金存款"账户。

(二)"主营业务收入——自营进口销售收入"账户

"主营业务收入——自营进口销售收入"是损益类账户,用于核算外贸企业自营进口商品的销售收入。企业取得自营进口商品销售收入时,借记"银行存款""应收账款""应收票据"等账户,贷记"主营业务收入——自营进口销售收入"账户;发生自营进口销售商品国外运费、保险费、销货退回、理赔以及期末转入"本年利润"账户时,借记"主营业务收入——自营进口销售收入"账户,贷记相关账户。

(三)"主营业务成本——自营进口销售成本"账户

"主营业务成本——自营进口销售成本"是损益类账户,用于核算外贸企业自营进口商品的销售成本。企业结转自营进口商品销售成本时,借记"主营业务成本——自营进口销售成本"账户,贷记"库存商品"等账户;冲减销货退回商品成本以及期末转入"本年利润"账户时,借记相关账户,贷记"主营业务成本——自营进口销售成本"账户。

三、自营进口商品采购业务的会计核算

(一)自营进口商品采购成本的构成

1. 外商售价

外商售价是指进口企业与外商直接交易的价格及其交易条件(用"贸易术语"表示)。本章以国际贸易中最基本的三个贸易术语(FOB、CFR、CIF)为例说明。

(1) 在 FOB 价格条件下,外商负责支付将货物运至指定装运港所必需的费用。货物在指定装运港装船后即完成交货。进口企业需自行办理海运的托运手续、支付海运运费,办理海上运输保险、支付保险费,并承担交货后的一切风险及由此引起的任何额外费用。进口企业还需自行办理进口报关等手续并支付相关费用。

(2) 在 CFR 价格条件下,外商负责支付将货物运至指定装运港所必需的费用、海运费。货物在指定装运港装船后即完成交货。进口企业需自行办理海上运输保险、支付保险费,并承担交货后的一切风险及由此引起的任何额外费用。进口企业还需自行办理进口报关等手续并支付相关费用。

(3) 在 CIF 价格条件下,外商负责支付将货物运至指定装运港所必需的费用、海运费和保险费。货物在指定装运港装船后即完成交货。进口企业承担交货后的一切风险及由此引起的任何额外费用。进口企业还需自行办理进口报关等手续并支付相关费用。

三种贸易术语的换算公式如下:

$$
\begin{aligned}
FOB &= CFR - 国际运费(F) \\
&= CIF - 国际运费(F) - 国际保险费(I) \\
&= CIF \times [1 - 保险费率 \times (1 + 投保加成率)] - 国际运费(F) \\
CFR &= FOB + 国际运费(F) \\
&= CIF - 国际保险费(I) \\
&= CIF \times [1 - 保险费率 \times (1 + 投保加成率)]
\end{aligned}
$$

$$CIF = FOB + 国际运费(F) + 国际保险费(I)$$
$$= CFR + 国际保险费(I)$$
$$= CFR \div [1 - 保险费率 \times (1 + 投保加成率)]$$

2. 进口运费、保险费、佣金

1) 进口运费

在 FOB 价格条件下,进口企业自行办理海运的托运手续并支付的海运运费应计入进口商品的采购成本。

国际贸易海洋货物运输主要有班轮和租船两种形式,班轮运输又可分为散货运输和集装箱运输。班轮运输是指有固定航线、固定船期、固定停靠站点的运输形式。零星货物,一般杂货大多采用班轮运输方式。租船运输是指为货主做定期或定程运输的形式。价值较低的大宗货物(如粮食、饲料、食糖、化肥、矿砂、石油、水泥等)或交货期较集中,或发货港与目的港间无直达航班时多采用租船运输方式。

班轮运费是班轮公司为货物运输而向货主收取的费用。主要包括基本运费和附加费两部分。基本运费是指货物在预定航线的各基本港口之间进行运输所规定的运价,是构成全部运费的主要部分。班轮附加费主要有:超重附加费、超长附加费、转船附加费、港口附加费、港口拥挤附加费等。班轮运输基本运费和附加费均按班轮运价表计算。

常用散货海运基本运费计算方法如下:

(1) 按货物毛重计算,即以重量吨(weight ton,W/T)为计算单位计收运费,在运价表中用"W"表示。重量吨计算公式如下:

$$总毛重(W) = 件重 \times 件数$$
$$W 运费(F) = 总毛重(W) \times 运价 = 件重 \times 件数 \times 运价$$

(2) 按货物体积计算,即以体积吨(measurement ton,M/T)为计算单位计收运费,在运价表中用"M"表示。体积吨计算公式如下:

$$总体积(M) = 长 \times 宽 \times 高 \times 件数$$
$$M 运费(F) = 总体积(M) \times 运价 = 长 \times 宽 \times 高 \times 件数 \times 运价$$

(3) 按货物的毛重或体积(weight ton or measurement ton)孰高计收运费,在运费表中用"W/M"表示。其计算公式如下:

$$总毛重(W) = 件重 \times 件数$$
$$总体积(M) = 长 \times 宽 \times 高 \times 件数$$
$$W/M 运费吨在数值上等于总毛重(W) 或总体积(M) 中较高者$$
$$W/M 运费(F) = W/M 运费吨 \times 运价$$

2) 进口保险费

在 FOB、CFR 价格条件下,进口企业自行办理海上运输保险并支付的保险费应计入进口商品的采购成本。

(1) 计算公式:

$$保险费 = 投保金额 \times 保险费率$$

(2) 投保金额确认。国际上一般对进口货物的投保金额按可投保财产的实际价值全额投保,并按启运地的 CIF 价投保,通常还要加上到达目的地后的预期利润。国际保险市场上通常为加成 10%。

(3) 保险费率。保险险别按投保范围大小可分为平安险、水渍险、一切险。保险费率随所保的险别不同而不同。

3) 进口佣金

通过中间商成交的进口交易均须由卖方向中间商支付酬金,即佣金。通常计入货价之内。进口贸易也可以采用含佣价成交(包括明佣或暗佣)。其计算公式如下:

$$含佣价 = 净价 \div (1 - 佣金率)$$
$$佣金 = 含佣价 \times 佣金率$$
$$净价 = 含佣价 \times (1 - 佣金率)$$

进口交易发生佣金收入时,能够直接认定的进口商品佣金,在收到时冲减进口商品的采购成本;对于难以按商品直接认定的佣金,如累计佣金则冲减"销售费用"账户。发生的佣金支出,在确认后计入进口商品的采购成本。

3. 进口相关税费

构成进口商品采购成本的进口税金,主要包括海关征收的进口关税、消费税。进口增值税作为价外税不计入物资的采购成本。进口商品在国外销售环节交纳的各种税金,也不在进口商品的采购成本中核算。

1) 进口关税

进口关税(import tarif)是世界各国普遍征收的一个税种,是指一国海关对进入关境的货物或者物品征收的一种税。进口关税的征收方法有从价征收、从量征收、复合征收、滑准征收、特别征收等。各国多采用从价征收。进口货物交纳的关税属于价内税,应计入进口商品的采购成本。

从价关税是按进出口货物的价格为标准计征关税。注意,这里的价格不是指成交价格,而是指进出口商品的关税完税价格。按照《中华人民共和国海关法》和《中华人民共和国进出口关税条例》的规定,一般贸易项下进口货物的关税完税价格以海关审定的成交价格为基础的到岸价格作为完税价格。所谓成交价格,是一般贸易项下进口货物的买方为购买该项货物向卖方实际支付或应当支付的价格;到岸价格包括货价,加上货物运抵我国关境内输入地点起卸前的包装费、运费、保险费和其他劳务费等费用构成的一种价格。特殊贸易下进口的货物,由于进口时没有"成交价格"可作依据,为此,《中华人民共和国进出口关税条例》对这些进口货物制定了确定其完税价格的具体办法。

从价关税税额计算公式如下:

$$进口关税完税价格 = 应税进口货物数量 \times 单位完税价格$$
$$= CIF 原币总价 \times 汇率$$
$$进口关税应纳税额 = 进口关税完税价格 \times 适用关税税率$$
$$= 应税进口货物数量 \times 单位完税价格 \times 适用关税税率$$
$$= CIF 原币总价 \times 汇率 \times 适用关税税率$$

2) 进口消费税

若进口的物资属于我国消费税征收的品种,则应交消费税。我国消费税计征有的是从价征收,有的是从量征收,有的是既从价又从量的复合征收(如卷烟)。进口货物交纳的消费税属于价内税,应计入进口商品的采购成本。

消费税不同计征方法计算公式如下:

(1) 从价征收:

$$组成计税价格=(关税完税价格+关税)\div(1-消费税税率)$$
$$=关税完税价格\times(1+关税税率)\div(1-消费税税率)$$
$$进口消费税应纳税额=组成计税价格\times消费税税率$$

(2) 从量征收:

$$进口消费税应纳税额=海关核定的数量\times单位税额$$

(3) 复合征收:

$$进口消费税应纳税额=组成计税价格\times消费税税率+海关核定的数量\times单位税额$$

3) 进口增值税

我国进口货物的增值税在报关进口环节由海关代征。按价款金额计算征收。进口商品增值税属于价外税,一般可以予以销项抵扣,不计入进口商品的采购成本。

$$进口增值税应纳税额=组成计税价格\times增值税税率$$
$$=(关税完税价格+关税+消费税)\times增值税税率$$
$$=关税完税价格\times(1+关税税率)\div(1-消费税税率)\times增值税税率$$

4) 海关监管手续费

海关对进口减免关税的货物和保税货物以审定的CIF价格为基础征收海关监管手续费,费率一般为被减免或保税部分的3‰。

4. 国内费用

按照《企业会计准则》规定,进口物资到达我国口岸后发生的运输费、装卸费、保管费以及其他可归属于进口商品采购成本的进货费用均应计入进口商品的采购成本。

(二) 自营进口商品购进的核算

1. 账户设置

1) "其他货币资金——信用证保证金存款"账户

该账户用于核算进口企业存入银行作为信用证保证金专户的款项。进口企业向银行申请开立信用证,交纳保证金时,编制分录如下:

借:其他货币资金——信用证保证金存款
　　贷:银行存款——人民币(或×外币)

2) "在途物资——在途进口物资"账户

该账户用于归集进口商品在进口采购过程中的各项支出。借方登记进口商品的国外进口价、支付的国外运保费及进口税金。收到的进口佣金冲减该账户金额。其借方之和,即是某进口商品的采购成本。余额在借方,反映在途商品的进口成本。

(1) 当收到银行转来国外全套结算单据时,将其与信用证或合同条款核对相符,并通过银行向国外出口商承付款项时,编制分录如下:

借:在途物资——在途进口物资
　　贷:其他货币资金——信用证保证金存款

(2) 当支付国外运费、保险费时,编制分录如下:

借:在途物资——在途进口物资
　　贷:银行存款——人民币(或×外币)

(3) 收到出口商付来佣金时,编制分录如下:

借:银行存款——人民币(或×外币)
　　贷:在途物资——在途进口物资

(4) 支付中间商佣金时,编制分录如下:

借:在途物资——在途进口物资
　　贷:银行存款——人民币(或×外币)

3)"应交税费"账户

进口报关时,凭海关开具的海关税收通用缴款书交纳进口关税、消费税(进口应税消费品)、增值税,应分别在"应交税费"账户下设置"应交进口关税""应交进口消费税""应交增值税(进项税额)"明细账户,并在计算相关税费时,编制分录如下:

借:在途物资——在途进口物资
　　贷:应交税费——应交进口关税
　　　　　　　——应交进口消费税

向海关交纳相关税费时,编制分录如下:

借:应交税费——应交进口关税
　　　　　　——应交进口消费税
　　　　　　——应交增值税(进项税额)
　　贷:银行存款——人民币

4)"库存商品——库存进口商品"账户

当进口商品采购完毕,验收入库,结转其采购成本时,编制分录如下:

借:库存商品——库存进口商品
　　贷:在途物资——在途进口物资

2. 核算举例

【例7-1】 通发进出口公司为一般纳税人,记账本位币为人民币,对外交易采用期初即期汇率折算,该公司从美国进口高档护肤品一批,价格为 US＄50 000 FOB Los

Angeles,采用即期跟单信用证结算。假设进口护肤品关税税率为12%,消费税税率为10%,增值税税率为13%,假设下列业务发生当期期初即期汇率为1美元=6.85元人民币。

(1) 3月22日,根据进口合同申请开立信用证,将外汇存款50 000美元转入信用证保证金存款账户。根据银行回单编制分录如下:

借:其他货币资金——信用证保证金存款　　　　US$50 000　6.85　342 500
　　贷:银行存款——美元　　　　　　　　　　US$50 000　6.85　342 500

(2) 4月10日,收到通知行转来的该信用证项下全套结算单据,经审核无误后从信用证保证金账户对外支付50 000美元货款,根据银行回单和进口发票等全套单证编制分录如下:

借:在途物资——在途进口物资——高档护肤品(FOB)(US$50 000×6.85)　342 500
　　贷:其他货币资金——信用证保证金存款　　　US$50 000　6.85　342 500

(3) 4月15日,取得船公司开来的海运费发票,用外汇存款3 000美元支付境外海运费。根据船公司开来的海运发票和银行付汇水单编制分录如下:

借:在途物资——在途进口物资——高档护肤品(F)(US$3 000×6.85)　20 550
　　贷:银行存款——美元　　　　　　　　　　US$3 000　6.85　20 550

(4) 4月15日,取得保险公司开来的海运保险费发票,用外汇存款180美元支付海运保险费。根据保险公司开来的保险费发票和银行付汇水单编制分录如下:

借:在途物资——在途进口物资——高档护肤品(I)(US$180×6.85)　1 233
　　贷:银行存款——美元　　　　　　　　　　US$180　6.85　1 233

(5) 4月18日,收到外商转来佣金100美元,存入银行,根据银行回单编制分录如下:

借:银行存款——美元　　　　　　　　　　　　US$100　6.85　685
　　贷:在途物资——在途进口物资——高档护肤品(C)(US$100×6.85)　685

(6) 4月23日,办理进口商品进口报关手续,计算并交纳关税、消费税、增值税。计算步骤如下:

进口关税完税价格 = CIF原币总价 × 汇率 = (FOB+F+I)原币总价 × 汇率
　　　　　　　　 = (50 000+3 000+180−100) × 6.85 = 363 598(元)
进口关税应纳税额 = 进口关税完税价格 × 关税税率
　　　　　　　　 = 363 598 × 12% = 43 631.76(元)
组成计税价格 = (关税完税价格 + 关税) ÷ (1−消费税税率)
　　　　　　 = (363 598 + 43 631.76) ÷ (1−10%) = 452 477.50(元)
进口消费税应纳税额 = 组成计税价格 × 消费税税率
　　　　　　　　　 = 452 477.50 × 10% = 45 247.75(元)
进口增值税应纳税额 = 组成计税价格 × 增值税税率
　　　　　　　　　 = 452 477.50 × 13% = 58 822.08(元)

凭海关开具的税收通用缴款书交纳进口关税、消费税、增值税。编制分录如下：

借：在途物资——在途进口物资——高档护肤品（关税）　　　　　43 631.76
　　　贷：应交税费——应交进口关税　　　　　　　　　　　　　　43 631.76
借：在途物资——在途进口物资——高档护肤品（消费税）　　　　45 247.75
　　　贷：应交税费——应交进口消费税　　　　　　　　　　　　　45 247.75
借：应交税费——应交进口关税　　　　　　　　　　　　　　　　43 631.76
　　　　　　　应交进口消费税　　　　　　　　　　　　　　　　　45 247.75
　　　　　　　应交增值税（进项税额）　　　　　　　　　　　　　58 822.08
　　　贷：银行存款——人民币　　　　　　　　　　　　　　　　 147 701.59

（7）4月25日，取得国内运输公司开来运输业增值税专用发票，用人民币存款支付进口商品国内运费5 450元人民币（含增值税）。编制分录如下：

借：在途物资——在途进口物资——高档护肤品（国内运费）　　　 5 000
　　应交税费——应交增值税（进项税额）　　　　　　　　　　　　　450
　　　贷：银行存款——人民币　　　　　　　　　　　　　　　　　 5 450

（8）4月26日，进口商品验收入库，取得业务部门转来的进口商品验收入库单。编制分录如下：

借：库存商品——库存进口商品——高档护肤品　　　　　　　　 457 477.51
　　　贷：在途物资——在途进口物资——高档护肤品　　　　　　 457 477.51

若发生进口减免关税货物和保税货物的海关监管手续费，应凭海关收据编制分录如下：

借：在途物资——在途进口物资——××商品（海关监管费）
　　或销售费用
　　　贷：银行存款——人民币

若发生海关滞纳金，应凭海关收据编制分录如下：

借：营业外支出
　　　贷：银行存款——人民币

四、自营进口国内销售业务的会计核算

自营进口商品的国内销售是进口业务管理的重点，要严格监控销售商品的品种、数量、销售价格、销售成本费用、销售结算方式以及货款回收情况，实行销售动态管理。

商业进出口企业进口材料物资不经加工，直接用于国内销售，验收入库时形成"库存商品——库存进口商品"，销售时形成"发出商品"或销售成本。要正确核算销售收入及成本费用。

在我国外贸企业中，习惯上以开出进口结算单、增值税专用发票向国内用户办理货款结算为商品销售成立的条件。外贸企业在收到国外账单或进口货船到达我国港口后，应按照与用户的合同和有关规定向用户办理有关结算手续。外贸企业向国内用户

办理货款结算,根据货款结算时间的不同,可分为单到结算、货到结算和出库结算三种方式。单到结算、货到结算方式是购销合一,而出库结算方式则是购销分离。这三种方式下销售收入实现的时间均不相同。

1. 单到结算

外贸企业自营进口商品若采取单到结算方式,在银行转来国外全套结算单据时,就可以向国内客户办理货款结算,不管进口商品是否到达我国港口。这样,进口商品采购的核算与销售的核算几乎同时进行。然而,进口商品的采购成本的归集有一个过程,只有在商品采购成本归集完毕后才能结转商品销售成本。由于商品没有入库就已经完成销售,因此可以将归集的商品采购成本直接从"在途物资"账户转入"主营业务成本——自营进口销售成本"账户。

单到结算是指外贸企业不管进口商品是否到达我国港口,只要收到银行转来的国外付款单据,经审核符合合同规定,便可以向国内用户开出结算凭证及增值税专用发票后,作为销售收入的实现。

单到结算是一种以收到国外进口单据的时间作为向国内订货单位办理货款结算时间的结算方式。单到结算具有以下两个特点:

第一,进口商品的采购和销售几乎同时进行,进口商品一般不需入库。因而,在核算上不用"库存商品"账户来反映进口商品的进销存情况。

第二,以收到国外进口单据的时间确认销售收入的实现。

【例7-2】 基本资料同[例7-1],通发进出口公司将进口高档护肤品对国内客户永新公司销售,不含税售价为700 000元人民币,增值税税率为13%,内销合同规定采用单到结算。

(1) 收到通知行转来的该信用证项下全套结算单据,经审核无误后用信用证结算方式进行付款赎单,编制分录如下:

借:在途物资——在途进口物资——高档护肤品(FOB)(US$50 000×6.85)　　342 500
　　贷:其他货币资金——信用证保证金存款　　　US$50 000　　6.85　　342 500

(2) 收到全套结算单据的同时,向国内客户永新公司结算货款,编制分录如下:

借:应收账款——应收国内账款——永新公司　　　　　　　　　　791 000
　　贷:主营业务收入——自营进口销售收入——高档护肤品　　　700 000
　　　　应交税费——应交增值税(销项税额)　　　　　　　　　91 000

(3) 支付国外运保费,编制分录如下:

借:在途物资——在途进口物资——高档护肤品(F)(US$3 000×6.85)　　20 550
　　贷:银行存款——美元　　　　　　US$3 000　　6.85　　20 550

借:在途物资——在途进口物资——高档护肤品(I)(US$180×6.85)　　1 233
　　贷:银行存款——美元　　　　　　US$180　　6.85　　1 233

(4) 支付进口税金,编制分录如下:

借：在途物资——在途进口物资——高档护肤品（关税） 43 631.76
　　贷：应交税费——应交进口关税 43 631.76
借：在途物资——在途进口物资——高档护肤品（消费税） 45 247.75
　　贷：应交税费——应交进口消费税 45 247.75
借：应交税费——应交进口关税 43 631.76
　　　　　　——应交进口消费税 45 247.75
　　　　　　——应交增值税（进项税额） 58 822.08
　　贷：银行存款——人民币 147 701.59

（此处省略收到外商转来佣金100美元，支付国内运费5 450元人民币的账务处理）

（5）结转进口商品内销销售成本（包括国外进价、国外运保费和进口关税、消费税），编制分录如下：

借：主营业务成本——自营进口销售成本——高档护肤品 457 477.51
　　贷：在途物资——在途进口物资——高档护肤品 457 477.51

（6）收到国内客户永新公司转来前欠货款存入银行，编制分录如下：

借：银行存款——人民币 791 000
　　贷：应收账款——应收国内账款——永新公司 791 000

2. 货到结算

货到结算是指外贸企业收到外运公司通知，进口商品已经到达我国港口，取得外运公司的船舶到港通知单，按国内同类产品的价格向国内用户开出进口销售发票，向订货单位办理货款结算，作为销售收入的实现。在进口商品运达我国港口时，进口商品采购成本的归集已经完成。因此与国内客户办理货款结算时，在反映自营进口商品销售收入的同时，也可以结转其销售成本。

货到结算具有以下两个特点：

第一，进口商品的采购和销售几乎同时进行，进口商品一般不需入库。

第二，以货物到达港口并取得到港通知的时间确认销售收入的实现。

【例7-3】 基本资料同［例7-1］，通发进出口公司向国内客户永新公司销售进口高档护肤品，不含税售价为700 000元人民币，增值税税率为13%，内销合同规定采用货到结算。

（1）收到外运公司通知货到口岸后，向国内客户永新公司结算货款，编制分录如下：

借：应收账款——应收国内账款——永新公司 791 000
　　贷：主营业务收入——自营进口销售收入——高档护肤品 700 000
　　　　应交税费——应交增值税（销项税额） 91 000

（2）同时结转进口商品成本，包括国外进价、国外运保费和进口关税、消费税，编制分录如下：

借：主营业务成本——自营进口销售成本——高档护肤品 457 477.51
　　贷：在途物资——在途进口物资——高档护肤品 457 477.51

3. 出库结算

出库结算是指外贸企业的进口商品已到货,进口商品的采购成本早已核算完毕,并已验收入库,记入"库存商品"账户,销售时需办理出库手续并依据出库凭证、提货凭证和运输凭证等,出库时向国内用户开出结算凭证及增值税专用发票后,作为销售收入的实现。商品出售的同时结转进口商品内销成本。

【例 7-4】 承[例 7-1],通发进出口公司将进口商品验收入库后,4 月 30 日向国内客户永新公司销售该批进口高档护肤品,不含税售价为 700 000 元人民币,增值税税率为 13%,商品已出库,货款尚未收到。

(1) 当收到业务部门转来的进口商品销售出库单并向永新公司开出结算凭证及增值税专用发票,编制分录如下:

借:应收账款——应收国内账款——永新公司　　　　　　　791 000
　　贷:主营业务收入——自营进口销售收入——高档护肤品　　　　700 000
　　　　应交税费——应交增值税(销项税额)　　　　　　　　　　　 91 000

(2) 同时结转进口商品内销成本,编制分录如下:

借:主营业务成本——自营进口销售成本——高档护肤品　　　457 477.51
　　贷:库存商品——库存进口商品——高档护肤品　　　　　　　457 477.51

外贸企业向国内用户办理结算时具体采用哪种方式,是采取货到结算、出库结算还是单到结算,由外贸企业与国内用户协商确定,并在销售协议中注明。不同的结算办法在会计核算上也有区别。

外贸企业向国内用户销售自营进口商品,其作价原则是:属于国家定价的商品,按照国家指导价作价;属于市场议价的商品,按照市场供应关系,由企业与用户协商定价。可见,自营进口业务的国内作价与国际市场价格不挂钩,费用和税金也由外贸企业负担,外贸企业承担自营进口业务的盈亏。

五、自营进口商品销售其他业务的核算

(一) 自营进口商品销售退回的核算

自营进口商品国内销售采取单到结算方式,收到银行转来国外全套结算单据后,在进行商品购进核算的同时,又进行了商品销售的核算。若在商品运达我国港口后,发现商品的质量与合同规定严重不符,外贸企业可根据商检部门出具的商品检验证明书,按照合同规定与国外出口商联系,将商品退回给出口商,并收回货款及退货费用,然后向国内客户办理退货手续。

【例 7-5】 承[例 7-2],通发进出口公司从美国购进的该批高档护肤品运到时,商检局出具了商品检验证明书,证明该批高档护肤品为不合格产品,经与美国出口商联系后,同意作退货处理。

(1) 5 月 20 日,垫付退还美国出口商该批高档护肤品国外运费 1 590 美元,保险费 110 美元,当日美元即期汇率为 1 美元＝6.80 元人民币。编制分录如下:

借:应收账款——应收外汇账款——美国出口商　　US＄1 700　6.80　11 560
　　贷:银行存款——美元　　　　　　　　　　　　　　　US＄1 700　6.80　11 560

(2) 5月20日，将该批高档护肤品作进货退出处理，并向税务部门申请退还已支付的进口关税。编制分录如下：

借：应收账款——应收外汇账款——美国出口商　　US$ 50 000　　6.80　　340 000
　　应交税费——应交进口关税　　　　　　　　　　　　　　　　　　　　　43 631.76
　　　　　　　——应交进口消费税　　　　　　　　　　　　　　　　　　　　45 247.75
　　贷：主营业务成本——自营进口销售成本——高档护肤品　　　　　　　　428 879.51

(3) 5月20日，同时作销货退回处理，开出红字增值税专用发票，假设货款已入账，现应退永新公司货款700 000元，增值税税额91 000元。编制分录如下：

借：主营业务收入——自营进口销售收入——高档护肤品　　　　　　　　　700 000
　　应交税费——应交增值税（销项税额）　　　　　　　　　　　　　　　　91 000
　　贷：应付账款——应付国内账款——永新公司　　　　　　　　　　　　　791 000

(4) 5月26日，收到美国出口商退回的货款及代垫费用51 700美元存入外汇账户，当日美元即期汇率为1美元＝6.83元人民币，收到银行转来结汇水单。逐笔结转法核算汇兑损益编制分录如下：

借：银行存款——美元　　　　　　　　　　　　　US$ 51 700　　6.83　　353 111
　　贷：应收账款——应收外汇账款——美国出口商　US$ 51 700　　6.80　　351 560
　　　　财务费用——汇兑损益　　　　　　　　　　　　　　　　　　　　　　1 551

(5) 5月28日，签发转账支票支付永新公司退货款791 000元，编制分录如下：

借：应付账款——应付国内账款——永新公司　　　　　　　　　　　　　　　791 000
　　贷：银行存款——人民币　　　　　　　　　　　　　　　　　　　　　　　791 000

(6) 5月31日，收到税务机关退还进口关税43 631.76元、消费税45 247.75元、增值税58 822.08元，编制分录如下：

借：银行存款——人民币　　　　　　　　　　　　　　　　　　　　　　　147 701.59
　　贷：应交税费——应交进口关税　　　　　　　　　　　　　　　　　　　43 631.76
　　　　　　　　——应交进口消费税　　　　　　　　　　　　　　　　　　45 247.75
　　　　　　　　——应交增值税（进项税额）　　　　　　　　　　　　　　58 822.08

自营进口商品销售采取入库结算方式，在进口商品入库以后再销售给国内客户。如果国内客户购进商品以后，因发现商品的品种、规格、质量等与合同不符等原因提出退货，经外贸企业业务部门同意后，由其填制红字增值税专用发票送各有关部门办理退货手续。财会部门收到业务部门转来的红字增值税专用发票，根据发票所列的销售金额，借记"主营业务收入——自营进口销售收入"账户；根据发票所列的增值税税额，借记"应交税费——应交增值税（销项税额）"账户；根据价税合计金额，贷记"应付账款——应付国内账款"账户。如果退回的商品已结转了销售成本，那么同时还应予以转回，届时根据其采购的成本，借记"库存商品——库存进口商品"账户，贷记"主营业务成本——自营进口销售成本"账户。

（二）索赔和理赔的核算

自营进口商品销售采取单到结算方式，当进口商品到达时，所有权已属于国内客户，由其检验商品。如果发生商品短缺、质量与合同规定不符，应区别情况进行处理。

在对索赔和理赔进行会计处理时,分别以下三种情况进行核算。

（1）发生商品短缺、质量与合同规定不符,如果属于国外出口商的责任,应由外贸企业根据商检部门出具的商品检验证明书在合同规定的对外索赔期限内向出口商提出索赔,冲减原销售成本。编制分录如下：

借：应收账款——应收外汇账款——国外出口商(进口索赔)
　　贷：主营业务成本——自营进口销售成本——××商品

（2）同时向国内用户理赔,冲减销售收入。编制分录如下：

借：主营业务收入——自营进口销售收入——××商品
　　应交税费——应交增值税(销项税额)
　　贷：银行存款——人民币户

（3）发生商品短缺、质量与合同规定不符,如果属于外贸企业的责任,对外无索赔权但仍需对内理赔,应记入"营业外支出"账户。编制分录如下：

借：营业外支出
　　贷：主营业务成本——自营进口销售成本——××商品

第三节　代理进口贸易业务

一、代理进口业务概述

代理进口业务是指受托人(一般为进出口公司)接受委托人(以生产企业为主)的委托,代理货物进口的交易活动。受托人的工作为对外洽谈成交、代办进口开证、进口运输的托运、货物运输保险的投保、审核进口结算单证、进口付汇、进口报关、进口商品检验等。受托人一般按其开列的"代理进口物资结算单"向委托方收取进口货款和代理手续费。代理进口物资结算单见表7-1。

表7-1　　　　　　　　　代理进口物资结算单

编号：××

委托单位：
品名：　　　　　　　　　　　　　　　　　　　　CIF单价：
进口合同：　　　　　　　　　　　　　　　　　　CIF总价：
船名：　　　　　　　　　　　　　　　　　　　　汇率：
数量：　　　　××××年××月××日　　　　　结算总金额：

结算项目	金额			
	币制	原币	汇率	人民币
外商售价(FOB)				
国外运费				

(续表)

结算项目	金额			
	币制	原币	汇率	人民币
国外保险费				
进口 CIF 价				
进口关税				
进口消费税				
进口增值税				
银行手续费				
代理手续费				
结算金额合计				

二、代理进口业务的特点

代理进口业务中最显著的特点即是代理企业处于中介服务的地位，它纯粹是接受其他企业的委托，以订立代理合同形式进口。外贸企业代理进口业务有以下几方面特点：

（1）代理企业不垫付进口商品资金。委托单位必须预付采购进口商品的资金，外贸企业只是用委托方的资金进口商品物资，以原价转让给委托方。委托单位一般先预付货款，受托方收妥款项后，才能与进口商签订进口合同。待代理业务结束后受托人开列"代理进口物资结算单"再进行最后清算。

（2）代理企业不负担进口商品的国内外直接费用。委托单位必须负担因代理业务所发生的国内外直接费用（包括海外运输费、保险费、银行手续费、代理手续费）和进口商品所发生的各项税收，受托方承担间接费用包括开证费、电讯费等。

（3）代理企业不承担进口业务盈亏。委托单位必须自己承担进口业务的盈亏，收到外方付来的佣金、索赔款全部退还给委托方。

（4）代理企业以收取的代理手续费作为代理开支及盈利。根据进口商品金额 CIF 价格，按代理合同或协议中规定的代理手续费率（一般为1‰～3‰），向委托单位收取代理手续费。

在代理进口业务中，代理方应负责对外洽谈价格条款、技术条款、交货期及签订合同并办理运输、开证、付汇等全过程，若仅负责对外成交，不负责开证付款，则不属于代理进口。

三、代理进口业务会计主要账户设置

（一）"预收账款"账户

"预收账款"是负债类账户，该账户用来核算外贸企业与委托方之间的款项结算。外贸企业收到委托方的预付款项时，借记"银行存款"账户，贷记"预收账款——委托单位"账户；外贸企业向国外出口商承付货款、支付国外运输费、保险费及相关进口税金时，借记"预收账款——委托单位"账户，贷记"银行存款"账户。

(二)"其他业务收入"账户

"其他业务收入"是损益类账户,该账户用来核算外贸企业发生代理业务手续费收入。发生代理业务手续费收入时,借记"预收账款——委托单位"账户,贷记"其他业务收入——代理进口手续费收入"账户。

(三)"其他业务成本"账户

"其他业务成本"是损益类账户,该账户用来核算外贸企业发生代理业务手续费收入相关的成本费用。发生相关的成本费用时,借记"其他业务成本"账户,贷记相关账户。

四、代理进口业务的会计核算

代理进口业务的账务处理一般通过应收、应付账户核算。在代理进口业务中,各种费用的计算都比较复杂,要求具备相关的专业知识,尤其是运费、保险费的计算。

【例7-6】 通发进出口公司代理百盛公司进口H商品一批,共10箱,尺码为120厘米×80厘米×80厘米,每箱重80千克,进口每千克US\$200 FOB旧金山,美元即期汇率为1美元=6.80元人民币,采用托收结算。代理进口协议约定代理手续费率为CIF价1.5%。假设:海运运费率为W/M每公吨US\$180,投保金额为CIF金额的110%,保险费率为3.4‰,进口关税税率15%,进口消费税税率20%,进口增值税税率13%,银行手续费率为5‰。要求:计算代理进口相关数据。

根据上述资料代理进口相关数据计算如下:

(1) 外商售价=US\$200×80×10×6.80=US\$160 000×6.80=1 088 000(元)

(2) 进口商品海运运费计算如下:

由于   重量吨 = 0.080公吨×10箱 = 0.8(公吨)

尺码吨 = 1.20 m×0.80 m×0.80 m×10箱 = 7.68(立方米)

得知7.68大于0.8,因此

W/M运费吨 = 尺码吨 = 7.68(运费吨)

海运运费 = 7.68×US\$180×6.80 = US\$1 382.4×6.80 = 9 400.32(元)

(3) 进口商品海运保险费计算如下:

根据上述资料,投保金额为CIF金额的110%,保险费率为3.4‰。

CIF = [FOB+国际运费(F)]÷[1−保险费率×(1+投保加成率)]
 = (US\$160 000+US\$1 382.4)÷[1−3.4‰×(1+10%)]
 ≈ US\$161 988.24

海运保险费 = US\$161 988.24×3.4‰×(1+10%)×6.80
 ≈ US\$605.84×6.80
 = 4 119.71(元)

(4) 进口关税计算如下:

进口关税 = 关税完税价格×进口关税税率
 = US\$161 988.24×6.80×15%
 ≈ 165 228.00(元)

(5) 进口消费税计算如下：

进口消费税＝（关税完税价格＋进口关税）÷（1－消费税税率）×消费税税率
　　　　＝（US＄161 988.24×6.80＋165 228）÷（1－20％）×20％
　　　　≈316 687.01(元)

(6) 进口增值税计算如下：

进口增值税＝（关税完税价格＋进口关税＋进口消费税）×增值税税率
　　　　＝（US＄161 988.24×6.80＋165 228＋316 687.01）×13％
　　　　≈205 846.56(元)

(7) 银行手续费计算如下：

银行手续费＝US＄160 000×6.80×5‰＝5 440(元)

(8) 代理公司手续费计算如下：

代理公司手续费＝CIF×代理手续费率
　　　　　＝US＄161 988.24×6.80×1.5％
　　　　　≈16 522.80(元)

在进口代理业务中，根据上述计算资料，通发进出口公司作为受托方的代理企业的会计处理主要有以下环节：

(1) 收到委托单位百盛公司转来的预付款 200 万元时，编制会计分录如下：

借：银行存款——人民币　　　　　　　　　　　　　　　　　　　2 000 000
　　贷：预收账款——预收国内账款——百盛公司　　　　　　　　　　2 000 000

(2) 收到银行转来的进口全套单证，审单无误后对外支付代理进口 H 商品款时，编制会计分录如下：

借：预收账款——预收国内账款——百盛公司(FOB)(US＄160 000×6.80)　1 088 000
　　贷：银行存款——美元　　　　　　US＄160 000　　6.80　　1 088 000

(3) 支付代理进口 H 商品的海运费时，编制会计分录如下：

借：预收账款——预收国内账款——百盛公司(F)(US＄1 382.4×6.80)　　9 400.32
　　贷：银行存款——美元　　　　　　US＄1 382.4　　6.80　　9 400.32

(4) 支付代理进口 H 商品的海运保险费时，编制会计分录如下：

借：预收账款——预收国内账款——百盛公司(I)(US＄605.84×6.80)　　4 119.71
　　贷：银行存款——美元　　　　　　US＄605.84　　6.80　　4 119.71

(5) 进口报关，计算确定并交纳代理进口 H 商品的进口税金时，编制会计分录如下：

借：预收账款——预收国内账款——百盛公司(税金)　　　　　　　　687 761.57
　　贷：应交税费——应交进口关税　　　　　　　　　　　　　　　165 228.00
　　　　　　　——应交进口消费税　　　　　　　　　　　　　　　316 687.01
　　　　　　　——应交增值税(进项税额)　　　　　　　　　　　205 846.56

借:应交税费——应交进口关税 165 228.00
    ——应交进口消费税 316 687.01
    ——应交增值税(进项税额) 205 846.56
  贷:银行存款——人民币 687 761.57

(6) 支付应由委托方百盛公司负担的银行手续费时,编制会计分录如下:

借:预收账款——预收国内账款——百盛公司(银行手续费) 5 440
  贷:银行存款——人民币 5 440

若支付应由受托方承担的银行手续费时,编制会计分录如下:

借:财务费用——银行手续费 5 440
  贷:银行存款——人民币 5 440

(7) 根据代理进口 H 商品 CIF 价格收取代理手续费时,编制会计分录如下:

借:预收账款——预收国内账款——百盛公司(代理进口手续费) 16 522.80
  贷:其他业务收入——代理进口手续费收入 16 522.80

(8) 最后,待代理业务结束后受托人开列"代理进口物资结算单"再进行最后清算,如表 7-2 所示。

表 7-2　　　　　　　　　代理进口物资结算单

编号:××

委托单位:百盛公司
品名:H 商品　　　　　　　　　　　　　　　　　CIF 单价:US＄16 198.82
进口合同:2435356　　　　　　　　　　　　　　CIF 总价:US＄161 988.24
船名:××××　　　　　　　　　　　　　　　　汇率:6.80
数量:10 箱　　　　　××××年××月××日　　结算总金额:￥1 811 244.40

结算项目	币制	金 额		
		原币(美元)	汇率	人民币(元)
外商售价(FOB)	US＄	160 000.00	6.80	1 088 000.00
国外运费	US＄	1 382.40	6.80	9 400.32
国外保险费	US＄	605.84	6.80	4 119.71
进口 CIF 价	US＄	161 988.24	6.80	1 101 520.03
进口关税(15%)				165 228.00
进口消费税(20%)				316 687.01
进口增值税(13%)				205 846.56
银行手续费(5‰)				5 440.00
代理手续费(1.5%)				16 522.80
结算金额合计				1 811 244.40

根据"代理进口物资结算单"计算结果退还百盛公司预收款余款时,编制会计分录如下:

借:预收账款——预收国内账款——百盛公司(余款)　　　　　188 755.6
　　贷:银行存款——人民币　　　　　　　　　　　　　　　　　188 755.6

(9) 若代理业务中,进口商品存在质量等问题时,受托方应根据进口合同对外索赔,当国外出口商确认理赔时,编制会计分录如下:

借:应收账款——应收外汇账款——××外商
　　贷:预收账款——预收国内账款——百盛公司(赔款)

• 课后练习题 •

班级：_____ 姓名：_____ 学号：_____

一、单项选择题

1. 商业外贸企业从国外进口商品后进行内销，当采用单到结算情况下（   ）。
   A. 进口商品采购和销售核算是不同时进行的。这时进口商品采购成本已经归集完毕，因此能够同时结转成本
   B. 进口商品采购和销售核算是不同时进行的。这时进口商品采购成本尚未归集完毕，因此不能同时结转成本
   C. 进口商品采购和销售核算是同时进行的。这时进口商品采购成本已经归集完毕，因此能够同时结转成本
   D. 进口商品采购和销售核算是同时进行的。这时进口商品采购成本尚未归集完毕，因此不能同时结转成本

2. 在代理进口业务中，受托方向委托方所收取的代理手续费一般按（   ）计算。
   A. FOB价   B. CIF价   C. CFR价   D. 商品国外进价

3. 当进口商品所签订合同成交价格为FOB价，则由我国进口公司所承担支付的境外运输费和保险费应计入（   ）。
   A. 进口商品成本   B. 销售费用
   C. 管理费用   D. 冲减主营业务收入

4. 商业外贸企业自营进口商品后在国内进行销售，当采用货到结算方式时，其财务部门会计核算应在（   ）时确认内销销售收入。
   A. 收到企业储运部门开出进口商品出库单
   B. 取得外运公司的船舶到港通知单
   C. 收到进口商品进口发票
   D. 收到银行转来国外提货单

5. 当进口贸易采用含佣价（包括明佣或暗佣）成交时，收取佣金的含佣价计算公式为（   ）。
   A. 含佣价＝总价×(1－佣金率)   B. 含佣价＝总价÷(1－佣金率)
   C. 含佣价＝净价×(1－佣金率)   D. 含佣价＝净价÷(1－佣金率)

6. 在途进口物资成本是由（   ）。
   A. 外商售价、进口税金、进口运费、保险费及入库前的国内费用所组成
   B. 外商售价、进口运费、保险费、佣金及入库前的国内费用所组成
   C. 外商售价、进口税金、进口运费、保险费、佣金、入库前的国内费用等组成
   D. 外商售价、进口税金、进口运费、保险费所组成

7. 在自营进口业务中，当采用FOB、CFR、CIF价格条件下，运输责任险的投保人无

论是谁,在运输过程中因人力不可抗力等的损失可由(　　)。
　　A. 出口人向运输公司索赔　　　　B. 进口人向运输公司索赔
　　C. 出口人向保险公司索赔　　　　D. 进口人向保险公司索赔

二、多项选择题

1. 下列项目中,应计入一般纳税企业进口商品采购成本的有(　　)。
　　A. 由进口方承担的海外运输费和保险费用
　　B. 进口商品支付的关税
　　C. 进口商品支付的增值税
　　D. 入库前的挑选整理费用

2. 下列三种贸易术语的换算公式为(　　)。
　　A. FOB＝CFR－F＝CIF－F＋I
　　B. FOB＝CFR－F＝CIF－F－I
　　C. CIF＝FOB＋F＋I＝CFR＋I＝CFR÷[1－(1＋投保加成)×保险费率]
　　D. CFR＝FOB＋F＝CIF－I＝CIF 价×[1－(1＋投保加成)×保险费率]

3. 在自营进口业务中,进口企业主要核算的指标有(　　)。
　　A. 进口商品国内销售盈亏额　　　B. 进口销售成本
　　C. 期间费用　　　　　　　　　　D. 进口每美元盈亏

4. 应计入进口商品采购成本的进口税金包括(　　)。
　　A. 营业税　　B. 消费税　　C. 进口关税　　D. 增值税

5. 在代理进口业务中,对受托方而言有(　　)等特点。
　　A. 不垫付资金,只是用委托方资金进口商品物资,以原价转让给委托方
　　B. 代理进口所发生费用,一般由委托方负担境内外直接费用,包括海外运输费、保险费、银行手续费、代理手续费
　　C. 以所收取的手续费作为代理开支及盈利
　　D. 不承担盈亏,外方付来的佣金、索赔款全部退给委托方

6. 对代理方(受托方)来说,代理进口业务核算的主要特点有(　　)。
　　A. 不垫付资金
　　B. 只承担间接费用,境内外直接费用由委托方负担
　　C. 不承担盈亏
　　D. 以所收取的手续费作为代理开支及盈利

三、业务核算题

1. A 外贸公司为一般纳税企业,选择确定的记账本位币为人民币,其外币交易采用期初即期汇率折算。该公司 8 月份从德国进口甲商品共 6 箱,箱子尺码为 120 厘米×120 厘米×80 厘米,每只重 75 千克,进口价每千克 FOB 900 美元,当月月初即期汇率中间价为 6.99 元。今接到进口货物结算专用发票一式四联单,货款当即付出。现假设:海运运费率为 W/M 每运费吨 104 美元,收费重量/体积比率为 1 立方米＝1 000 千克,投保金额为 CIF 金额 110%,保险费率为 2.7‰,进口关税税率为 12%,增值税税率为 13%,银行手续费率为 5‰。该公司发生业务如下:

(1) 以银行外汇存款支付进口甲商品货款。
(2) 以银行外汇存款支付进口甲商品海外运费。
(3) 以银行外汇存款支付进口甲商品保险费。
(4) 以银行存款支付进口关税及增值税。
(5) 以银行存款支付银行手续费。
(6) 将进口甲商品验收入库。

要求:根据该公司上列各项业务,编制必要的会计分录并列出各项金额的计算过程。

2. 茂新进出口公司是一家外商投资公司,为一般纳税企业,选择确定的记账本位币为人民币,其外币交易采用交易日即期汇率折算。该公司本期从英国进口一批工业油料,进口价格条件为FOB伦敦,货款共计227 000美元,进口后,该批工业油料以国内合同价2 000 000元向国内用户进行销售,该项进口业务的进行情况如下:

(1) 收到银行转来的全套进口单证审核无误后以外汇银行存款支付货款。当天银行美元即期汇率中间价为6.298 0元。

(2) 收到保险公司开来的保险费有关单据,应支付上列进口工业油料保险费4 290港元,今以美元兑换成港元后予以支付,当日港元即期汇率卖出价为0.890 0元,中间价为0.885 2元;美元即期汇率买入价为6.285 0元,中间价为6.293 0元。

(3) 收到外运公司的有关单据,应付上列进口工业油料的国外运费为12 907英镑。现以直接购汇方式填写了"对外付款/承兑通知书"向银行办理手续后予以支付。当日英镑即期汇率卖出价为10.320 0元,中间价为10.314 0元。

(4) 上列进口工业油料到达我国口岸后,以银行存款支付进口关税119 102元人民币及进口增值税296 121元人民币。

(5) 今将上列进口工业油料验收入库,结转该进口商品的进口成本。

(6) 现将上列进口工业油料全部销售给国内用户H公司,今根据内销合同开出增值税专用发票,货价为2 000 000元人民币(不含税价),增值税税率13%,上列款项收到存入银行。今根据货物出仓单同时结转该批货物的内销成本。

(7) 月末,当日美元即期汇率中间价为6.291 0元;港元即期汇率中间价为0.870 0元,结转该两个外汇账户的汇兑损益。

要求:根据该公司上列各项业务,编制必要的会计分录。

3. 山东进出口公司从瑞士进口货物一批,经海关审核其成交价格(CIF价)为100 000美元,已知该批货物关税税率为12%,消费税税率为15%,增值税税率为13%。美元即期汇率中间价为6.290 0元。

要求:计算应征进口关税税额、消费税税额、增值税税额。

4. 双惠进出口公司为一家外商投资企业,该公司为一般纳税人,以人民币为记账本位币,对外币交易采用月初即期汇率中间价进行折算,9月1日美元即期汇率中间价为6.32元,该公司有美元银行存款现汇账户,本月从澳洲进口油料一批,价格条件为FOB悉尼120 000美元,进口油料对国内客户永新公司销售价为1 560 000元人民币,内销合同规定采用单到结算。该公司本月份该项进口业务如下:

(1) 接到银行转来的进口发票等全套结算单证,经审核无误后从美元银行存款户中对外支付 120 000 美元货款。

(2) 从美元银行存款户中支付境外海运费 7 200 美元,今收到船公司开来的海运费发票和相应的银行付汇水单。

(3) 从美元银行存款户中支付境外保险费 360 美元,今收到保险公司开来的保险费发票和相应的银行付汇水单。

(4) 进口报关时,凭海关开列的税单以人民币银行存款交纳进口关税和增值税,该批油料的进口关税税率为 12%,增值税税率为 13%。

(5) 结转该批进口油料内销销售成本。

要求:根据该公司上列各项进口业务,编制必要的会计分录。

5. 海通商务公司为一般纳税企业,也是当地外管局核查确定的 A 类进口单位,选择确定的记账本位币为人民币,其外币交易采用期初即期汇率折算。该公司 6 月从澳大利亚进口木材一批,进货价格为 FOB 悉尼,货款共计 260 000 美元,采用信用证结算;该批木材进口后委托本市京西家具公司加工成内销家具,本月月初银行即期汇率为 1 美元＝6.680 元人民币。

(1) 将货款金额汇入开证行的进口商信用证保证金存款专户并向银行递交"开证申请书"后,由开证行开出信用证。

(2) 收到银行转来的全套进口单证审核无误后付款。

(3) 收到中国人民保险公司有关单据,以银行存款支付上述进口木材保险费共计人民币 86 840 元。

(4) 收到货运代理公司的货代发票,为上述进口木材支付国外运费计人民币 138 944 元。

(5) 进口商品到达口岸后支付进口关税及增值税,该批进口木材关税税率为 12%,增值税税率为 13%。

(6) 以银行存款支付货运代理公司转来该批进口木材抵达我国口岸后的港区服务费、提箱费单据共计 1 100 元(计入销售费用),并结转该进口商品的进口成本。

(7) 海通商务公司将上列进口木材委托本市京西家具公司加工成实木家具,现根据委托加工合同将该批木材发送给京西家具公司。

(8) 京西家具公司对该批代加工实木家具已全部完工,今收到该公司开来的加工费增值税专用发票,注明加工费为 680 000 元,增值税 884 000 元,以银行存款支付,并将该批委托加工家具验收入库。

要求:根据上述业务,编制必要的会计分录。

6. 某进出口公司受某单位委托代理进口商品一批,进口货款 2 050 000 元已汇入进出口公司的开户银行。该进口商品我国口岸 CIF 价为 240 000 美元,当日的人民币市场汇价为 1 美元＝7 元人民币,进口关税税率为 20%,代理手续费按货价 2%收取。该批商品已运达指定口岸,公司与委托单位办理有关结算。

要求:计算关税并编制会计分录。

第八章 加工贸易业务核算

学习目标

1. 了解加工贸易的基本含义和种类;
2. 明确加工贸易与一般贸易的区别;
3. 明确进料加工和来料加工的概念及特点;
4. 能够正确核算进料加工和来料加工业务。

思政课堂

话商机 谋合作
——广西打造加工贸易产业集聚新高地

广西壮族自治区商务厅2023年5月13日提供的信息显示,广西将发挥与东盟陆海相邻、毗邻粤港澳大湾区的优势,进一步在政策支持、通关改革、制度创新等方面优化营商环境,打造加工贸易梯度转移重点承接地和产业集聚新高地。

2023年5月10日至13日,第十三届中国加工贸易产品博览会(以下简称加博会)在广东东莞现代国际展览中心开幕。广西壮族自治区商务厅利用加博会作为加工贸易梯度转移省际协作及国际产能合作交流平台的重要作用,积极推动各设区市、重点园区和企业组团共赴东莞,广西团参展规模创历年之最。

此次展会期间,广西企业携玩具、婴童用品、家居用品、特色食品、包装材料等"尖货"参展,努力拓展国际市场。南宁市搭建特装展区,集中展示加工贸易创新发展成果、投资贸易和产业承接优势,现场客商络绎不绝。广西还举办专场推介会、座谈会等配套活动,展示加工贸易发展合作潜力。

通过招商推介,与广东接壤的广西玉林市、梧州市吸引多家粤港澳大湾区企业投资。其中,东莞市泰美玩具有限公司计划投资3亿元(人民币,下同),在玉林建设泰美玩具北流总部基地项目;东莞市迅悦手袋有限公司计划投资8 000万元,建设迅悦手袋箱包制造项目。梧州综合保税区与香港骏基有限公司、深圳市安斯特珠宝有限公司分别签订绿色建材加工、天然宝石保税加工合作协议,项目建成后,预计可实现年进出口额超4亿元。

广西交易团还与东莞市台商投资企业协会签署合作备忘录,建立合作伙伴关系。

据广西商务厅有关负责人介绍,近年来,广西充分发挥南宁、北海、钦州、梧州等国家级加工贸易梯度转移重点承接地作用,培育加工贸易转型升级示范企业,鼓励发展技术含量和附加值高的再制造业务。2023年第一季度,广西加工贸易进出口总额达247.6亿元,保持增长势头,其中,玉林市加工贸易进出口额同比增长约85%。

资料来源:节选自《广西打造加工贸易产业集聚新高地》(《中国新闻网》2023年05月13日),作者林浩。

思考与讨论:
1. 什么是加工贸易?加工贸易与一般贸易的区别是什么?
2. 加工贸易对我国经济发展有何重要意义?

 案例导入

20×5年4月至20×6年3月,某科技有限公司向海关申报进口手机存储卡4 000万片,出口已加工存储卡4 000万片,申报的贸易方式为进料加工。某科技有限公司进出口手机存储卡材料供应商和委托加工方均为同一企业,手机存储卡进口报关后未实际付汇,成品出口也未相应收汇,仅收取委托方加工费,某科技有限公司加工贸易方式应为来料加工,与其向海关申报的加工贸易方式不符,共计115票;出口报关单共计139票。

海关认为,某科技有限公司上述行为构成《中华人民共和国海关行政处罚实施条例》第十五条第一项所列的加工贸易方式申报不实影响海关统计准确性的违规行为。根据《中华人民共和国海关法》第八十六条第三项、《中华人民共和国海关行政处罚实施条例》第十五条第一项,决定对当事人作出如下行政处罚:处罚款人民币0.9万元整。0.9万元的罚款看上去不多,但对企业的经营活动影响深远,可能导致企业同时受到海关缉私局、税务稽查局与外汇管理局执法机构的调查与处理。

思考与讨论:
1. 进料加工和来料加工有什么区别?
2. 企业向海关申报时若混淆来料加工与进料加工将会面临哪些法律风险?

第一节 加工贸易业务概述

一、加工贸易的概念

加工贸易是在国内主要利用人力资源进行加工,原材料或半成品的进口和成品的销售都在国外。我国《加工贸易审批管理暂行办法》对加工贸易的定义是:加工贸易是指企业从境外保税进口全部或部分原辅材料、零部件、元器件、包装物料,经境内企业加工或装配后,将制成品复出口的经营活动。加工贸易加工出口的成品,有的全部使用进口料件,有的部分使用进口料件,有的仅用少量进口料件。

从广义上讲,加工贸易是外国的企业以投资方式把某些生产能力转移到东道国或者利用东道国已有的生产能力为自己加工装配产品,然后运出东道国境外销售;狭义上讲是部分国家对来料或进料加工采用海关保税监管的贸易,跨越国界的生产加工和销售是其显著的特点。

二、加工贸易与一般贸易的区别

我国的对外贸易业务主要由两部分组成:一般贸易和加工贸易。一般贸易是从最初原始材料购进到最终产品加工生产都在国内完成,整个产业链都在国内。它与加工贸易的区别在于:

第一,一般贸易是从生产成本或收购成本与国际市场之间的差价中获得利益;而加工贸易货物主要来自国外,只是在我国进行了加工或装配,是"两头在外,中间在内"的贸易模式,获得的收益来源实质上只是加工费部分。

第二,一般贸易在进口时要交纳进口环节税,出口时在征收增值税后退还部分税收;而加工贸易进口料件免征关税,免征(对来料加工)或退和缓(对进料加工)进口增值税。

三、加工贸易的分类

加工贸易包括进料加工和来料加工。

(一) 进料加工与来料加工的概念

进料加工是指我国具有进出口经营权的企业用外汇进口原料、材料、辅料、元器件、配套件和包装物料,加工成成品或半成品再复出口的业务。

来料加工是指外商提供全部原料、辅料、元器件和零部件,由中方企业按照外商提出的规格、质量、技术标准加工为成品或半成品,提交外商在海外市场自行销售,并按照双方议定的费用标准向外商收取工缴费。

(二) 进料加工与来料加工的区别

进料加工和来料加工都是利用国内的技术设备和劳动力,对国外提供的原材料、零部件加工装配成成品,再运到国外市场销售,它们的共同点,都属于"两头在外"的加工贸易方式。但它们也存在以下五个方面的不同:

第一,进料加工是企业自营的业务,自行进料,自定品种花色,自行加工,自负盈亏;而来料加工是对方来料,我方按其规定的花色品种、数量进行加工,我方向对方收取约定的加工费用。

第二,在进料加工中,进料是一笔买卖,加工复出口又是一笔买卖,在进出口的合同上没有联系,均发生了所有权的转移;而在来料加工中,原料进口和成品出口往往是一笔买卖,或是两笔相关的买卖,原料的供应往往是成品承受人,均未发生所有权的转移。

第三,进料加工再出口,从贸易对象来讲,没有必然的联系,进归进,出归出,双方是商品买卖关系,不是加工关系;而来料加工双方一般是委托加工关系,部分来料加工,虽然包括我方的一部分原料,在不同程度上存在买卖关系,但一般我方为了保证产品的及时出口,都订有对方承购这些产品的协议。

第四,进料加工的利润体现在收入与成本的差额上;而来料加工的利润体现在加工费上。

第五,进料加工需付汇,实行出口退税或免抵退税政策;而来料加工的料件由外商提供,不需进口付汇,增值部分免税,采用国产料件进项税额计入成本。

(三)进料加工的分类

进料加工贸易的加工环节主要分为委托加工和作价加工两种形式。

委托加工是外贸企业将国外进口的料件无偿调拨给加工企业进行加工的方式,加工收回后只付加工费,货物复出口后凭加工费的增值税专用发票、报关单等办理退税。

作价加工是外贸企业将国外进口的料件作价给加工企业进行生产加工的方式,货物收回后付款,复出口后凭货物的增值税专用发票、报关单等申报退税。

第二节 进料加工的会计核算

一、委托加工的处理

(一)外贸企业进料加工采取委托加工方式复出口货物应退(免)增值税的计算

采取委托加工贸易方式收回出口货物的退税,无需申请开具"进料加工贸易免税证明",只要在货物出口后,申请出口退税,直接按照该笔出口货物加工时,在国内购进的原辅材料增值税专用发票上注明的进项金额和支付的加工费专用发票上注明的进项税额,乘相关退税率,计算出口退税额。对进口料件实征的进口环节增值税,凭海关完税凭证,计算调整进口料件的应退税额,法定税率与退税率之差计入销售成本。

$$应退税额 = 购进国内原辅材料增值税专用发票注明的进项金额 \times 原辅材料退税率 + 增值税专用发票注明的加工费金额 \times 复出口货物退税率 + 海关已对进口料件实征的增值税税款$$

【例 8-1】 通发外贸公司进口料件 35 万美元(CIF 价,折合 240 万元人民币),关税税率 20%,增值税税率 13%,进口料件减免 85% 税收。通发公司委托工厂加工,加工费占材料成本的 15%,加工费增值税税率 13%,产品退税率 10%。计算进口环节应交进口关税和应交增值税、委托加工复出口应退增值税、计入销售成本的税额。

进口关税 = 到岸价格(关税完税价格) × 关税税率
 = 240 × 20% × (1 − 85%) = 7.2(万元)

进口增值税 = (到岸价格 + 进口关税) × 增值税税率
 = (240 + 7.2) × 13% × (1 − 85%) = 4.820 4(万元)

应退税额 = 购进国内原辅材料增值税专用发票注明的进项税额 × 原辅材料退税率
 + 增值税专用发票注明的加工费金额 × 复出口货物退税率
 + 海关已对进口料件实征的增值税税款
 = 240 × 15% × 10% + 4.820 4 = 8.420 4(万元)

征退税率之差转销售成本 = 240 × 15% × (13% − 10%) = 1.08(万元)

(二) 进口料件委托加工的会计处理

进口料件委托加工业务的会计处理主要包括进口料件、委托加工、成品复出口三个部分,按先后顺序进行会计处理如下:

(1) 进口料件验收入库:

借:在途物资
　　贷:银行存款/应付账款

借:原材料
　　贷:在途物资

(2) 将进口料件无偿调拨给加工厂:

借:委托加工物资
　　贷:原材料

(3) 支付加工费及增值税:

借:委托加工物资(加工费)
　　应交税费——应交增值税(进项税额)(加工费×13%)
　　贷:银行存款

(4) 完工交货、成品入库:

借:库存商品
　　贷:委托加工物资

(5) 成品复出口销售:

借:应收账款
　　贷:主营业务收入

借:主营业务成本
　　贷:库存商品

(6) 计算应退税额:

借:应收出口退税款——增值税
　　贷:应交税费——应交增值税(出口退税)

(7) 征退税率之差计入成本:

借:主营业务成本
　　贷:应交税费——应交增值税(进项税额转出)

【例8-2】 通发外贸公司与外商NB公司签订进料加工复出口协议,进口20 000码服装面料,每码单价折合人民币150元。合同注明应加工成4 000件皮衣出口,每件出口离岸价折合人民币1 500元。进口关税税率20%,增值税税率13%,按规定可以减免85%。将进口面料无偿调拨给加工厂进行加工,加工费为960 000元,增值税税率13%,退税率为10%。

通发公司进料加工复出口全过程会计处理如下:
(1) 进口面料验收入库:

到岸价格 = 20 000×150 = 3 000 000(元)
进口关税 = 3 000 000×20%×(1−85%) = 90 000(元)
进口增值税 = (3 000 000+90 000)×13%×(1−85%) = 60 255(元)

借:原材料——服装面料　　　　　　　　　　　　　　　　　　3 090 000
　　应交税费——应交增值税(进项税额)　　　　　　　　　　　60 255
　　贷:银行存款——人民币　　　　　　　　　　　　　　　　3 150 255

(2) 将进口面料无偿调拨给加工厂:

借:委托加工物资——皮衣　　　　　　　　　　　　　　　　　3 090 000
　　贷:原材料——服装面料　　　　　　　　　　　　　　　　3 090 000

(3) 支付加工费及增值税:

借:委托加工物资——皮衣　　　　　　　　　　　　　　　　　960 000
　　应交税费——应交增值税(进项税额)　　　　　　　　　　　124 800
　　贷:银行存款——人民币　　　　　　　　　　　　　　　　1 084 800

(4) 完工交货,皮衣成品入库:

借:库存商品——库存出口商品——皮衣　　　　　　　　　　　4 050 000
　　贷:委托加工物资——皮衣　　　　　　　　　　　　　　　4 050 000

(5) 皮衣成品复出口销售:

借:应收账款——应收国外账款——NB公司　　　　　　　　　　6 000 000
　　贷:主营业务收入——自营出口销售收入——皮衣　　　　　　6 000 000
借:主营业务成本——自营出口销售成本——皮衣　　　　　　　4 050 000
　　贷:库存商品——库存出口商品——皮衣　　　　　　　　　4 050 000

(6) 计算应退税额:

应退税额 = 960 000×10%+60 255 = 156 255(元)

借:应收出口退税款——增值税　　　　　　　　　　　　　　　156 255
　　贷:应交税费——应交增值税(出口退税)　　　　　　　　　156 255

(7) 征退税率之差计入成本:

转销售成本 = 960 000×(13%−10%) = 28 800(元)

借:主营业务成本——自营出口销售成本——皮衣　　　　　　　28 800
　　贷:应交税费——应交增值税(进项税额转出)　　　　　　　28 800

二、作价加工的处理

(一) 外贸企业进料加工采取作价加工方式复出口货物应退(免)增值税的计算

在进料加工贸易方式之下,外贸企业将进口料件转售给其他企业加工生产出口货物时,应按照其销售给生产企业开具的增值税专用发票上的金额,填具"进料加工免税证明",报经主管税务机关同意并开具"进料加工贸易免税证明",征税机关对销售料件应交纳的增值税不计征入库,而由主管退税机关在出口企业办理退税时在当期的应退税额中予以扣回。

出口退税额＝应退税额－进料加工应抵退税额
　　　　　＝回购出口货物增值税专用发票所列金额
　　　　　　×退税率－(销售进口料件金额×退税率－海关实征增值税税额)
当期不予退税的税额＝(回购出口货物增值税专用发票所列金额－销售进口料件金额)
　　　　　　　　　×(征税率－退税率)

【例8-3】 承[例8-1],通发外贸公司进口料件35万美元(CIF价,折合240万人民币),海关已对其征收进口关税7.2万元人民币,进口增值税5.932 8万元人民币。通发公司将其转售给某工厂进行作价加工,开具增值税专用发票中注明销售金额为300万元人民币,销项税额39万元人民币,价税合计为339万元人民币。加工成成品后,通发公司全部收购,加工费占材料成本的15%,收购金额为345万元人民币,进项税额为44.85万元人民币。出口货物的增值税税率为13%,退税率为10%。计算作价加工复出口应退增值税和当期不予退税的税额。

出口退税额＝应退税额－进料加工应抵退税额
　　　　　＝回购出口货物增值税专用发票所列金额×退税率－(销售进口料件金额
　　　　　　×退税率－海关实征增值税税额)
　　　　　＝345×10%－(300×10%－5.932 8)＝10.432 8(万元)
当期不予退税的税额＝(回购出口货物增值税专用发票所列金额－销售进口料件金额)
　　　　　　　　　×(征税率－退税率)＝(345－300)×(13%－10%)＝1.35(万元)

(二)进口料件作价加工的会计处理

进口料件作价加工业务的会计处理主要也是包括进口料件、作价加工、成品复出口三个部分,按先后顺序进行会计处理如下:

(1)进口料件报关并入库时:

借:在途物资
　　贷:银行存款/应付账款

借:原材料
　　贷:在途物资

(2)料件作价加工销售,并开具增值税专用发票时:

借:银行存款
　　贷:其他业务收入
　　　　应交税费——应交增值税(销项税额)

借:其他业务成本
　　贷:原材料

（3）向加工厂收回成品时：

借：库存商品
　　应交税费——应交增值税（进项税额）
　　　贷：银行存款

（4）报关出口并结转商品成本时：

借：应收账款
　　　贷：主营业务收入

借：主营业务成本
　　　贷：库存商品

（5）申报退税时：

借：应收出口退税款——增值税
　　　贷：应交税费——应交增值税（出口退税）

（6）收到出口退税时：

借：银行存款
　　　贷：应收出口退税款——增值税

（7）当期不予退税额：

借：主营业务成本
　　　贷：应交税费——应交增值税（进项税额转出）

【例 8-4】 通发外贸公司以进料加工方式免税进口化工原料一批，该批原料的到岸价为 50 000 美元，报关进口当天美元汇率为 1 美元＝6.83 元人民币，货款以及税金均已通过银行存款支付。进口后通发公司采用作价加工方式将原料销售给某工厂加工成成品，转售加工时履行了"计算税金但不入库"手续，所售原料价款为 51 万元人民币，当月工厂加工完毕后，外贸企业以不含税价 88 万元全部收购。收回后外贸企业将该批货物全部出口，取得货款折合人民币 91 万元。该种货物的退税率为 10%。企业申请退税的单证齐全，应进行账务处理如下：

（1）进口料件报关并入库时：

借：在途物资——在途进口物资——化工原料	341 500
贷：银行存款——人民币	341 500
借：原材料——化工原料	341 500
贷：在途物资——在途进口物资——化工原料	341 500

（2）料件作价加工销售，并开具增值税专用发票时：

借：银行存款——人民币	576 300
贷：其他业务收入——××货物	510 000
应交税费——应交增值税（销项税额）	66 300

借：其他业务成本——××货物	341 500	
贷：原材料——化工原料		341 500

（3）向加工厂收回成品时：

借：库存商品——库存出口商品——××货物	880 000	
应交税费——应交增值税(进项税额)	114 400	
贷：银行存款——人民币		994 400

（4）报关出口并结转商品成本时：

借：应收账款——应收国外账款——××外商	910 000	
贷：主营业务收入——自营出口销售收入——××货物		910 000
借：主营业务成本——自营出口销售成本——××货物	880 000	
贷：库存商品——库存出口商品——××货物		880 000

（5）申报退税时：

出口退税额 = 880 000×10% − (510 000×10% − 0) = 37 000(元)

借：应收出口退税款——增值税	37 000	
贷：应交税费——应交增值税(出口退税)		37 000

（6）收到出口退税时：

借：银行存款——人民币	37 000	
贷：应收出口退税款——增值税		37 000

（7）当期不予退税额：

由于企业回购出口货物的增值税税率为13%，而退税率为10%，其差额3%为当期不予退税金额。

当期不予退税的税额 = (880 000 − 510 000)×(13% − 10%) = 11 100(元)

当期不予退税的税额应作为进项税额转出计入主营业务成本。

借：主营业务成本——自营出口销售成本——××货物	11 100	
贷：应交税费——应交增值税(进项税额转出)		11 100

三、生产企业进料加工复出口货物应退(免)增值税的计算

生产企业进料加工复出口货物应退(免)增值税的计算同生产企业自营出口退税，即第六章第二节内容。

【例8-5】 某生产企业某月出口27.5万美元(FOB价,折合人民币190万元)产品,当期海关核销免税进口料件组成计税价格48万元人民币,内销90万元人民币,销项税额11.7万元人民币,同期国内采购原料有两种情况：

(1) 情况 A：135 万元人民币，进项税额 17.55 万元人民币。
(2) 情况 B：360 万元人民币，进项税额 46.8 万元人民币。
该产品征税率为 13%，退税率为 10%。则：
(1) 情况 A：

当期免抵退税不得免征和抵扣税额 = (190 − 48) × (13% − 10%) = 4.26(万元)
当期应纳税额 = 11.7 − (17.55 − 4.26) = −1.59(万元)
免抵退税额 = (190 − 48) × 10% = 14.2(万元)

由于当期应纳税额的绝对值 1.59 万元小于免抵退税额的绝对值 14.2 万元，因此，当期应退税额为 1.59 万元。

当期免抵税额 = 14.2 − 1.59 = 12.61(万元)

(2) 情况 B：

当期免抵退税不得免征和抵扣税额 = (190 − 48) × (13% − 10%) = 4.26(万元)
当期应纳税额 = 11.7 − (46.8 − 4.26) = −30.84(万元)
免抵退税额 = (190 − 48) × 10% = 14.2(万元)

由于当期应纳税额的绝对值 30.84 万元大于免抵退税额的绝对值 14.2 万元，因此，当期应退税额为 14.2 万元，当期免抵税额为 0。

下期留抵税额 = 30.84 − 14.2 = 16.64(万元)

第三节 来料加工的会计核算

一、来料加工装配贸易中代理业务形式的核算

来料加工装配贸易是指由外方提供原材料、零部件，必要时提供某些设备，由我方按对方要求进行加工或装配，成品交对方销售，我方只收取加工费的贸易形式。

代理业务是由加工企业会同外贸企业对外签订合同，由工厂直接承担生产，通过外贸企业办理出口结汇，外贸企业作代理，收取外汇手续费。因此，外贸企业不是主体，材料不对外作价，全在"表外"处理，出口阶段按代理方式入账。

(1) 外贸公司收到外商不计价原辅材料时，应凭业务或储运部门开具的加盖"来料加工"戳记的入库单，连同外商交来的进口单证，通过备查簿用表外科目作单式记账：

借：外商来料——进口××原料——××外商(数量)

(2) 将外商来料拨给加工厂时，应凭业务及储运部门开具的加盖"来料加工"戳记的出库单，及加工厂开具的收据，通过备查簿进行不计价表外记账：

借：拨出来料——××加工厂(数量)
　　贷：外商来料——进口××原料——××外商(数量)

（3）加工厂交来产品时，应按合约规定的耗用原料定额验收入库，凭业务或储运部门开具的加盖"来料加工"戳记的入库单，通过备查簿进行表外记账：

借：代管物资——××成品（数量）
　　贷：拨出来料——××加工厂（数量）

（4）办理对外出口托运时，凭业务或储运部门开具的加盖"来料加工"戳记的出库单，通过备查簿进行表外记账：

借：代管物资——发出商品——来料加工出口——××成品
　　贷：代管物资——来料加工——××成品——××外商

（5）收到银行交来的联系单时，应根据出口发票：

借：应收账款——应收外汇账款——××外商
　　贷：其他业务收入——来料加工代理收入——××成品

同时，在备查簿上作单式记账：

　　贷：代管物资——发出商品——××成品

（6）支付国外运保费，凭有关单据及银行购汇水单冲减销售收入：

借：其他业务收入——来料加工出口收入——××成品（F.I）
　　贷：银行存款

（7）代加工厂支付各项国内费用，凭有关单据：

借：应付账款——应付国内账款——××加工厂（国内费用）
　　贷：银行存款

（8）收到加工工缴费的外汇时，凭银行水单：

借：银行存款
　　应付账款——应付国内账款——××加工厂/财务费用——汇兑损益
　　贷：应收账款——应收外汇账款——××外商

如果汇兑差额由加工厂承担，则将差额计入应付账款；如果由外贸企业承担，则计入财务费用。

（9）与加工厂结算并收取加工厂手续费：

借：应付账款——应付国内账款——××加工厂
　　贷：其他业务收入——来料加工代理收入（手续费）
　　　　银行存款

二、来料加工装配贸易中自营业务形式的核算

（一）外贸企业自属加工厂承办加工

自营业务是由外贸企业独立对外签订合同，由外贸企业承担加工补偿业务，然后组织工厂生产产品，并作为自营产品销售，收取工缴费收入或以引进设备生产的商品偿还

引进设备等价款。

外商提供一切不计价的原材料、辅料、包装材料等，由外贸企业自属加工厂加工，对外收取工缴费时：

（1）外商来料不计价，借记"外商来料——进口××原料——××外商"表外科目。

（2）拨料给工厂也不计价，登记表外科目：

借：拨出来料——进口××原料——××加工厂
　　贷：外商来料——进口××原料——××外商

（3）收到加工成品并支付工厂加工费时：

借：委托加工物资——来料加工——××成品（加工费）
　　贷：银行存款

同时，按耗料定额结转拨料，登记表外科目：

借：代管物资——来料加工——××成品——××外商（数量）
　　贷：拨出来料——进口××原料——××加工厂（数量）

（4）出口交单以收取工缴费时：

借：应收账款——应收外汇账款——××外商
　　贷：其他业务收入——来料加工收入——××成品
借：其他业务成本——来料加工成本——××成品（加工费）
　　贷：委托加工物资——来料加工——××成品（加工费）

同时，结转代管物资：

贷：代管物资——来料加工——××成品——××外商（数量）

（5）支付境外运保费：

借：其他业务收入——来料加工收入——××成品（F.I）
　　贷：银行存款

（6）支付国内有关费用：

借：其他业务成本——来料加工成本——××成品（国内费用）
　　贷：银行存款

（7）收到货款结汇时：

借：银行存款
　　贷：应收账款——应收外汇账款——××外商

（二）委托加工厂加工

（1）以外商来料作价的情况为例，收到外商来料时：

借：原材料
　　贷：应付账款——××外商

(2) 发给加工厂时：

借：委托加工物资
　　贷：原材料

(3) 加工厂加工完成，交来成品时：

借：库存商品
　　贷：委托加工物资（原材料部分）
　　　　应付账款——××加工厂（加工费部分）

(4) 发运及交单时：

借：应收账款——××外商
　　贷：其他业务收入

借：其他业务成本
　　贷：库存商品

【例 8-6】 通发外贸公司接受美国 HD 服装公司发来衣料 5 700 米，加工生产 1 800 套西装。

(1) 5 月 4 日，收到美国 HD 服装公司发来衣料 5 700 米，每米 6 美元，共计 34 200 美元，衣料已验收入库，当日美元即期汇率为 1 美元＝6.85 元人民币。

借：原材料——服装面料	234 270
贷：应付账款——应付国外账款——HD 服装公司（US＄34 200×6.85）	234 270

(2) 5 月 6 日，将 5 700 米衣料全部拨付给新兴服装厂加工生产西装 1 800 套。

借：委托加工物资——西装	234 270
贷：原材料——服装面料	234 270

(3) 6 月 3 日，新兴服装厂全部加工完毕，每套加工费 80 元，当即签发转账支票付讫。

借：委托加工物资——西装	144 000
贷：银行存款——人民币	144 000

(4) 6 月 5 日，储运部门开来加工商品入库单，1 800 套西装已验收入库。

借：库存商品——来料加工出口商品	378 270
贷：委托加工物资——西装	378 270

(5) 6 月 10 日，储运部门转来加工商品出库单，列明 1 800 套西装已出库装船。

借：发出商品	378 270
贷：库存商品——来料加工出口商品	378 270

(6) 6 月 11 日，签发转账支票支付 1 800 套西装的国内运费和装船费，共计 1 500 元。

借：销售费用	1 500
贷：银行存款——人民币	1 500

(7) 6月12日,签发转账支票支付国外运费1 920美元,保险费107美元,当日美元即期汇率1美元＝6.85元人民币。

借:其他业务收入——自营出口销售收入——西装　　　　　　　　　　　　13 884.95
　　贷:银行存款——美元　　　　　　　　　　　　US＄2 027　　6.85　　13 884.95

(8) 6月14日,向银行交单收取加工费19 800美元,转销外商发来材料款,当日美元即期汇率1美元＝6.85元人民币。

借:应收账款——应收国外账款——HD服装公司　　US＄19 800　　6.85　　135 630
　　应付账款——应付国外账款——HD服装公司　　US＄34 200　　6.85　　234 270
　　贷:其他业务收入——自营出口销售收入——西装　　　　　　　　　　369 900

(9) 6月14日,结转销售成本。

借:其他业务成本——自营出口销售成本——西装　　　　　　　　　　　　378 270
　　贷:发出商品　　　　　　　　　　　　　　　　　　　　　　　　　　378 270

(10) 6月30日,收到银行转来收账通知,19 800美元加工费已收妥,银行扣除20美元收汇手续费,其余部分已存入美元账户,当日美元即期汇率1美元＝6.85元人民币。

借:银行存款——美元　　　　　　　　　　　　US＄19 780　　6.85　　135 493
　　财务费用——手续费　　　　　　　　　　　　　　　　　　　　　　　137
　　贷:应收账款——应收国外账款——HD服装公司　US＄19 800　6.85　　135 630

(三) 作价给加工厂加工

(1) 以外商来料作价的情况为例,收到外商来料时:

借:原材料
　　贷:应付账款——××外商

(2) 将来料发给加工厂:

借:应收账款——××加工厂/银行存款
　　贷:其他业务收入

借:其他业务成本
　　贷:原材料

(3) 加工厂加工完成,交来成品时:

借:库存商品
　　贷:应付账款——××加工厂/银行存款

(4) 发运及出口交单时:

借:应收账款——××外商
　　贷:其他业务收入

借:其他业务成本
　　贷:库存商品

课后练习题

班级:_____ 姓名:_____ 学号:_____

一、单项选择题

1. 加工贸易的显著特点是( )。
   A. 从境外进口原辅材料、零部件　　B. 将生产的产品出口到国外
   C. 跨越国界的生产加工和销售　　　D. 进口消费税有优惠政策

2. 根据我国现行税收政策规定,进料加工复出口货物贸易的加工方式为( )。
   A. 工业企业应采取自行加工方式;商业企业可采用委托加工方式
   B. 工业企业应采取自行加工方式;商业企业可采用作价加工方式
   C. 工业企业应采取自行加工方式;商业企业可采用委托加工、作价加工方式
   D. 工业企业应采取自行加工、委托加工方式;商业企业可采用委托加工、作价加工方式

3. ( )是指企业从境外保税进口全部或部分原辅材料、零部件、元器件、包装物料,经境内企业加工或装配后,将制成品复出口的经营活动。
   A. 加工贸易　　B. 一般贸易　　C. 来料加工　　D. 进料加工

4. 以下关于来料加工与进料加工的说法中,正确的是( )。
   A. 两者的利润都体现在加工费上
   B. 进料加工是一笔买卖,来料加工是两笔买卖
   C. 进料加工的原材料进口方和成品复出口方往往不是同一方
   D. 来料加工的料件由外商提供,进口需要付汇

5. 在外贸企业进料加工采取委托加工方式复出口货物应退(免)增值税的计算中,对进口料件实征的进口环节增值税,凭海关完税凭证,计算调整进口料件的应退税额,法定税率与退税率之差记入( )账户。
   A. "营业外支出"　　　　　　　　B. "税金及附加"
   C. "主营业务成本"　　　　　　　D. "财务费用"

二、多项选择题

1. 进料加工与来料加工的联系有( )。
   A. 都是利用国内的技术设备和劳动力
   B. 原料进口与成品出口往往是一笔买卖,或是两笔相关的买卖,均发生所有权转移
   C. 受国家鼓励,享受相似的政策优惠
   D. 都属于"两头在外"的加工贸易方式

2. 加工贸易与一般贸易相比,其特点与区别有( )。
   A. 加工贸易货物主要来自国外,只是在我国进行加工或装配,是"两头在外,中间

在内"的贸易模式,获得的收益来源实质上只是加工费部分
  B. 一般贸易的企业从生产成本或收购成本与国际市场之间的差价中获得收益
  C. 国家对加工贸易进口料件免征关税,免征(对来料加工)或退和缓(对进料加工)进口增值税
  D. 一般贸易在进口时要交纳进口环节税
3. 进料加工贸易的加工环节主要分为(　　)两种形式。
  A. 来料加工   B. 进料深加工
  C. 委托加工   D. 作价加工
4. 进口料件委托加工业务的会计处理主要包括(　　)三个部分。
  A. 进口料件   B. 自营加工
  C. 委托加工   D. 成品复出口

三、判断题

1. 委托加工是外贸企业将国外进口的料件作价给加工企业进行生产加工,货物收回后付款,复出口后凭货物的增值税专用发票、报关单等申报退税。(　　)
2. 进料加工的利润体现在收入与成本的差额上,而来料加工的利润体现在加工费上。(　　)
3. 来料加工装配贸易中的代理业务是由加工企业会同外贸企业对外签订合同,由工厂直接承担生产,通过外贸企业办理出口结汇,外贸企业作代理,收取外汇手续费。(　　)

四、业务核算题

1. 广州新世纪进出口公司是一家商业外贸公司,为增值税一般纳税企业,以人民币为记账本位币,对外币交易采用期初即期汇率折算,当月期初美元即期汇率中间价为1美元=6.40元人民币。该公司有自属奥蓝服装加工厂,20×9年3月份,该公司根据与外商G签订的一份来料加工合同进行来料加工业务,该公司在进行该项业务过程中已经向主管出口退税的税务机关办理了免税证明。该公司本月发生以下业务:
  (1) 收到外商提供不计价面料、辅料等材料1 500米,折合人民币共计410 000元。
  (2) 将上列外商提供不计价面料、辅料等材料拨给自属加工厂加工成B型休闲服装。
  (3) 该公司收到下属奥蓝服装加工厂加工完毕的B型休闲服装,并以银行存款支付加工费220 000元人民币。
  (4) 该公司将上列完工后的B型休闲服装报关出口,根据合同规定应向外商收取该批来料加工产品加工费43 750美元,同时结转该批来料加工产品加工成本。
  (5) 以外汇银行存款支付上列来料加工业务的境外运保费1 875美元。
  (6) 接到银行通知,收到上列外商G支付的加工费43 750美元。
  要求:根据该公司上列各项业务,编制必要的会计分录。
2. 外贸公司B在9月发生如下进料加工业务:
  (1) 以进料加工复出口的贸易方式进口服装面料5万米,共计100 000美元(汇率为1美元=7.80元人民币)。海关按85%的比例减免进口环节的关税和增值税,关税税率20%,增值税税率13%,该批面料当日入库。

(2) 以作价方式将该批面料作价给 A 工厂,开出的增值税专用发票上注明价款 90 万元人民币,税款 14.4 万元人民币,合计 104.4 万元人民币。

(3) A 工厂将完工的服装作价回销给外贸公司 B,开出的增值税专用发票上价款为 127.5 万元人民币,税额 20.4 万元人民币,合计 147.9 万元人民币。

(4) 将该批服装全部报关复出口给 C 外商,外销价为离岸价 17.5 万美元(汇率为 1 美元＝7.85 元人民币)。

(5) 向主管税务机关申报出口退税,退税率为 10%。

要求:作出上述业务的会计分录。